全国一级建造师执业资格考试专项突破

建设工程项目管理重点难点专项突破

全国一级建造师执业资格考试专项突破编写委员会　编写

中国建筑工业出版社

图书在版编目（CIP）数据

建设工程项目管理重点难点专项突破／全国一级建造师执业资格考试专项突破编写委员会编写. -- 北京：中国建筑工业出版社，2025. 4. --（全国一级建造师执业资格考试专项突破）. -- ISBN 978-7-112-31103-3

Ⅰ. F284

中国国家版本馆CIP数据核字第2025AZ0326号

本书按知识点进行划分，根据近年考试命题形式进行分析总结。本书的形式打破传统思维，采用归纳总结的方式进行题干与选项的优化设置，将考查要点的关联性充分地体现在“同一道题目”当中，该类题型的设置有利于考生对比区分记忆，这种方式大大压缩了考生的复习时间和精力。对部分知识点采用图表方式进行总结，易于理解，降低了考生的学习难度，并配有经典试题，用例题展现考查角度，巩固记忆知识点。

本书既能使考生全面、系统、彻底地解决在学习中存在的问题，又能让考生准确地把握考试的方向。本书的作者旨在将多年积累的应试辅导经验传授给考生，对辅导教材中的每一部分都做了详尽的讲解，辅导教材中的问题都能在书中解决。

本书可作为一级建造师执业资格考试的复习指导书，也可供广大建筑施工行业管理人员参考使用。

责任编辑：田立平

责任校对：赵　菲

全国一级建造师执业资格考试专项突破

建设工程项目管理重点难点专项突破

全国一级建造师执业资格考试专项突破编写委员会　编写

*

中国建筑工业出版社出版、发行（北京海淀三里河路9号）

各地新华书店、建筑书店经销

北京建筑工业印刷有限公司制版

建工社（河北）印刷有限公司印刷

*

开本：787 毫米×1092 毫米　1/16　印张：19¼　字数：465 千字

2025年5月第一版　2025年5月第一次印刷

定价：**48.00**元

ISBN 978-7-112-31103-3

（44775）

如有内容及印装质量问题，请与本社读者服务中心联系

电话：（010）58337283　QQ：2885381756

（地址：北京海淀三里河路9号中国建筑工业出版社604室　邮政编码：100037）

前　言

为了帮助广大考生在短时间内掌握考试重点和难点，迅速提高应试能力和答题技巧，更好地适应考试，我们组织了一批一级建造师考试培训领域的权威专家，根据考试大纲要求，以历年考试命题规律及所涉及的重要考点为主线，精心编写了这套“全国一级建造师执业资格考试专项突破”系列丛书。

本套丛书共分8册，涵盖了一级建造师执业资格考试的3个公共科目和5个专业科目，分别是：《建设工程经济重点难点专项突破》《建设工程项目管理重点难点专项突破》《建设工程法规及相关知识重点难点专项突破》《建筑工程管理与实务案例分析专项突破》《机电工程管理与实务案例分析专项突破》《市政公用工程管理与实务案例分析专项突破》《公路工程管理与实务案例分析专项突破》和《水利水电工程管理与实务案例分析专项突破》。

3个公共科目丛书具有以下优势：

一题敌多题——采用专项突破形式将重点难点知识点进行归纳总结，将考查要点的关联性充分地体现在“同一道题目”当中，该类题型的设置有利于考生对比区分记忆，该方式大大节省了考生的复习时间和精力。众多易混选项的加入，有助于考生更全面地、多角度地精准记忆，从而提高考生的复习效率。以往考生学习后未必全部掌握考试用书考点，造成在考场上答题时觉得见过，但不会解答的情况，本书一个题目可以代替其他辅导书中的3～8个题目，可以有效地解决这个问题。

真题全标记——将近年一级建造师执业资格考试考查知识点全部标记，为考生总结命题规律提供依据，帮助考生在有限的时间里快速地掌握考查的侧重点，明确复习方向。

图表精总结——对知识点采用图表方式进行总结，易于理解，降低了考生的学习难度，并配有经典试题，用例题展现考查角度，巩固记忆知识点。

5个专业科目丛书具有以下优势：

要点突出——对每一章的要点进行归纳总结，帮助考生快速抓住重点，节约学习时间，更加有效地掌握基础知识。

布局清晰——分别从施工技术、进度、质量、安全、成本、合同、现场、实操等方面，将历年真题进行合理划分，并配以典型习题。有助于考生抓住考查重点，各个击破。

真题全面——收录了近年一级建造师执业资格考试案例分析真题，便于考生掌握考试的命题规律和趋势，做到运筹帷幄。

一击即破——针对历年案例分析题中的各个难点，进行细致的讲解，从而有效地帮助考生突破固定思维，启发解题思路。

触类旁通——以历年真题为基础编排的典型习题，着力加强“能力型、开放型、应用型和综合型”试题的开发与研究，注重关联知识点、题型、方法的再巩固与再提高，帮助考生对知识点的进一步巩固，做到融会贯通、触类旁通。

由于编写时间仓促，书中难免存在疏漏之处，望广大读者不吝赐教。

读者如果对图书中的内容有疑问或问题，可关注微信公众号【建造师应试与执业】，与图书编辑团队直接交流。

建造师应试与执业

目　录

全国一级建造师执业资格考试答题方法及评分说明

全国一级建造师执业资格考试设《建设工程经济》《建设工程项目管理》《建设工程法规及相关知识》三个公共必考科目和《专业工程管理与实务》十个专业选考科目（专业科目包括建筑工程、公路工程、铁路工程、民航机场工程、港口与航道工程、水利水电工程、矿业工程、机电工程、市政公用工程和通信与广电工程）。

《建设工程经济》《建设工程项目管理》《建设工程法规及相关知识》三个科目的考试试题为客观题。《专业工程管理与实务》科目的考试试题包括客观题和主观题。

一、客观题答题方法及评分说明

1. 客观题答题方法

客观题题型包括单项选择题和多项选择题。对于单项选择题来说，备选项有4个，选对得分，选错不得分也不扣分，建议考生宁可错选，不可不选。对于多项选择题来说，备选项有5个，在没有把握的情况下，建议考生宁可少选，不可多选。

在答题时，可采取下列方法：

（1）直接法。这是解常规的客观题所采用的方法，就是考生选择认为一定正确的选项。

（2）排除法。如果正确选项不能直接选出，应首先排除明显不全面、不完整或不正确的选项，正确的选项几乎是直接来自于考试教材或者法律法规，其余的干扰选项要靠命题者自己去设计，考生要尽可能多排除一些干扰选项，这样就可以提高选择出正确答案的概率。

（3）比较法。直接把各备选项加以比较，并分析它们之间的不同点，集中考虑正确答案和错误答案关键所在。仔细考虑各个备选项之间的关系。不要盲目选择那些看起来、读起来很有吸引力的错误选项，要去误求正、去伪存真。

（4）推测法。利用上下文推测词义。有些试题要从句子中的结构及语法知识推测入手，配合考生自己平时积累的常识来判断其义，推测出逻辑的条件和结论，以期将正确的选项准确地选出。

2. 客观题评分说明

客观题部分采用机读评卷，必须使用2B铅笔在答题卡上作答，考生在答题时要严格按照要求，在有效区域内作答，超出区域作答无效。每个单项选择题只有1个最符合题意，就是4选1。每个多项选择题有2个或2个以上符合题意，至少有1个错项，就是5选2～4，并且错选本题不得分，少选，所选的每个选项得0.5分。考生在涂卡时应注意答题卡上的选项是横排还是竖排，不要涂错位置。涂卡应清晰、厚实、完整，保持答题卡干净整洁，涂卡时应完整覆盖且不超出涂卡区域。修改答案时要先用橡皮擦将原涂卡处擦干净，再涂新答案，避免在机读评卷时产生干扰。

二、主观题答题方法及评分说明

1. 主观题答题方法

主观题题型是实务操作和案例分析题。实务操作和案例分析题是通过背景资料阐述一个项目在实施过程中所开展的相应工作，根据这些具体的工作下提出若干小问题。

实务操作和案例分析题的提问方式及作答方法如下：

（1）补充内容型。一般应按照教材将背景资料中未给出的内容都回答出来。

（2）判断改错型。首先应在背景资料中找出问题并判断是否正确，然后结合教材、相关规范进行改正。需要注意的是，考生在答题时，有时不能按照工作中的实际做法来回答问题，因为根据实际做法作为答题依据得出的答案和标准答案之间存在很大差距，即使答了很多，得分也很低。

（3）判断分析型。这类型题不仅要求考生答出分析的结果，还需要通过分析背景资料来找出问题的突破口。需要注意的是，考生在答题时要针对问题作答。

（4）图表表达型。结合工程图及相关资料表回答图中构造名称、资料表中缺项内容。需要注意的是，关键词表述要准确，避免画蛇添足。

（5）分析计算型。充分利用相关公式、图表和考点的内容，计算题目要求的数据或结果。最好能写出关键的计算步骤，并注意计算结果是否有保留小数点的要求。

（6）简单论答型。这类型题主要考查考生记忆能力，一般情节简单、内容覆盖面较小。考生在回答这类型题时要直截了当，有什么答什么，不必展开论述。

（7）综合分析型。这类型题比较复杂，内容往往涉及不同的知识点，要求回答的问题较多，难度很大，也是考生容易失分的地方。要求考生具有一定的理论水平和实际经验，对教材知识点要熟练掌握。

2. 主观题评分说明

主观题部分评分是采取网上评分的方法来进行，为了防止出现评卷人的评分宽严度差异对不同考生产生影响，每个评卷人员只评一道题的分数。每份试卷的每道题均由2位评卷人员分别独立评分，如果2人的评分结果相同或很相近（这种情况比例很大）就按2人的平均分为准。如果2人的评分差异较大，超过4～5分（出现这种情况的概率很小），就由评分专家再独立评分一次，然后用专家所评的分数和与专家评分接近的那个分数的平均分数为准。

主观题部分评分标准一般以准确性、完整性、分析步骤、计算过程、关键问题的判别方法、概念原理的运用等为判别核心。评分标准一般按要点给分，只要答出要点基本含义一般就会给分，不恰当的错误语句和文字一般不扣分，要点分值最小一般为1分。

主观题部分作答时必须使用黑色墨水笔书写作答，不得使用其他颜色的钢笔、铅笔、签字笔和圆珠笔。作答时字迹要工整、版面要清晰。因此书写不能离密封线太近，密封后评卷人不容易看到；书写的字不能太粗、太密、太乱，最好买支极细笔，字体稍微书写大点、工整点，这样看起来工整、清晰，评卷人也愿意多给分。

主观题部分作答应避免答非所问，因此考生在考试时要答对得分点，答出一个得分点就给分，说的不完全一致，也会给分，多答不会给分，只会按点给分。不明确用到什么规范的情况就用“强制性条文”或者“有关法规”代替，在回答问题时，只要有可能，就在答题的内容前加上这样一句话：根据有关法规或根据强制性条文，通常这些是得分点之一。

主观题部分作答应言简意赅，并多使用背景资料中给出的专业术语。考生在考试时应相信第一感觉，考生在涂改答案过程中，“把原来对的改成错的”这种情形有很多。在确定完全答对时，就不要展开论述，也不要写多余的话，能用尽量少的文字表达出正确的意思就好，这样评卷人看得舒服，考生自己也能省时间。如果答题时发现错误，不得使用涂改液等修改，应用笔画个框圈起来，打个“×”即可，然后再找一块干净的地方重新书写。

第1章　建设工程项目组织、规划与控制

1.1　工程项目投资管理与实施

专项突破1　项目资本金制度

例题：除国家对采用高新技术成果有特别规定外，以工业产权、非专利技术作价出资的比例不得超过投资项目资本金总额的（　　）。

A．20%　　　　B．25%

C．30%　　　　D．35%

E．40%　　　　F．50%

【答案】A

重点难点专项突破

1. 本考点还可以考核的题目有：

（1）对于城市轨道交通项目，最低资本金比例为（A）。

（2）对于铁路、公路项目，最低资本金比例为（A）。

（3）对于港口、沿海及内河航运项目，最低资本金比例为（A）。

（4）对于机场项目，最低资本金比例为（B）。

（5）对于保障性住房和普通商品住房项目，最低资本金比例为（A）。

（6）对于钢铁、电解铝项目，最低资本金比例为（E）。

（7）对于水泥项目，最低资本金比例为（D）。

（8）对于煤炭、电石、铁合金、烧碱、焦炭、黄磷、多晶硅项目，最低资本金比例为（C）。

（9）对于玉米深加工项目，最低资本金比例为（A）。

（10）对于化肥（钾肥除外）项目，最低资本金比例为（B）。

（11）通过发行金融工具等方式筹措的各类资金，按照国家统一的会计制度应当分类为权益工具的，可以认定为投资项目资本金，但不得超过资本金总额的（F）。

2. 除上述知识点，还需要掌握：

（1）项目资本金额的特点可能会考核判断正确与错误说法的题目。采分点如下：

① 项目资本金是在项目总投资中由投资者认缴的出资额。这里的总投资是指固定资产投资与铺底流动资金之和。项目资本金属于非债务性资金。**【2024年考过】**

② 项目法人不承担这部分资金的任何利息和债务。

③ 投资者可转让其出资。

④ 不得以任何方式抽回。

（2）项目资本金的出资方式，可能会考核多项选择题。项目资本金可以用货币出资，也可以用实物、工业产权、非专利技术、土地使用权作价出资。

（3）以货币方式认缴的资本金的资金来源，也可能会考核多项选择题。

专项突破2　项目投资审批、核准或备案管理

例题：除特殊情况外，对于采用直接投资和资本金注入方式的政府投资项目，政府投资主管部门需从投资决策角度审批的文件有（　　）。

A. 项目建议书

B. 可行性研究报告

C. 开工报告

D. 项目申请书

E. 资金申请报告

【答案】A、B

重点难点专项突破

1. 本考点还可以考核的题目有：

（1）对于有特殊影响的重大政府投资项目，应审批的文件包括（A、B、C）。

（2）对于采用投资补助、转贷和贷款贴息方式的政府投资项目，政府投资主管部门应审批的文件是（E）。

（3）企业办理投资项目核准手续时，仅需向核准机关提交（D）。

（4）企业办理投资项目核准手续时，不再经过批准（A、B、C）等程序。

2. 除掌握上述题目外，还需要掌握以下知识点：

（1）政府投资项目实行审批制，对于企业不使用政府投资建设的项目，一律不再实行审批制，区别不同情况实行核准制或登记备案制。**【2024年考过】**

（2）对关系国家安全、涉及全国重大生产力布局、战略性资源开发和重大公共利益等的企业投资项目，实行核准管理。

（3）项目申请书应包括下列内容：① 企业基本情况；② 项目情况，包括项目名称、建设地点、建设规模、建设内容等；③ 项目利用资源情况分析及对生态环境的影响分析；④ 项目对经济和社会的影响分析。可能会考核多项选择题。

专项突破3　工程建设实施程序

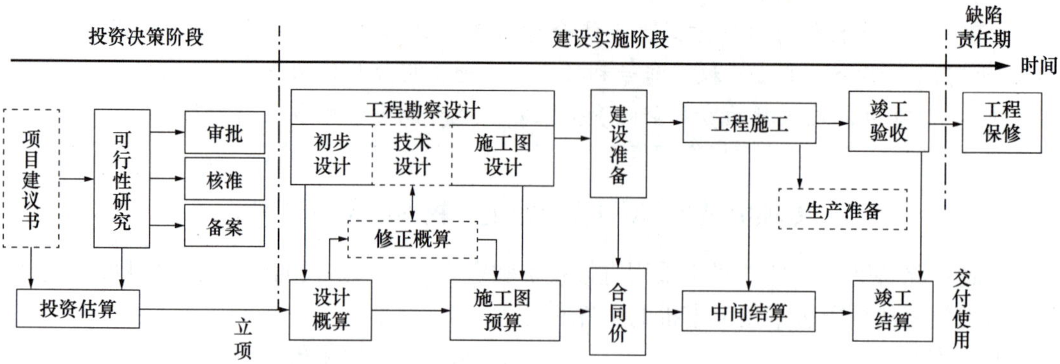

注：图中虚线框所代表的工作并非所有工程项目必经环节。

重点难点专项突破

1. 工程建设实施程序是指工程项目经审批、核准或备案后，从勘察设计、施工到竣工验收、交付使用整个过程中，各项工作必须遵循的先后次序。考试可能会考核判断正确顺序的题目。

2. 本考点可能会这样命题：

（1）工程建设实施阶段的首要环节是（　　）。

A. 项目建议书　　B. 可行性研究

C. 工程勘察设计　　D. 建设准备

【答案】C

（2）对于政府投资项目，初步设计提出的投资概算超过经批准的可行性研究报告提出的投资估算（　　）的，投资主管部门或者其他有关部门可以要求项目单位重新报送可行性研究报告。

A. 3%　　B. 5%

C. 8%　　D. 10%

【答案】D

（3）在工程开工建设前，需要切实做好各项准备工作，这些工作一般需要（　　）完成。

A. 建设单位　　B. 施工单位

C. 设计单位　　D. 监理单位

【答案】A

（4）建设工程开工时间是指工程建设文件中规定的任何一项永久性工程（　　）的时间。**【2024年真题】**

A. 施工场址既有建筑物开始拆除　　B. 施工场地平整或临时设施开始施工

C. 施工用临时道路开始施工　　D. 第一次正式破土开槽开始施工

【答案】D

（5）下列工作环节，（　　）是工程建设实施阶段最后一个环节，是投资成果转入生产或使用的标志，也是全面考核工程建设成果、检验工程质量的重要步骤。**【2024年考过】**

A. 建设准备　　　　B. 工程保修

C. 生产准备　　　　D. 工程竣工验收

【答案】D

专项突破4　政府和社会资本合作（PPP）项目实施方式

例题：通过出售现有投产项目在一定期限内的现金流量，从而获得资金来建设新项目的模式是（　　）。

A. 标准BOT　　　　B. BOOT

C. BOO　　　　D. TOT

E. TBT　　　　F. ROT

G. DBFOT

【答案】D

重点难点专项突破

1. 本考点还可以考核的题目有：

（1）投资财团愿意自己融资，建设某项基础设施，并在项目所在国政府授予的特许期内经营该公共设施，以经营收入抵偿建设投资，并获得一定收益，经营期届满后将此基础设施移交给项目所在国政府的模式是（A）。

（2）在特许期内既拥有经营权，又拥有所有权，政府允许项目公司在一定范围和一定时期内等一定条件下将项目资产抵押给银行，以便获得更优惠的贷款条件，从而可降低项目产品或服务价格的模式是（B）。

（3）项目公司根据政府特许权建设并拥有某项基础设施，但最终并不将其移交给项目所在国政府的模式是（C）。

（4）采用（C）的目的是鼓励项目公司从项目全寿命期角度考虑建设和经营基础设施，提高项目产品或服务质量，追求全寿命期总成本的降低和效率的提高。

（5）政府将已运营一段时间的项目和未来若干年的经营权无偿转让给投资者，投资者负责组建项目公司去建设和经营待建项目，项目建成开始运营后，政府从项目公司获得与项目经营权等值的收益。这种模式是（E）。

（6）社会资本方在与政府签订特许经营权协议后，会发起成立项目公司，对既有资产或者项目进行改造，并获得改造后一段时间的特许经营权。待特许权期限届满后，再移交给政府。这种模式是（F）。

（7）下列模式中，（G）模式是政府和社会资本合作新机制中唯一具有全生命周期特性的具体实施模式，其核心是解决项目设计需求和经济可行性，强调以民营企业降低建设风险、提高公共效率的融资功能。

2. TOT、TBT、ROT、DBFOT等均可视为BOT演变形式。

3. BOT项目运作流程：特许权协议— 融资安排—开发建设—项目经营—项目移交。

专项突破5　基于不同承包范围的承包模式

例题：工程总承包模式的优点主要有（　　）。

A. 有利于缩短建设工期

B. 便于建设单位提前确定工程造价

C. 使工程项目责任主体单一化

D. 建设单位的协调工作量减少

E. 建设单位合同管理工作量大大减少

F. 道德风险高**【2024年考过】**

G. 建设单位前期工作量大**【2024年考过】**

H. 可能会提高报价，导致整个工程造价增加

I. 建设单位、勘察设计单位、施工总承包单位及分包单位在合同约束下，各自行使其职责和履行义务，责权利分配明确

J. 建设单位直接管理工程勘察设计和施工，指令易贯彻执行

K. 有助于发现工程质量问题

L. 应用广泛、历史长，相关管理方法较成熟

M. 建设周期长

N. 设计与施工协调困难，容易产生设计变更，可能使建设单位利益受损

O. 容易出现互相推诿，协调工作量大

【答案】A、B、C、D、E

重点难点专项突破

1. 本考点还可以考核的题目有：

（1）采用工程总承包模式的缺点有（F、G、H）。

（2）设计—招标—建造（DBB）承包模式的优点有（I、J、K、L）。

（3）设计—招标—建造（DBB）承包模式的缺点有（M、N、O）。**【2024年考过】**

2. 熟悉设计—招标—建造（DBB）承包模式与工程总承包模式的合同结构。

专项突破6　基于不同承包关系的承包模式

例题：平行承包模式的特点有（　　）。

A. 有利于建设单位择优选择施工单位

B. 有利于控制工程质量

C. 有利于缩短建设工期

D．组织管理和协调工作量大

E．工程造价控制难度大

F．不利于发挥那些技术水平高、综合管理能力强的总承包商综合优势

G．建设单位合同结构简单，组织协调工作量小，而且有利于工程造价和工期控制

H．克服一家单位力不能及的困难，不仅有利于增强竞争能力，同时有利于增强抗风险能力

I．建设单位组织协调工作量小，但风险较大

J．各施工单位之间有合作愿望，但又不愿意组成联合体

【答案】A、B、C、D、E、F

重点难点专项突破

1. 本考点还可以考核的题目有：

（1）联合体承包模式的特点有（G、H）。

（2）合作体承包模式的特点有（I、J）。

2. 熟悉平行承包模式、联合体承包模式、合作体承包模式的合同结构。

3. 我们学习一下2024年真题：

采用联合体方式承包工程时，对联合体各成员单位正确的要求是（　　）。**【2024年真题】**

A. 共同与建设单位签订工程承包合同

B. 需要具有与工程规模相适应的相同承包资质

C. 承担相同的工程承包合同义务和责任

D. 共同与建设单位签订联合体协议

【答案】A

专项突破7　CM模式与Partnering模式

例题：CM模式的特点有（　　）。

A．采用快速路径法施工

B．采用成本加酬金方式

C．与施工总承包模式相比，合同价更具合理性

D．不赚取总包与分包之间的差价

E．应用价值工程方法挖掘节约投资的潜力

F．大大减少建设单位在工程造价控制方面的风险

G．出于自愿

H．高层管理者参与

I．其协议不是法律意义上的合同

J．信息开放性

【答案】A、B、C、D、E、F

重点难点专项突破

1. 本考点还可以考核的题目有：

Partnering模式的主要特征有（G、H、I、J）。

2. 区分CM模式与Partnering模式的特点，除此之外，还要掌握CM模式的类型和适用范围。

（1）CM单位有代理型（Agency）和非代理型（Non-Agency）两种。

（2）CM模式特别适用于那些实施周期长、工期要求紧迫的大型复杂工程。

（3）CM单位以承包单位的身份进行施工管理，组织快速路径的生产方式，实现有条件的“边设计、边施工”。**【2024年考过】**

专项突破8　强制实行监理的工程范围

例题：根据《建设工程监理范围和规模标准规定》，必须实行监理的工程项目有（　　）。

A．基础设施、基础产业和支柱产业中的大型项目

B．高科技并能带动行业技术进步的项目

C．跨地区并对全国经济发展或者区域经济发展有重大影响的项目

D．对社会发展有重大影响的项目

E．项目总投资额在3000万元以上的供水、供电、供气、供热等市政工程项目

F．项目总投资额在3000万元以上的科技、教育、文化等项目

G．项目总投资额在3000万元以上的体育、旅游、商业等项目

H．项目总投资额在3000万元以上的卫生、社会福利等项目

I．建筑面积5万m^2以上的住宅建设工程

J．使用世界银行、亚洲开发银行等国际组织贷款资金的项目

K．使用国外政府及其机构贷款资金的项目

L．使用国际组织或者国外政府援助资金的项目

M．项目总投资额在3000万元以上的煤炭、石油、化工、天然气、电力、新能源等项目

N．项目总投资额在3000万元以上的铁路、公路、管道、水运、民航以及其他交通运输业等项目

O．项目总投资额在3000万元以上的邮政、电信枢纽、通信、信息网络等项目

P．项目总投资额在3000万元以上的防洪、灌溉、排涝、发电、引（供）水、滩涂治理、水资源保护、水土保持等水利建设项目

Q．项目总投资额在3000万元以上的道路、桥梁、地铁和轻轨交通、污水排放及处理、垃圾处理、地下管道、公共停车场等城市基础设施项目

R．项目总投资额在3000万元以上的生态环境保护项目

S．学校、影剧院、体育场馆项目

【答案】A、B、C、D、E、F、G、H、I、J、K、L、M、N、O、P、Q、R、S

重点难点专项突破

1. 本考点还可以考核的题目有：

（1）根据《建设工程监理范围和规模标准规定》，必须实行监理的大中型公用事业工程项目有（E、F、G、H）。

（2）根据《建设工程监理范围和规模标准规定》，利用外国政府或者国际组织贷款、援助资金的工程项目有（J、K、L）。

2. 注意选项的“3000万元以上”“5万m^2以上”等关键数字。“3000万元以上”“5万m^2以上”均是对项目在投资额及建筑面积上的范围限制，在考试时的考核形式如下面两道题目所示：

（1）根据《建设工程监理范围和规模标准规定》，必须实行监理的工程是（　　）。

A. 总投资额2000万元的学校项目　　B. 总投资额2000万元的供水项目

C. 总投资额2000万元的通信项目　　D. 总投资额2000万元的地下管道项目

【答案】A

（2）根据《建设工程监理范围和规模标准规定》，必须实行监理的工程有（　　）。

A. 总投资额为2000万元的商业项目

B. 总投资额为3000万元的乡村生态环境保护项目

C. 建筑面积为4万m^2的多层普通结构住宅小区

D. 使用世界银行贷款的城市立交枢纽

E. 国家重点建设的工业项目

【答案】B、D、E

3. 在必须实行监理的工程项目中有两类是没有具体数额（即3000万元以上或5万m^2以上）限制的：一类是利用外国政府或者国际组织贷款、援助资金的工程；另一类是学校、影剧院、体育场馆项目。

命题时很可能会利用这一例外情形设置题目陷阱来干扰考生，例如：使用国际组织援助资金总投资额为400万美元的项目；建筑面积为2000m^2的小型剧场项目。可能有的考生只是记住了“3000万元以上或5万m^2以上”，依照这个标准来判断的话，上述两个项目显然是不符合标准的，由此就会误判其不属于必须监理的工程项目范围。这一点提示考生要特别注意一下。

4. 看过选项I后可能有的考生会问，建筑面积5万m^2以下的住宅建设工程是不是就不能实行监理了呢？

对于建筑面积5万m^2以下的住宅建设工程，是可以实行监理的，其具体范围和规模标准，由省、自治区、直辖市人民政府建设行政主管部门规定。

5. 本考点主要考核单项选择题。

专项突破9　总监理工程师及总监理工程师代表的职责

例题：根据《建设工程监理规范》GB/T 50319—2013，总监理工程师的职责主要包括（　　）。

A．确定项目监理机构人员及其岗位职责

B．组织编制监理规划，审批监理实施细则

C．根据工程进展及监理工作情况调配监理人员，检查监理人员工作

D．组织召开监理例会

E．组织审核分包单位资格

F．组织审查施工组织设计、（专项）施工方案

G．审查开复工报审表，签发工程开工令、暂停令和复工令

H．组织检查施工单位现场质量、安全生产管理体系的建立及运行情况

I．组织审核施工单位的付款申请，签发工程款支付证书，组织审核竣工结算

J．组织审查和处理工程变更

K．调解建设单位与施工单位的合同争议，处理工程索赔

L．组织验收分部工程，组织审查单位工程质量检验资料

M．审查施工单位的竣工申请，组织工程竣工预验收，组织编写工程质量评估报告，参与工程竣工验收

N．参与或配合工程质量安全事故的调查和处理

O．组织编写监理月报、监理工作总结，组织整理监理文件资料

【答案】A、B、C、D、E、F、G、H、I、J、K、L、M、N、O

重点难点专项突破

上述选项中，画线部分内容为总监理工程师不得委托给总监理工程师代表的工作，其余剩下的没画线的内容为总监理工程师可以委托总监理工程师代表进行的工作，考生只要记住“不可委托的工作”即可。考试时可能会这样命题：

下列监理机构人员的职责中，总监理工程师可以书面授权委托给总监理工程师代表的是（　　）。

A．签发工程开工令　　　　B．组织编写监理月报

C．审批监理实施细则　　　　D．组织编写工程质量评估报告

【答案】B

专项突破10　专业监理工程师及监理员的职责

例题：根据《建设工程监理规范》GB/T 50319—2013，专业监理工程师应履行的职责有（　　）。

A．参与编制监理规划，负责编制监理实施细则

B．审查施工单位提交的涉及本专业的报审文件，并向总监理工程师报告

C．参与审核分包单位资格

D．指导、检查监理员工作，定期向总监理工程师报告本专业监理工作实施情况

E．检查进场的工程材料、构配件、设备的质量

F．验收检验批、隐蔽工程、分项工程，参与验收分部工程

G. 处置发现的质量问题和安全事故隐患

H. 进行工程计量

I. 参与工程变更的审查和处理

J. 组织编写监理日志，参与编写监理月报

K. 收集、汇总、参与整理监理文件资料

L. 参与工程竣工预验收和竣工验收

M. 检查施工单位投入工程的人力、主要设备的使用及运行状况

N. 进行见证取样

O. 复核工程计量有关数据

P. 检查工序施工结果

Q. 发现施工作业中的问题，及时指出并向专业监理工程师报告

【答案】 A、B、C、D、E、F、G、H、I、J、K、L

重点难点专项突破

1. 本考点还可以考核的题目有：

根据《建设工程监理规范》GB/T 50319—2013，属于监理员职责的有（M、N、O、P、Q）。

2. 总监理工程师、总监理工程师代表、专业监理工程师、监理员的职责应对比记忆。

专项突破11　与项目监理机构相关的施工管理工作

例题： 根据《建设工程监理规范》GB/T 50319—2013，总监理工程师应及时签发工程暂停令的有（　　）。

A. 建设单位要求暂停施工且工程需要暂停施工的

B. 施工单位未经批准擅自施工或拒绝项目监理机构管理的

C. 施工单位未按审查通过的工程设计文件施工的

D. 施工单位未按批准的施工组织设计、（专项）施工方案施工的

E. 施工单位违反工程建设强制性标准的

F. 施工存在重大质量、安全事故隐患或发生质量、安全事故的

【答案】 A、B、C、D、E、F

重点难点专项突破

1. 由谁签发工程暂停令也是一个采分点，还会采用下题的形式进行考核：

根据《建设工程监理规范》GB/T 50319—2013，施工单位未经批准擅自施工的，总监理工程师应（　　）。

A. 及时签发监理通知单　　　　B. 立即报告建设单位

C. 及时签发工程暂停令　　D. 立即报告政府主管部门

【答案】C

2. 关于项目监理机构的施工管理工作的采分点比较多，我们列表说明：

项目	内容
图纸会审和设计交底会议	施工单位应参加建设单位主持召开的图纸会审和设计交底会议。图纸会审和设计交底会议纪要应由项目监理机构负责整理，建设单位、设计单位、施工单位代表及总监理工程师共同签认**【2024年考过】**
报审施工组织设计	施工单位在工程开工前，应将经内部审查通过的施工组织设计报送项目监理机构审查。项目监理机构对施工组织设计的审查包括以下基本内容： （1）编审程序是否符合相关规定； （2）施工进度、施工方案及工程质量保证措施是否符合施工合同要求； （3）资源（资金、劳动力、材料、设备）供应计划是否满足工程施工需要； （4）安全技术措施是否符合工程建设强制性标准； （5）施工总平面布置是否科学合理。 经项目监理机构审查符合要求的施工组织设计，由总监理工程师签认后将会报送建设单位
施工现场质量安全检查	项目监理机构将会检查施工单位现场的施工质量、安全生产管理组织机构和规章制度建立情况，以及专职管理人员配备和特种作业人员的资格，还要核查施工机械和设施的安全许可验收手续**【2024年考过】**
工程开工报审	施工单位做好施工准备后，应向项目监理机构报送工程开工报审表及相关资料申请开工。申请开工的工程具备下列条件的，总监理工程师方可在工程开工报审表签署同意开工的意见并报建设单位批准： （1）设计交底和图纸会审已完成； （2）施工组织设计已由总监理工程师签认； （3）施工单位现场质量、安全生产管理体系已建立，管理及施工人员已到位，施工机械具备使用条件，主要工程材料已落实； （4）进场道路及水、电、通信等已满足开工要求。 建设单位在工程开工报审表中签署同意开工的意见后，项目监理机构才能发出工程开工令
报审分包单位资格	工程有分包单位的，施工总包单位应将分包单位资格报审表及相关资料报送项目监理机构。项目监理机构将会审查施工分包单位以下内容： （1）营业执照、企业资质等级证书； （2）安全生产许可文件； （3）类似工程业绩； （4）专职管理人员和特种作业人员资格
第一次工地会议	施工单位应参加由建设单位主持召开的第一次工地会议。会议纪要由项目监理机构负责整理，与会各方代表会签**【2024年考过】**
施工进度计划报审	施工单位应将其编制的施工总进度计划和阶段性施工进度计划报送项目监理机构审查。项目监理机构将审查施工进度计划中的以下内容：① 施工进度计划是否符合施工合同中工期的约定；② 施工进度计划中主要工程项目有无遗漏，是否满足分批投入试运行、分批动用的需要，阶段性施工进度计划是否满足总进度控制目标的要求；③ 施工顺序的安排是否符合施工工艺要求；④ 施工人员、工程材料、施工机械等资源供应计划是否满足施工进度计划的需要；⑤ 施工进度计划是否符合建设单位提供的施工条件（资金、施工图纸、施工场地、物资等）

续表

项目	内容
施工方案或专项施工方案报审	施工单位应将相应分部分项工程开工前编制的施工方案或专项施工方案报送项目监理机构审查。 对于施工单位报送的施工方案，项目监理机构的审查内容包括：① 编审程序是否符合相关规定；② 工程质量保证措施是否符合有关标准。 对于施工单位报送的专项施工方案，项目监理机构的审查内容包括：① 编审程序是否符合相关规定；② 安全技术措施是否符合工程建设强制性标准。对达到一定规模危险性较大的分部分项工程的专项施工方案，还要检查是否附具安全验算结果。对涉及深基坑、地下暗挖工程、高大模板工程的专项施工方案，还要检查施工单位组织专家进行论证、审查的情况
"四新"质量报审	施工单位采用新材料、新工艺、新技术、新设备时，应将相应质量认证材料和相关验收标准报送项目监理机构审查。必要时，施工单位还需要组织专题论证，并将专题论证材料一并报送项目监理机构审查**【2024年考过】**
施工控制测量成果及保护措施报审	施工单位应将施工控制测量成果及保护措施报送的项目监理机构检查、复核。项目监理机构将会检查、复核以下内容：① 施工单位测量人员的资格证书及测量设备检定证书；② 施工平面控制网、高程控制网和临时水准点的测量成果及控制桩的保护措施
试验室报审	施工单位应将为所施工工程提供服务的试验室相关资料报送项目监理机构检查。项目监理机构将检查以下内容：① 试验室的资质等级及试验范围；② 法定计量部门对试验设备出具的计量检定证明；③ 试验室管理制度；④ 试验人员资格证书
材料、构配件、设备质量报验	施工单位应将用于工程的材料、构配件、设备的质量证明文件报送项目监理机构审查。这些质量证明文件包括：出厂合格证、质量检验报告、性能检测报告及施工单位的质量抽检报告等
工程报验	施工单位应向项目监理机构报验隐蔽工程、检验批、分项工程和分部工程质量。项目监理机构验收其质量，并对质量合格的签署验收意见
提出工程计量及付款申请	施工单位应向项目监理机构提交工程款支付报审表及相应的支持性材料，申请复核实际完成工程量和应支付金额。项目监理机构审查复核后报送建设单位审批
提出工程变更或索赔	施工单位认为有必要进行工程变更的，可向项目监理机构提出工程变更申请。待建设单位同意工程变更后，施工单位应按建设单位和施工单位共同协商会签的工程变更单实施工程变更
竣工报验	单位工程完工并经自检合格后，施工单位应向项目监理机构提交单位工程竣工验收报审表及竣工资料。项目监理机构组织工程竣工预验收合格后，编写工程质量评估报告并报送建设单位。施工单位代表应参加由建设单位组织的竣工验收，并在工程竣工验收报告中签署意见
竣工结算申请	工程竣工验收合格后，施工单位应向项目监理机构提交竣工结算款支付申请。项目监理机构审核后报送建设单位审批。竣工结算款支付申请经建设单位审批同意后，项目监理机构将向施工单位签发竣工结算款支付证书

3. 我们看看2024年考核的题目：

在建设工程施工准备阶段，项目监理机构需要进行的工作是（　　）。**【2024年真题】**

A. 主持召开图纸会审和设计交底会议

B. 主持召开第一次工地会议

C. 核查施工机械和设施的安全许可验收手续

D. 组织建立工程项目质量安全管理体系

【答案】C

专项突破12　工程质量监督

例题：工程质量监督过程中，组织安排工程质量监督准备工作内容包括（　　）。

A．审核办理工程质量监督手续

B．成立工程质量监督组，确定质量监督负责人

C．编制工程质量监督计划，并转发各参建单位

D．召开首次监督会议，明确相关职责

E．检查各方主体行为，确认具备开工条件

F．制定年度、季度检查计划

G．监督检查工程参建各方主体质量行为

H．监督检查工程实体质量

I．监督检查工程质量保证资料

J．工程质量事故隐患及问题查处

K．投诉举报问题受理及调查

L．组织实施工程竣工验收质量监督

【答案】B、C、D、E

重点难点专项突破

1. 本考点还可以考核的题目有：

工程质量监督过程中，组织实施工程施工质量监督的工作内容包括（F、G、H、I、J、K）。

2. 工程质量监督准备工作内容还可能以这种方式命题：

工程质量监督机构在组织安排工程质量监督准备阶段的工作有：① 召开首次监督会议，明确相关职责；② 编制工程质量监督计划，并转发各参建单位；③ 检查各方主体行为，确认具备开工条件；④成立工程质量监督组，确定质量监督负责人。正确的工作程序是（　　）。

A. ①—②—③—④　　B. ④—②—①—③

C. ①—④—②—③　　D. ④—①—③—②

【答案】B

3. 工程质量监督主要是指对工程质量责任主体行为和工程实体质量进行的监督检查。工程实体质量监督以抽查方式为主，重点检查涉及结构安全和使用功能的实体质量。

4. 我们再学习一下其他的几个采分点：

项目	内容
审核办理工程质量监督手续	工程开工前，建设单位需要到规定的工程质量监督机构办理工程质量监督手续，未按规定办理工程质量监督手续的，一律不得开工。建设单位在申请办理工程质量监督手续时，需提供下列资料： （1）施工图设计文件审查报告和批准书； （2）中标通知书和施工、监理合同； （3）建设单位、施工单位和工程监理单位的项目负责人和机构组成； （4）施工组织设计和监理规划（监理实施细则）； （5）其他需要的文件资料
召开首次监督会议	在办理工程质量监督手续后、工程开工前，工程质量监督机构应召开建设单位、勘察单位、设计单位、施工单位、工程监理单位等相关责任主体参加的首次监督会议
检查各方主体行为，确认具备开工条件	包括：① 审查工程参建各方质量保证体系；② 审查施工组织设计、监理规划和监理实施细则等文件内容及审批手续；③ 核查工程参建各方主要管理人员资格；④ 检查有关工程质量文件、施工技术资料是否齐全并符合规定
组织实施工程竣工验收质量监督	工程质量监督机构应参加建设单位组织的工程竣工验收，并对现场验收的组织形式、验收程序、执行标准规定等进行重点监督，发现有违反验收规定的行为，应责令改正。工程竣工验收工作结束后，工程质量监督机构应出具工程质量监督报告。**【2024年考过】** 工程质量监督报告应包括以下主要内容：① 工程概况；② 监督工作概况；③ 工程质量责任主体行为监督检查情况；④ 工程实体质量抽查情况；⑤ 投诉举报受理及调查处理情况；⑥ 相关问题处理整改和事故调查处理情况；⑦ 行政处罚情况；⑧ 工程竣工验收情况；⑨ 工程质量监督意见和建议等。 工程质量监督报告必须由工程质量监督负责人签认，经工程质量监督机构负责人审核同意并加盖单位公章后出具

1.2 工程项目管理组织与项目经理

专项突破1 工程参建各方主体管理目标和任务

例题：业主方项目管理的目标包括工程建设（　　）。

A. 进度目标　　B. 质量目标

C. 投资目标　　D. 绿色目标

E. 成本目标　　F. 安全目标

G. 设计进度、质量和成本目标

【答案】A、B、C、D

重点难点专项突破

1. 本考点还可以考核的题目有：

（1）工程总承包方项目管理的目标包括承包工程的（A、B、D、E、F）。

工程总承包方的管理工作涉及：设计管理、采购管理、施工管理和试运行管理。**【2020年考过】**

（2）工程设计方项目管理的目标包括工程建设（A、B、C、D、G）。

（3）工程施工方项目管理的目标包括（A、B、D、E、F）。

2. 除应掌握管理目标，需要熟悉各方项目管理的阶段。

（1）业主方项目管理是全过程的，包括工程项目投资决策和建设实施阶段各个环节。

（2）工程总承包单位全面负责工程项目实施全过程，直至最终交付使用功能和质量标准符合合同文件规定的工程项目。工程总承包方项目管理应服务于项目整体利益和工程总承包方自身利益。

（3）工程设计方项目管理应服务于项目整体利益和工程设计方自身利益。工程设计方项目管理不仅仅局限于工程设计阶段，而是会延伸到施工阶段和竣工验收阶段。

3. 关于业主方项目管理还要注意以下采分点：进度目标是指工程项目交付使用的时间目标**【2009年、2014年、2016年、2019年考过】**；质量目标是指工程特性要满足相关标准规定及业主需求；投资目标是指工程建设总投资。

4. 关于设计、采购、施工、试运行执行计划的内容也是命题的采分点，我们一起学习2024年真题：

根据《建设项目工程总承包管理规范》GB/T 50358—2017，设计执行计划宜包括的内容有（　　）。**【2024年真题】**

A. 质量保证程序和要求　　　　B. 费用控制原则和要求

C. 进度计划和主要控制点　　　D. 采购工作范围和内容

E. 技术经济要求

【答案】A、C、E

专项突破2　工程项目管理组织结构形式

例题：工程项目管理组织结构形式应根据工程项目规模、专业特点、地理位置及施工单位内部管理模式等因素确定。常见的工程项目管理组织结构形式包括（　　）。

A. 直线式组织结构　　　　B. 职能式组织结构

C. 直线职能式组织结构　　D. 矩阵式组织结构

【答案】A、B、C、D

重点难点专项突破

1. 本考点还可以考核的题目有：

（1）下列工程项目管理组织结构形式中，（A）是一种最简单的组织结构形式。

（2）下列工程项目管理组织结构形式中，（A）的主要优点是结构简单、权力集中、易于统一指挥、隶属关系明确、职责分明、决策迅速。

（3）下列工程项目管理组织结构形式中，（A）无法实现管理工作专业化，不利于提高项目管理水平。

（4）在（B）中，各级领导不直接指挥下级，而是指挥职能部门。

（5）下列工程项目管理组织结构形式中，（B）的主要优点是强调管理业务专门化，注意发挥各类专家在项目管理中的作用。

（6）在（B）中，存在多头领导，使下级执行者接受多方指令，容易造成职责不清。

（7）下列工程项目管理组织结构形式中，（C）主要优点是集中领导、职责清楚，有利于提高管理效率。

（8）在（C）中，各职能部门之间的横向联系差，信息传递路线长，职能部门与指挥者之间容易产生矛盾。

（9）下列工程项目管理组织结构形式中，（D）的优点是能够根据工程任务的实际情况灵活组建与之相适应的项目管理机构，实现集权与分权的最优结合，有利于调动各类人员的工作积极性。

（10）在（D）中，每一位成员同时受项目经理和职能部门经理的双重领导，如果处理不当，会造成矛盾，产生扯皮现象。

2. 各组织结构形式的图示应掌握，可能会这样命题：

某工程项目管理组织结构如下图所示，这种组织结构是（　　）。

3. 各组织结构形式的优缺点应对比记忆，还可能会这样命题：

（1）直线式/职能式/直线职能式/矩阵式组织结构形式的优点有（　　）。

（2）某工程项目管理组织结构如下图所示，这种组织结构的优点是（　　）。

4. 按照项目经理的权限不同，矩阵式组织结构又可分为三种形式：强矩阵式组织、中矩阵式组织和弱矩阵式组织。注意区分三种形式的特点和适用范围，通过下表来学习。

形式	特点	适用范围
强矩阵式	拥有专职的、具有较大权限的项目经理及专职项目管理人员	适用于技术复杂且时间紧迫的工程项目
中矩阵式	需要精心建立管理程序和配备训练有素的协调人员	适用于中等技术复杂程度且建设周期较长的工程项目**【2024年考过】**
弱矩阵式	并未明确对项目目标负责的项目经理。项目管理者的权限很小	适用于技术简单的工程项目

专项突破3　责任矩阵

项目	内容
编制程序	（1）列出需要完成的项目管理任务。 （2）列出参与项目管理及负责执行项目任务的个人或职能部门名称。 （3）以项目管理任务为行，以执行任务的个人或部门为列，画出纵横交叉的责任矩阵图。 （4）在责任矩阵图的行与列交叉窗口中，用不同字母或符号表示项目管理任务与执行者的责任关系，从而建立“人”与“事”的关联。 （5）检查各职能部门或人员的项目管理任务分配是否均衡适当
作用	横向检查可以确保每项工作有人负责。纵向检查可以确保每个人至少负责一件“事”。基于管理活动的工作量估算，还可从横向统计每个活动的总工作量，从纵向统计每个角色投入的总工作量

重点难点专项突破

1. 责任矩阵的编制程序可能会考核判断正确顺序的题目。
2. 对责任矩阵的作用应能区分横向检查与纵向检查的作用。
3. 本考点可能这样命题：

关于项目管理责任矩阵的说法，正确的是（　　）。

A. 责任检查时，横向检查可以确保每个人员至少负责一项工作

B. 责任检查时，纵向检查可以确保每项工作有人员负责

C. 基于管理活动的工作量估算，可以横向统计每个活动的总工作量

D. 基于管理活动的工作量估算，可以纵向统计每个活动的总工作量

【答案】C

专项突破4　工程总承包项目经理职责和权限

例题：根据《建设项目工程总承包管理规范》GB/T 50358—2017，工程总承包项目经理应履行的职责包括（　　）。

A. 执行工程总承包企业管理制度，维护企业合法权益

B. 代表企业组织实施工程总承包项目管理，对实现合同约定的项目目标负责

C. 完成项目管理目标责任书规定的任务

D. 在授权范围内负责与项目利益相关者协调，解决项目实施中出现的问题

E. 对项目实施全过程进行策划、组织、协调和控制**【2024年考过】**

F. 负责组织项目的管理收尾和合同收尾工作

G. 经授权组建项目部，提出项目部组织机构，选用项目部成员，确定岗位人员职责

H. 在授权范围内，行使相应管理权，履行相应职责

I. 在合同范围内按规定程序使用工程总承包企业的相关资源

J. 批准发布项目管理程序

K. 协调和处理与项目有关的内外部事项

【答案】A、B、C、D、E、F

重点难点专项突破

1. 本考点还可以考核的题目有：

根据《建设项目工程总承包管理规范》GB/T 50358—2017，工程总承包项目经理应履行的权限包括（G、H、I、J、K）。

2. 职责与权限在命题时会相互作为干扰选项。

专项突破5　施工项目经理职责和权限

例题：根据《建设工程施工项目经理岗位职业标准》T/CCIAT 0010—2019，项目经理应履行的职责包括（　　）。

A. 依据企业规定组建项目经理部，组织制定项目管理岗位职责，明确项目团队成员职责分工

B. 执行企业各项规章制度，组织制定和执行施工现场项目管理制度

C. 组织项目团队成员进行施工合同交底和项目管理目标责任分解

D. 在授权范围内组织编制和落实施工组织设计、项目管理实施规划、施工进度计划、绿色施工及环境保护措施、质量安全技术措施、施工方案和专项施工方案

E. 在授权范围内进行项目管理指标分解，优化项目资源配置，协调施工现场人力资源安排，并对工程材料、构配件、施工机具设备等资源的质量和安全使用进行全程监控

F. 组织项目团队成员进行经济活动分析，进行施工成本目标分解和成本计划编制，制定和实施施工成本控制措施

G. 建立健全协调工作机制，主持工地例会，协调解决工程施工问题

H. 依据施工合同配合企业或受企业委托选择分包单位，组织审核分包工程款支付申请

I. 组织与建设单位、分包单位、供应单位之间的结算工作，在授权范围内签署结算文件

J. 建立和完善工程档案文件管理制度，规范工程资料管理及存档程序，及时组织汇总工程结算和竣工资料，参与工程竣工验收

K. 组织进行缺陷责任期工程保修工作，组织项目管理工作总结

L. 参与项目投标及施工合同签订

M. 参与组建项目经理部，提名项目副经理、项目技术负责人，选用项目团队成员

N. 主持项目经理部工作，组织制定项目经理部管理制度

O. 决定企业授权范围内的资源投入和使用

P. 参与分包合同和供货合同签订

Q. 在授权范围内直接与项目相关方进行沟通

R. 根据企业考核评价办法组织项目团队成员绩效考核评价，按企业薪酬制度拟定项目团队成员绩效工资分配方案，提出不称职管理人员解聘建议

【答案】A、B、C、D、E、F、G、H、I、J、K

重点难点专项突破

1. 本考点还可以考核的题目有：

根据《建设工程施工项目经理岗位职业标准》T/CCIAT 0010—2019规定，项目经理应具有的权限包括（L、M、N、O、P、Q、R）。

2. 职责与权限在命题时会相互作为干扰选项，注意几个“参与”，在设置错误选项时，会在这上面做文章。

1.3 工程项目管理规划与动态控制

专项突破1 工程项目管理规划

例题：根据《建设工程项目管理规范》GB/T 50326—2017，项目管理规划包括（　　）。**【2009年、2013年、2015年、2022年考过】**

A. 项目管理规划大纲

B. 项目管理实施规划

C. 项目管理规划策划

D. 项目管理实施大纲

E. 项目管理规划原则

F. 项目管理操作规划

G. 项目管理实施细则

H. 项目管理计划细则

I. 项目管理实施策划

J. 项目管理决策大纲

【答案】A、B

重点难点专项突破

1. 上述例题中，选项C、D、E、F、G、H、I、J是可能会设置的干扰选项。

2. 建设工程项目管理规划是指导项目管理工作的纲领性文件，对于项目管理工作具有战略性、全局性和宏观性指导作用。

3. 在记忆项目管理规划大纲及项目管理实施规划内容时可以这样记：

管理规划大纲——各种管理。

管理实施规划——工作安排、方案、措施及计划。

4. 项目管理规划大纲与项目管理实施规划的编制工作程序，考试会考核两种题型：

第一种：题干中给出若干工作内容，判断正确的程序**【2019年、2021年、2024年考过】**，比如：

根据《建设工程项目管理规范》GB/T 50326—2017，编制项目管理规划大纲需进行的工作有：①确定项目管理目标；②规定项目管理措施；③编制项目资源计划；④进

行项目工作结构分解等。仅就上述工作而言，正确的工作顺序是（　　）。【2024年真题】

A. ③—②—①—④　　B. ②—①—③—④

C. ①—④—②—③　　D. ④—②—③—①

【答案】C

第二种：题干中给出某项工作内容，判断其前面工作或后续工作，比如：

编制项目管理规划大纲工作中，项目工作结构分解工作之前进行的工作是（　　）。

A. 确定项目管理目标　　B. 确定项目管理组织结构和职责分工

C. 规定项目管理措施　　D. 编制项目资源计划

【答案】A

如果问题是项目工作结构分解工作之后应进行的工作，那么就应该是B、C、D项了。

专项突破2　施工组织设计的分类及其内容

例题：下列施工组织设计内容中，属于专项施工方案的有（　　）。【2014年、2016年、2021年考过】

A. 工程概况【2010年、2014年考过】

B. 总体施工部署

C. 施工总进度计划【2010年考过】

D. 总体施工准备与主要资源配置计划

E. 主要施工方法

F. 施工总平面布置

G. 施工部署【2014年考过】

H. 施工进度计划【2016年考过】

I. 施工准备与资源配置计划【2014年、2016年考过】

J. 主要施工方案【2010年考过】

K. 施工现场平面布置【2016年考过】

L. 施工安排【2016年考过】

M. 施工方法及工艺要求【2014年、2016年、2023年考过】

【答案】A、H、I、L、M

重点难点专项突破

1. 本考点还可以考查的题目有：

（1）施工组织总设计的主要内容有（A、B、C、D、E、F）。

（2）单位工程施工组织设计的主要内容有（A、G、H、I、J、K）。【2010年考过】

（3）下列施工组织设计内容中，属于分部（分项）工程施工组织设计的主要内容有（A、H、I、L、M）。

（4）单位工程施工组织设计与分部（分项）工程施工组织设计都具备的内容有（A、H、I）。

2. 从历年考试情况来看，本考点主要考核多项选择题。

3. 施工组织设计按编制对象，可分为施工组织总设计、单位工程施工组织设计和施工方案**【2023年考过】**。施工方案即以分部（分项）工程或专项工程为主要对象编制的施工技术与组织方案。

4. 单位工程施工组织设计的内容中，施工部署是纲领性内容，包括：工程施工目标、进度安排和空间组织、施工重点和难点分析、工程管理组织结构形式、“四新”使用部署或要求、分包单位要求。**【2024年考过】**

专项突破3　单位工程施工进度计划的编制程序和方法

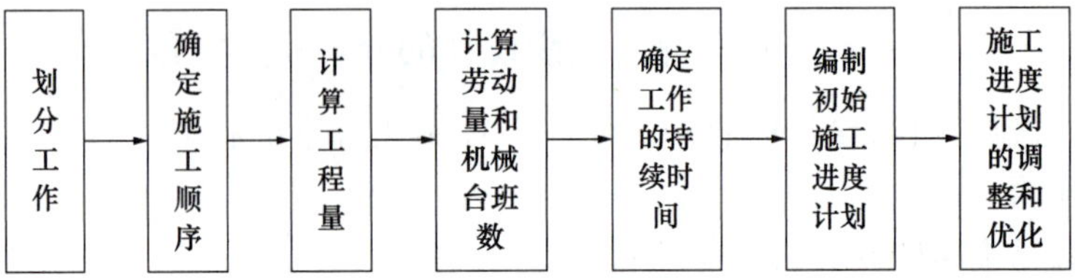

重点难点专项突破

1. 单位工程施工进度计划的编制程序在考核时会有三种题型：

一是考查编制单位工程施工进度计划的步骤有哪些，可以这样命题：“编制单位工程施工进度计划的步骤包括（　　）。”

二是对单位工程施工进度计划编制程序顺序的考查，一般是对其中几项工作的排序。

三是考查某项工作的紧前或紧后工作。可以这样命题：“在编制单位工程施工进度计划过程中，计算劳动量和机械台班数前需要完成的先导工作有（　　）。”

2. 本考点还需要掌握以下采分点，会考核挖空题，还会考核正确与错误说法的综合题目。

（1）施工顺序通常受施工工艺和施工组织两方面因素制约。

（2）工作之间的组织关系是由于劳动力、施工机械、材料和构配件等资源的组织和安排需要而形成的。

（3）在确定施工顺序时，必须根据工程特点、技术组织要求及施工方案等进行研究，不能拘泥于某种固定顺序。

（4）工程量的计算应根据施工图和工程量计算规则，针对所划分的每一个工作进行。

（5）最小工作面限定了每班施工人数的上限，而最小劳动组合限定了每班施工人数的下限。

（6）对初始施工进度计划是否满足要求的检查内容包括：① 各工作的施工顺序和搭接关系是否合理；② 总工期是否满足合同约定；③ 主要工种的工人是否能满足连续、均衡施工的要求；④ 主要施工机具、材料等的利用是否均衡和充分。首要的是前两方面检查内容。前者是解决可行与否的问题，后者则是施工进度计划优化问题。

针对上述几点内容，可能会这样命题：

（1）在施工进度计划中，工作之间由于劳动力、施工机械、材料和构配件等资源的组织和安排需要而形成的逻辑关系，称为（　　）。

A. 依次关系　　B. 搭接关系

C. 组织关系　　D. 工艺关系

【答案】 C

（2）编制单位工程施工进度计划时，关于最小工作面和最小劳动组合对每班安排人数限制的说法，正确的是（　　）。

A. 最小工作面和最小劳动组合分别限定了每班安排人数的上限和下限

B. 最小工作面和最小劳动组合分别限定了每班安排人数的下限和上限

C. 最小工作面和最小劳动组合均限定了每班安排人数的上限

D. 最小工作面和最小劳动组合均限定了每班安排人数的下限

【答案】 A

（3）施工进度计划检查内容中，用来决定是否需要进行进度计划优化的因素有（　　）。

A. 主要工种的工人是否满足连续、均衡施工要求

B. 主要施工机具的使用是否均衡和充分

C. 主要材料的利用是否均衡和充分

D. 技术间歇是否科学合理

E. 施工顺序是否科学合理

【答案】 A、B、C

3. 在本考点中还会有综合时间定额和工作持续时间的计算题。具体会怎么考核，来看下面的题目：

（1）某单位工程施工进度计划中，工作A由B、C两个分项工程合并而成。已知分项工程B的时间定额和工程量分别是0.35工日/m^2和5000m^2，分项工程C的时间定额和工程量分别是0.52工日/m^2和3000m^2，则工作A的综合时间定额是（　　）工日/m^2。**【2024年真题】**

A. 0.41　　B. 0.44

C. 0.46　　D. 0.67

【答案】 A

【分析】 综合时间定额的计算公式为：

$$H=\frac{Q_1H_1+Q_2H_2+\cdots+Q_iH_i+\cdots+Q_nH_n}{Q_1+Q_2+\cdots+Q_i+\cdots+Q_n}$$

式中　H——综合时间定额（工日/m^3，工日/m^2，工日/t……）；

Q_i——工作中第 i 个分项工程的工程量（m^3，m^2，t……）；

H_i——工作中第 i 个分项工程的时间定额（工日/m^3，工日/m^2，工日/m……）。

工作A的综合时间定额=（0.35×5000+0.52×3000）/（5000+3000）=0.41工日/m^2。

（2）某项工作的工程量为400m^3，时间定额为0.8工日/m^3。如果每天安排2个工作班次、每班5个人完成该项工作，则其持续时间为（　　）天。

A. 8　　　B. 20

C. 32　　　D. 40

【答案】C

【分析】工作项目的持续时间的计算公式为：

$$D=P/(R\cdot B)$$

式中　D——完成工作所需要的时间，即持续时间（天）；

P——工作所需要的劳动量（工日）或机械台班数（台班）；

R——每班安排的工人数或施工机械台数；

B——每天工作班数。

持续时间=400×0.8/（2×5）=32天。

专项突破4　施工组织设计的编制和审批

例题：主持编制施工组织设计的应是（　　）。**【2014年、2021年考过】**

A. 项目负责人　　　B. 总承包单位技术负责人

C. 施工单位技术负责人　　　D. 项目技术负责人

E. 专业承包单位技术负责人　　　F. 总承包单位项目技术负责人

【答案】A

重点难点专项突破

1. 本考点还可以考查的题目有：

（1）施工组织总设计应由（B）审批。**【2020年考过】**

（2）单位工程施工组织设计应由（C）审批。**【2020年、2022年考过】**

（3）施工方案应由（D）审批。

（4）重点、难点分部（分项）工程和专项工程施工方案应由施工单位技术部门组织相关专家评审，（C）批准。**【2016年、2020年考过】**

（5）由专业承包单位施工的分部（分项）工程或专项工程的施工方案，应由（E）或其授权的技术人员审批。**【2023年考过】**

（6）由专业承包单位施工的分部（分项）工程或专项工程的施工方案，有总承包单位时，应由（F）批准备案。

2. 需要说明一点，项目负责人、项目技术负责人、施工单位技术负责人是不一样的。考生要掌握不同施工组织设计的审批人员。

3. 规模较大的分部（分项）工程和专项工程的施工方案应按单位工程施工组织设计进行编制和审批。

专项突破5　施工组织设计的动态管理

施工组织设计应及时修改或补充的情形

↓

（1）工程设计有重大修改。【2024年考过】

（2）有关法律、法规、规范和标准实施、修订和废止。

（3）主要施工方法有重大调整。【2024年考过】

（4）主要施工资源配置有重大调整。【2024年考过】

（5）施工环境有重大改变。【2024年考过】

重点难点专项突破

1. 本考点在考试时可能会直接考核五项情形**【2024年考过】**，如果直接考核，可能出现的干扰选项会有："对工程设计图纸的一般性修改应进行补充""对工程设计图纸的细微修改或更正，视情况进行修改或补充"。

2. 考试时也可能会通过具体事项分析是否需要修改或补充，2017年、2018年、2022年都是这样考核的。来看2017年的考试题目：

项目施工过程中，对施工组织设计进行修改或补充的情形有(　　)。**【2017年真题】**

A. 设计单位应业主要求对楼梯部分进行局部修改

B. 某桥梁工程由于新规范的实施而需要重新调整施工工艺

C. 由于自然灾害导致施工资源的配置有重大变更

D. 施工单位发现设计图纸存在重大错误需要修改工程设计

E. 某钢结构工程施工期间，钢材价格上涨

【答案】B、C、D

专项突破 6　工程项目目标动态控制过程

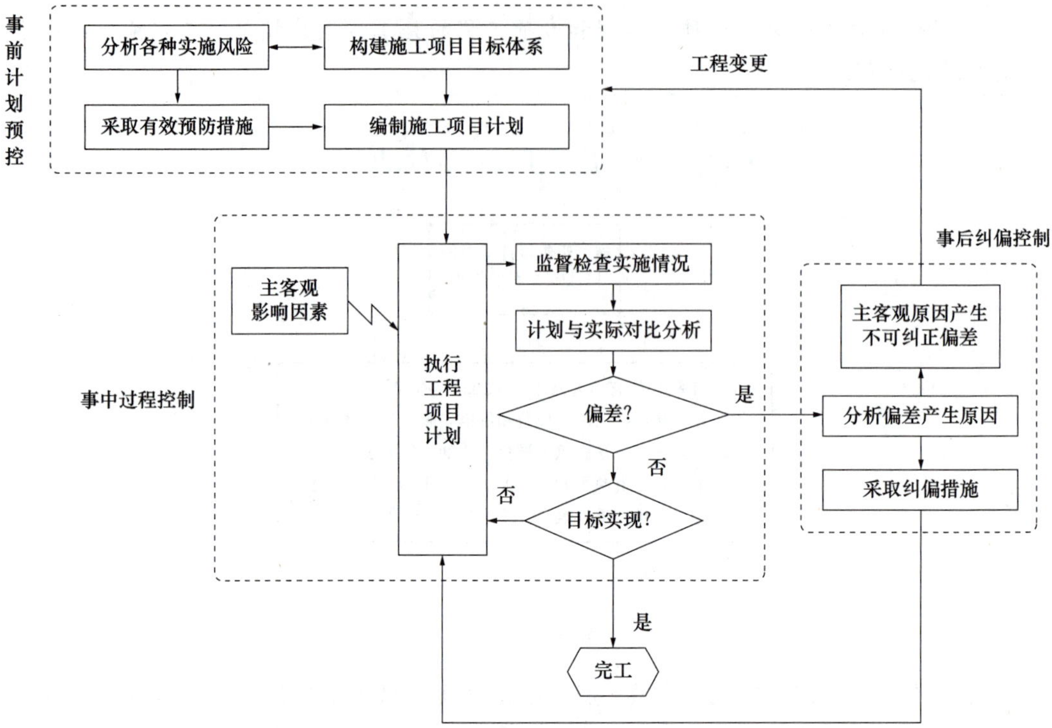

重点难点专项突破

1. 熟悉项目目标动态控制过程中事前计划预控、施工过程控制的工作内容。

2. 本考点可能会这样命题：

施工项目目标动态控制过程中，事前计划预控的工作内容包括（　　）。

A. 分析各种实施风险，采取有效预防措施

B. 构建施工项目目标体系

C. 编制施工项目计划

D. 执行施工项目计划

E. 计划与实际对比分析

【答案】A、B、C

专项突破 7　工程项目目标控制措施

例题：实施工程项目目标动态控制，应从组织、技术、经济、合同等多方面采取措施。下列措施属于组织措施的有（　　）。

A. 建立健全组织机构和规章制度，配备相应管理人员并明确岗位职责分工

B. 完善沟通机制和工作流程，促进各参建单位、各职能部门间协同工作

C. 强化动态控制中的激励，调动和发挥员工实现项目目标的积极性和创造性
D. 建立工程项目目标控制工作考评机制，通过绩效考核实现持续改进
E. 编制项目管理规划、施工组织设计、施工方案并对其技术可行性进行审查、论证
F. 改进施工方法和施工工艺，采用更先进的施工机具
G. 采用新技术、新材料、新工艺、新设备等“四新”技术并组织专家论证其可靠性和适用性
H. 采用工程网络计划技术、价值工程、挣值分析等方法和数字化、智能化技术
I. 明确工程责任成本
J. 落实加快工程进度所需资金
K. 完善工程成本节约奖励措施
L. 对工程变更方案进行经济分析
M. 及时办理工程价款结算和支付手续
N. 在工程投标环节需要通过市场调查系统分析工程承包风险，并将其对工程承包风险的应对体现在投标报价中
O. 结合承包模式及合同计价方式，与建设单位协商确定完善的合同条款
P. 做好工程合同交底工作，动态跟踪合同执行情况
Q. 合理处置工程变更和利用好工程索赔

【答案】 A、B、C、D

重点难点专项突破

1. 本考点还可以考核的题目有：

（1）下列施工项目目标动态控制措施中，属于技术措施的有（E、F、G、H）。

（2）下列施工项目目标动态控制措施中，属于经济措施的有（I、J、K、L、M）。

（3）下列施工项目目标动态控制措施中，属于合同措施的有（N、O、P、Q）。

2. 上述题型是考试的常考题型，还可能进行逆向命题：

（1）某工程项目施工中，针对实际进度滞后的状况，施工单位改进了施工工艺，该做法表明施工单位采取了（技术措施）进行项目目标动态控制。

（2）某项目因资金缺乏导致总体进度延误，项目经理部采取尽快落实资金解决此问题，该措施属于项目目标控制的（经济措施）。

（3）项目部针对施工进度滞后问题，提出了完善沟通机制和工作流程、改进施工方法、采用“四新”技术并组织专家论证其可靠性和适用性、明确施工责任成本等措施，其中属于组织措施的是（完善沟通机制和工作流程）。

第2章 建设工程项目管理相关体系标准

2.1 质量、环境、职业健康安全管理体系

专项突破1 质量管理体系关键要素

例题：质量管理体系是指由（　　）组成的有机整体，以保证产品和服务质量满足规定（或隐含）的要求。

A. 组织机构　　B. 过程

C. 程序　　D. 资源

【答案】 A、B、C、D

重点难点专项突破

1. 本考点还可以考核的题目有：

（1）质量管理体系中的（B）是利用输入实现预期结果的相互关联或相互作用的一组活动。

（2）质量管理体系中，（C）是为进行某项活动或过程所规定的途径。

2.《质量管理体系 要求》GB/T 19001—2016中的三大过程分别是顾客导向过程、支持过程和管理过程。

（1）顾客导向过程包括：市场需求的确定、产品和服务的开发、产品生产和服务提供的控制、产品交付后的防护活动。**【2024年考过】**

（2）支持过程包括：基础设施，过程环境，监视和测量设备，知识，能力，意识，沟通，形成文件的信息，运行策划过程，外部供应产品和服务的控制，标识和可追溯性，顾客或外部供方的财产，产品和服务放行，不合格产品和服务。

（3）管理过程包括：风险和机遇的应对措施，质量目标及其实施的策划，顾客满意，数据分析与评价，内部审核，管理评审，不符合和纠正措施，改进等。

专项突破2 质量管理基本原则和核心

例题：根据《质量管理体系 基础和术语》GB/T 19000—2016，质量管理应遵循的原则有（　　）。**【2010年、2018年考过】**

A. 以顾客为关注焦点　　B. 领导作用

C. 全员积极参与　　D. 过程方法

E. 持续改进　　F. 循证决策

G. 关系管理

【答案】 A、B、C、D、E、F、G

重点难点专项突破

1. 本考点还可以考查的题目有：

（1）根据《质量管理体系 基础和术语》GB/T 19000—2016，将活动作为相互关联、功能连贯的过程组成的体系来理解和管理时，可以更加有效和高效地得到一致的、可预知结果的质量管理原则是（D）。

（2）根据《质量管理体系 基础和术语》GB/T 19000—2016，“基于数据和信息的分析和评价的决策，更有可能产生期望的结果”体现了质量管理原则中的（F）。

2. 质量管理的核心通常是指过程控制、全员参与和持续改进。

专项突破3　环境管理体系标准分类

例题：按体系标准性质分类，环境管理体系标准可分为（　　）。

A. 基础标准　　B. 管理标准

C. 技术标准　　D. 组织评价标准

E. 产品评价标准

【答案】 A、B、C

重点难点专项突破

本考点还可以考核的题目有：

（1）按体系标准功能分类，环境管理体系标准可分为（D、E）。

（2）下列环境管理体系标准中，（A）界定了环境管理有关的概念，明确了术语的内涵和外延边界，为理解、应用环境管理体系标准提供了清晰的定义解释。

（3）下列环境管理体系标准中，（B）是指组织管理行为的规范标准，涵盖环境管理规范、原则及可执行的准则内容，形成环境管理的标准化文件。

（4）下列环境管理体系标准中，（C）是针对环境变化进行诊断、审核、评价等规范性方法文件，生命周期思想、环境审核与标志、环境行为评估。

（5）下列环境管理体系标准中，（D）主要针对各部门、车间进行的环境管理评价，重点分析组织的环境行为及其结果。

（6）下列环境管理体系标准中，（E）主要依据生命周期各阶段的环境影响所做出的评价，重点评估产品在原材料购买、生产、使用、废弃等全生命周期的环境影响。

专项突破4　环境管理体系的基本理念和核心内容

项目		内容
基本理念		持续改进、合法合规、风险管理、绩效评估、沟通与参与、资源管理、培训和意识【2024年考过】
核心内容	组织所处环境	包括：理解组织及其所处的环境；理解相关方的需求和期望；确定环境管理体系的范围；环境管理体系
	领导作用	包括：领导作用和承诺；环境方针；组织的角色、职责和权限
	策划	包括：应对风险和机遇的措施；环境目标及其实现的策划
	支持	包括：资源；能力；意识；信息交流；文件化信息
	运行	包括：运行策划和控制；应急准备和响应
	绩效评价	包括：监视、测量、分析和评价；内部审核；管理评审
	改进	环境管理体系对改进提出要求，充分体现了组织建立环境管理体系的最终目的是持续改进环境管理体系的适宜性、充分性和有效性。 包括：总则；不符合和纠正措施；持续改进

重点难点专项突破

1. 本考点重点内容为上表内容，考生需熟悉上表内容。

2. 本考点可能会这样命题：

（1）下列管理理念中，属于环境管理体系基本理念的是（　　）。**【2024年真题】**

A. 以顾客为关注焦点　　B. 应用过程方法

C. 有效管理资源　　D. 注重关系管理

【答案】C

（2）环境管理体系的基本理念包括（　　）。

A. 精简效能　　B. 绩效评估

C. 法律合规　　D. 风险管理

E. 持续改进

【答案】B、C、D、E

专项突破5　职业健康安全管理体系标准的特点

例题：下列特点中，属于职业健康安全管理体系标准特点的有（　　）。

A. 系统化管理机制　　B. 法制化和规范化管理手段

C. 广泛的适用性　　D. 遵循自愿原则

E. 与其他管理体系兼容　　F. 应用的灵活性

G. 强调预防为主和持续改进

【答案】A、B、C、D、E、F、G

重点难点专项突破

1. 本考点还可以考核的题目有：

（1）职业健康安全管理体系标准将职业健康安全管理作为一个系统工程，设计了（A）。

（2）职业健康安全管理体系标准适用于任何规模、类型和活动的组织，体现了职业健康安全管理体系标准的（C）特点。

（3）职业健康安全管理体系标准符合国际标准化组织（ISO）对管理体系标准的要求，体现了职业健康安全管理体系标准的（E）特点。

（4）职业健康安全管理体系标准只对方针、目标和管理体系要素做出要求，既不规定具体的职业健康安全绩效准则，也不提供职业健康安全管理体系的设计规范，体现了职业健康安全管理体系标准的（F）特点。

（5）职业健康安全管理体系标准要求按照风险管理思想，通过采用不同控制层级，建立、实施和保持用于消除危险源和降低职业健康安全风险的管控过程，体现了职业健康安全管理体系标准的（G）特点。

2. 本考点的考核形式一般有：

（1）选择类型的题目：如上述例题中的题干，还可以这样表述“职业健康安全管理体系标准特点包括（　　）”。

（2）判断正误类型的题目：题干可以这样表述“下列关于职业健康安全管理体系标准特点的说法，正确/错误的是（　　）”。

3. 本考点中还需掌握的细节性内容：

（1）职业健康安全系统化管理通过组织职责系统化、风险管控系统化、管理过程系统化方面实现。

（2）职业健康安全管理体系标准适用于具有通过建立、实施和保持职业健康安全管理体系，以改进健康安全、消除危险源并尽可能降低职业健康安全风险、利用职业健康安全机遇，以及应对与其活动相关的职业健康安全管理体系的不符合愿望的组织。

（3）通过适当方式持续改进职业健康安全管理体系的适宜性、充分性与有效性。

专项突破6　职业健康安全管理体系标准要素

例题：职业健康安全管理体系标准要素中，组织所处环境的要求包括（　　）。**【2024年考过】**

A．理解组织及其所处的环境

B．理解工作人员和其他相关方的需求和期望

C．确定职业健康安全管理体系范围**【2024年考过】**

D．职业健康安全管理体系

E．领导作用与承诺

F. 职业健康安全方针

G. 组织的角色、职责和权限

H. 工作人员的协商和参与

I. 应对风险和机遇的措施

J. 职业健康安全目标及其实现的策划

K. 资源

L. 能力

M. 意识

N. 沟通

O. 运行策划和控制

P. 应急准备和响应

Q. 监视、测量、分析和评价绩效

R. 内部审核

S. 管理评审

T. 事件、不符合和纠正措施

U. 持续改进

【答案】A、B、C、D

重点难点专项突破

1. 本考点还可以考核的题目有：

(1) 职业健康安全管理体系标准要素中，领导作用和工作人员参与的内容包括(E、F、G、H)。

(2) 职业健康安全管理体系标准要素中，策划的内容包括(I、J)。

(3) 职业健康安全管理体系标准要素中，支持的内容包括(K、L、M、N)。

(4) 职业健康安全管理体系标准要素中，运行的内容包括(O、P)。

(5) 职业健康安全管理体系标准要素中，绩效评价的内容包括(Q、R、S)。

(6) 职业健康安全管理体系标准要素中，改进的内容包括(T、U)。

2. 本考点中，还需掌握组织所处的环境、领导作用和工作人员参与、策划、支持、运行、绩效评价、改进的基本要求，基本要求内容较多，考生自行复习此处内容。关于前述内容的基本要求，可以这样命题：

职业健康安全管理体系标准要素中，关于领导作用和工作人员参与的基本要求，表述正确的是(　　)。

A. 应明确最高管理者证实其在职业健康安全管理体系方面的领导作用和承诺的内容和方式

B. 最高管理者应建立、实施并保持职业健康安全方针，明确职业健康安全方针的要求和内容

C. 最高管理者应确保将职业健康安全管理体系内相关角色的职责和权限分配到组织内各层次并予以沟通，且作为文件化信息予以保持

D. 组织应建立、实施和保持过程，用于在职业健康安全管理体系的开发、策划、实施、绩效评价和改进措施中与所有适用层次和职能的工作人员及其代表的协商和参与

E. 组织应建立、实施和保持用于持续和主动的危险源辨识的过程，以及该过程必须考虑的要素

【答案】A、B、C、D

3. 本考点可以出判断正误类型题目及选择类型的题目。

专项突破7　卓越绩效管理特点和基本理念

例题：卓越绩效管理理念分为说明组织驱动力、阐明组织经营行为、提供组织运行方法和技术。下列内容，属于说明组织驱动力基本理念的有（　　）。**【2024年考过】**

A. 远见卓识的领导

B. 战略导向**【2024年考过】**

C. 顾客驱动

D. 社会责任

E. 以人为本

F. 合作共赢

G. 重视过程与关注结果

H. 学习、改进与创新

I. 系统管理

【答案】A、B、C

重点难点专项突破

1. 本考点还可以考核的题目有：

（1）下列内容，属于阐明组织经营行为基本理念的有（D、E、F）。

（2）卓越绩效管理基本理念中，提供组织运行方法和技术的基本理念包括（G、H、I）。

2. 本考点需要掌握卓越绩效管理的特点，具体包括：

（1）从追求产品和服务质量转为追求核心竞争力。

（2）聚焦组织经营结果。

（3）关注比较优势和竞争能力的提升。

专项突破8　卓越绩效评价准则框架及评价要素

例题：《卓越绩效评价准则》GB/T 19580—2012从（　　）等方面详细规定了组织卓越绩效评价要求，为组织追求卓越提供了自我评价准则。

A. 领导

B. 战略

C. 顾客与市场

D. 资源

E. 过程管理

F. 测量、分析和改进

G. 结果

【答案】A、B、C、D、E、F、G

重点难点专项突破

本考点还可以考核的题目有：

（1）卓越绩效评价准则框架中，（A、B、C）构成“领导作用”三角。

（2）卓越绩效评价中，在关注组织如何做正确的事时，需要强调的组成要素有（A、B、C）。

（3）卓越绩效评价准则框架中，（D、E、G）构成“过程结果”三角，强调如何充分调动组织中人的积极性和能动性。

（4）卓越绩效评价中，在解决效率和绩效问题时，需要强调的组成要素有（D、E、G）。

（5）卓越绩效评价准则框架中，（F）是组织运作的基础，是连接两个三角的“链条”。

专项突破9 建筑企业实施卓越绩效管理的措施

（1）发挥领导带头作用，强化卓越意识。

（2）坚持战略导向，统领管理活动。战略管理包括战略制定、战略部署、战略监测与调整等环节。

（3）坚持顾客导向，提高顾客满意度。

（4）履行社会责任，成为卓越企业公民。

（5）重视过程管理，从多个维度关注结果。

重点难点专项突破

1. 本考点内容不多，主要掌握以上五项措施即可。

2. 本考点可能会这样命题：

建筑企业实施卓越绩效管理的措施包括（　　）。

A. 发挥领导带头作用，强化卓越意识

B. 坚持战略导向，统领管理活动

C. 坚持顾客导向，提高顾客满意度

D. 强调企业责任，成为卓越企业公民

E. 重视过程管理，从多个维度关注结果

【答案】A、B、C、E

专项突破10　建立全面一体化管理体系的可行性、作用和前提条件

项目	内容
建立全面一体化管理体系的可行性	全面一体化管理体系可分为狭义和广义两种。狭义的全面一体化管理体系也可称为“三标一体化管理体系”，是指组织依据质量管理体系、环境管理体系、职业健康安全管理体系三大标准建立的质量、环境、职业健康安全一体化管理体系，其目的是满足顾客、社会、员工及组织的相关方要求，用于第二方评价认定（如业主）或第三方审核认证。广义的全面一体化管理体系是指在狭义的全面一体化管理体系基础上融合卓越绩效管理等，对组织一体化管理提出的更高要求，目的在于组织绩效改进，追求卓越，更好地满足顾客、社会、员工及组织相关方的期望。 质量管理体系、环境管理体系、职业健康安全管理体系及卓越绩效管理等标准的目的、对象、适用范围及要求各不相同，但这些标准在逻辑思想、运行模式、框架结构等方面具有一致性或相似性，从而使组织整合这些管理体系、实施全面一体化管理成为可能
建立全面一体化管理体系的作用	①简化工作程序；②避免交叉重叠；③明确管理职责；④精简程序文件；⑤理顺管理接口；⑥降低生产成本；⑦提高工作效率；⑧追求卓越绩效
建立全面一体化管理体系的前提条件	①初步确定了方针目标；②基本确定了管理体系的主要过程及其需要开展的主要活动；③明确了组织机构设置或调整的方案；④已完成组织职能的再分配

重点难点专项突破

1. 重点掌握上表中内容。

2. 本考点可能会这样命题：

（1）“三标一体化管理体系”不包括（　　）。

A. 质量管理体系　　B. 环境管理体系

C. 职业健康安全管理体系　　D. 卓越绩效管理体系

【答案】D

（2）狭义的全面一体化管理体系也可称为“三标一体化管理体系”，其目的有（　　）。

A. 组织绩效改进，追求卓越

B. 满足顾客、社会、员工及组织的相关方要求

C. 用于第二方评价认定

D. 用于第三方审核认证

E. 成为卓越企业公民，提高顾客满意度

【答案】C、D

（3）质量管理体系、环境管理体系、职业健康安全管理体系及卓越绩效管理等标准在（　　）方面具有一致性或相似性，从而使组织整合这些管理体系、实施全面一体化管理成为可能。

A. 目的　　B. 逻辑思想

C. 运行模式　　D. 框架结构

E. 适用范围及要求

【答案】B、C、D

（4）建立全面一体化管理体系的作用包括（　　）。

A. 避免交叉重叠　　B. 明确管理职责

C. 确定方针目标　　D. 降低生产成本

E. 追求卓越绩效

【答案】A、B、D、E

专项突破11　全面一体化管理体系文件的编制原则和程序

项目	内容
编制原则	系统协调原则、合理优化原则、操作可行原则、证实检查原则
编制程序	（1）企业新建立管理体系时的文件编制程序。企业新建立全面一体化管理体系时，管理体系文件一般按管理手册（含管理方针）、程序文件、工作指导书和记录的顺序进行编制。 （2）企业整合既有管理体系时的文件编制程序

重点难点专项突破

1. 本考点内容较少，掌握上表内容即可。

2. 本考点可能会这样命题：

（1）全面一体化管理体系文件的编制原则包括（　　）。

A. 系统协调原则　　B. 合理优化原则

C. 操作可行原则　　D. 证实检查原则

E. 可持续性原则

【答案】A、B、C、D

（2）企业新建立全面一体化管理体系时，管理体系文件一般按（　　）的顺序进行编制。

A. 管理手册（含管理方针）、程序文件、工作指导书和记录

B. 管理方针、管理计划、程序文件、工作指导书和记录

C. 管理手册、管理方针、管理记录、作业指导

D. 程序文件、工作指导书和记录、管理手册（含管理方针）

【答案】A

专项突破12　质量、环境、职业健康安全管理体系框架结构及所需过程

《质量管理体系　要求》GB/T 19001—2016结构	《环境管理体系　要求及使用指南》GB/T 24001—2016结构	《职业健康安全管理体系　要求及使用指南》GB/T 45001—2020结构
1. 范围	**1. 范围**	**1. 范围**
2. 规范性引用文件	**2. 规范性引用文件**	**2. 规范性引用文件**

续表

《质量管理体系 要求》GB/T 19001—2016结构	《环境管理体系 要求及使用指南》GB/T 24001—2016结构	《职业健康安全管理体系 要求及使用指南》GB/T 45001—2020结构
3. 术语和定义	**3. 术语和定义**	**3. 术语和定义**
4. 组织环境 4.1 理解组织及其所处环境 4.2 理解相关方需求和期望 4.3 确定质量管理体系的范围 4.4 质量管理体系及其过程	**4. 组织所处环境** 4.1 理解组织及其所处环境 4.2 理解相关方需求和期望 4.3 确定环境管理体系范围 4.4 环境管理体系	**4. 组织所处环境** 4.1 理解组织及其所处环境 4.2 理解工作人员和其他相关方需求和期望 4.3 确定职业健康安全管理体系范围 4.4 职业健康安全管理体系
5. 领导作用 5.1 领导作用和承诺 5.2 方针 5.3 组织的岗位、职责和权限	**5. 领导作用** 5.1 领导作用和承诺 5.2 环境方针 5.3 组织的角色、职责和权限 5.4 工作人员的协商和参与	**5. 领导作用和工作人员参与** 5.1 领导作用和承诺 5.2 职业健康安全方针 5.3 组织的角色、职责和权限 5.4 工作人员的协商和参与
6. 策划 6.1 应对风险和机遇的措施 6.2 质量目标及其实现的策划 6.3 变更的策划	**6. 策划** 6.1 应对风险和机遇的措施 6.2 环境目标及其实现的策划	**6. 策划** 6.1 应对风险和机遇的措施 6.2 职业健康安全目标及其实现的策划
7. 支持 7.1 资源 7.2 能力 7.3 意识 7.4 沟通 7.5 成文信息	**7. 支持** 7.1 资源 7.2 能力 7.3 意识 7.4 信息交流 7.5 文件化信息	**7. 支持** 7.1 资源 7.2 能力 7.3 意识 7.4 沟通 7.5 文件化信息
8. 运行 8.1 运行策划和控制 8.2 产品和服务要求 8.3 产品和服务的设计和开发 8.4 外部提供的过程、产品和服务的控制 8.5 生产和服务提供 8.6 产品和服务的放行 8.7 不合格输出的控制	**8. 运行** 8.1 运行策划和控制 8.2 应急准备和响应	**8. 运行** 8.1 运行策划和控制 8.2 应急准备和响应
9. 绩效评价 9.1 监视、测量、分析和评价 9.2 内部审核 9.3 管理评审	**9. 绩效评价** 9.1 监视、测量、分析和评价 9.2 内部审核 9.3 管理评审	**9. 绩效评价** 9.1 监视、测量、分析和评价 9.2 内部审核 9.3 管理评审
10. 改进 10.1 总则 10.2 不合格和纠正措施 10.3 持续改进	**10. 改进** 10.1 总则 10.2 不符合和纠正措施 10.3 持续改进	**10. 改进** 10.1 总则 10.2 事件、不符合和纠正措施 10.3 持续改进

1. 以上是质量、环境、职业健康安全管理体系框架结构，是很好的命题素材。

2. 我们再看一下质量、环境、职业健康安全管理体系所需过程及其相互作用：

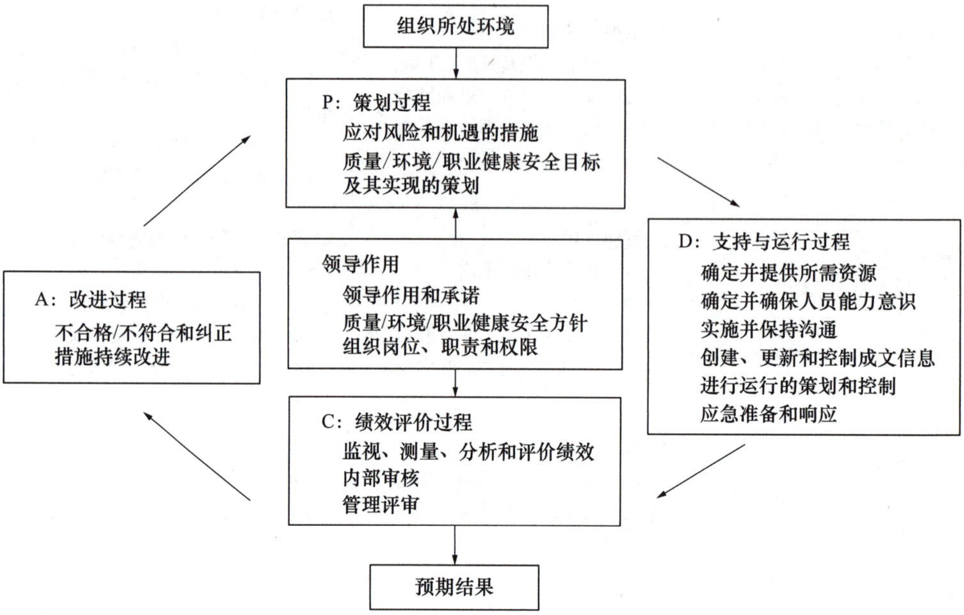

3. 2024年是这样考核的：

建筑企业建立和实施质量、环境、职业健康安全一体化管理体系时，支持与运行过程需进行的工作有（　　）。**【2024年真题】**

A. 实施并保持沟通　　B. 确定并提供资源

C. 创建、更新和控制成文信息　　D. 持续改进

E. 管理评审

【答案】A、B、C

2.2　风险管理与社会责任管理体系

专项突破1　风险管理原则及框架

例题：有效的风险管理应遵循（　　）等原则。

A．整合　　B．结构化和全面性

C．定制化　　D．包容性

E．动态性　　F．最佳可用信息

G．人和文化因素　　H．持续改进

【答案】A、B、C、D、E、F、G、H

重点难点专项突破

1. 本考点还可以考核的题目有：

（1）风险管理是组织所有管理活动的有机组成部分，将风险管理的原则、框架和过程融入组织其他管理活动及其制度办法，有助于推动风险管理的落实，这体现了风险管理（A）的原则。

（2）随着组织内外部环境的变化，组织面临的风险可能会出现、变化或消失。风险管理以适当、及时的方式预测、发现、确认和应对这些变化和事情，这体现了风险管理（E）的原则。

2. 风险管理框架要素有领导作用和承诺、整合、设计、实施、评价和改进等。通过以下活动展现领导作用和承诺：① 有针对性地设计和实施框架的所有要素；② 发布风险管理声明或方针，内容包括制定风险管理方法、计划或行动方案；③ 确保为管理风险配置必要的资源；④ 在组织内相应层级分配权限、职责和责任。

专项突破2　风险管理过程

例题：风险管理过程是将政策、程序和实践系统地应用于沟通和咨询、建立环境、风险评估、风险应对、监督和检查、记录和报告等活动。风险应对的目的是（　　）。

A．为了促进对风险的认识和理解

B．为了获取反馈和信息，以支持决策制定

C．发现、确认和描述可能有助于或妨碍组织实现目标的风险

D．了解风险性质及其特征

E．支持决策

F．选择和实施风险处理方案

G．确保和提升风险管理过程设计、实施和结果的质量和成效

【答案】 F

重点难点专项突破

本考点还可以考核的题目有：

（1）风险管理过程中，沟通的目的是（A）。

（2）风险管理过程中，咨询的目的是（B）。

（3）风险评估是风险识别、风险分析和风险评价的整个过程。风险识别的目的是（C）。

（4）风险分析的目的是（D）。

（5）风险评价的目的是（E）。

（6）风险管理过程中，监督和检查的目的是（G）。

专项突破3　社会责任核心主题和议题

核心主题	议题
1.组织治理	决策程序和结构
2.人权	①公民和政治权利；②经济、社会和文化权利；③工作中的基本原则和权利
3.劳工实践	①就业和劳动关系；②工作条件和社会保护；③民主管理和集体协商；④职业健康安全；⑤工作场所中人的发展与培训
4.环境	①污染预防；②资源可持续利用；③减缓并适应气候变化；④环境保护、生物多样性和自然栖息地恢复
5.公平运行实践	①反腐败；②公平竞争；③在价值链中促进社会责任；④尊重产权**【2024年考过】**
6.消费者问题	①公平营销、真实公正的信息和公平的合同实践；②保护消费者健康与安全；③可持续消费；④消费者服务、支持和投诉及争议处理；⑤消费者信息保护与隐私；⑥基本服务获取；⑦教育和意识
7.社区参与和发展	①社区参与；②教育和文化；③就业创造和技能开发；④技术开发和获取；⑤财富和收入创造；⑥健康；⑦社会投资

重点难点专项突破

1. 掌握不同核心主题对应的议题内容。

2. 本考点可能会这样命题：

（1）根据《社会责任指南》GB/T 36000—2015，为履行“公平运行实践”的核心主题，建筑企业应确定的社会责任议题是（　　）。**【2024年真题】**

A. 民主管理　　B. 尊重产权

C. 职业健康安全　　D. 收入创造

【答案】B

（2）根据《社会责任指南》GB/T 36000—2015，社区参与和发展的议题内容不包括（　　）。

A. 工作条件和社会保护　　B. 就业创造和技能开发

C. 财富和收入创造　　D. 技术开发和获取

【答案】A

2.3　项目管理标准体系

专项突破1　《建设工程项目管理规范》GB/T 50326—2017 关于项目管理的主要内容

例题：根据《建设工程项目管理规范》GB/T 50326—2017，项目管理机构应按项目管理流程实施项目管理。项目管理流程应包括（　　）过程。

A. 启动　　　　　　　　B. 策划
C. 实施　　　　　　　　D. 监控
E. 收尾

【答案】 A、B、C、D、E

重点难点专项突破

1. 本考点还可以考核的题目有：

（1）根据《建设工程项目管理规范》GB/T 50326—2017，项目管理工作中，（A）过程应明确项目概念，初步确定项目范围，识别影响项目最终结果的内外部相关方。

（2）根据《建设工程项目管理规范》GB/T 50326—2017，项目管理工作中，（B）过程应明确项目范围，协调项目相关方期望，优化项目目标，为实现项目目标进行项目管理规划与项目管理配套策划。

（3）根据《建设工程项目管理规范》GB/T 50326—2017，项目管理工作中，（C）过程应按照项目管理策划要求组织人员和资源，实施具体措施，完成项目管理策划中确定的工作。

（4）根据《建设工程项目管理规范》GB/T 50326—2017，项目管理工作中，（D）过程应对照项目管理策划，监督项目活动，分析项目进展情况，识别必要的变更需求并实施变更。

（5）根据《建设工程项目管理规范》GB/T 50326—2017，项目管理工作中，（E）过程应完成全部过程或阶段的所有活动，正式结束项目或阶段。

2. 熟悉《建设工程项目管理规范》GB/T 50326—2017 中关于工程项目管理相关内容。下面将可能会考核的采分点总结如下：

考试怎么考	采分点
项目管理的基本制度是（　　）	项目管理责任制度
项目管理责任制度的核心内容是（　　）	项目经理责任制
施工单位法定代表人应书面授权委托项目经理，并实行项目经理责任制。项目经理应（　　）	取得相应资格，并按规定取得安全生产考核合格证书
项目管理策划由（　　）组成	项目管理规划策划和项目管理配套策划
项目管理规划包括（　　）	项目管理规划大纲和项目管理实施规划
项目管理策划应遵循的程序是（　　）	（1）识别项目管理范围。 （2）进行项目工作分解。 （3）确定项目实施方法。 （4）规定项目需要的各种资源。 （5）测算项目成本。 （6）对各个项目管理过程进行策划

续表

考试怎么考	采分点
项目技术管理措施的主要内容有（　　）	（1）技术规格书。 （2）技术管理规划。 （3）施工组织设计、施工措施、施工技术方案。 （4）采购计划
项目合同管理的程序是（　　）	（1）合同评审。 （2）合同订立。 （3）合同实施计划。 （4）合同实施控制。 （5）合同管理总结
项目资源管理的程序是（　　）**【2024年考过】**	（1）明确项目的资源需求。 （2）分析项目整体的资源状态。 （3）确定资源的各种提供方式。 （4）编制资源的相关配置计划。 （5）提供并配置各种资源。 （6）控制项目资源的使用过程。 （7）跟踪分析并总结改进
项目沟通管理的程序是（　　）	（1）项目实施目标分解。 （2）分析各分解目标自身需求和相关方需求。 （3）评估各目标的需求差异。 （4）制定项目沟通计划。 （5）明确沟通责任人、沟通内容和沟通方案。 （6）按既定方案进行沟通。 （7）总结评价沟通效果
项目风险管理的程序是（　　）	（1）风险识别。 （2）风险评估。 （3）风险应对。 （4）风险监控

专项突破2　《建设工程施工项目经理岗位职业标准》T/CCIAT 0010—2019 关于项目管理的主要内容

例题：根据《建设工程施工项目经理岗位职业标准》T/CCIAT 0010—2019，施工项目经理在施工过程管理阶段应（　　）。

A．组织项目团队成员建立健全工程项目管理体系

B．制定和实施科学合理的保障措施

C．组织项目团队成员分析工程项目的特点、合同内容及经济、社会和自然环境条件

D．进行项目实施策划，并分析风险因素，提出有效的控制措施和应急预案

E．参加由建设单位主持召开的工地会议，并按规定会签会议纪要

F．按规定向项目监理机构或建设单位报送工程开工申请

G．组织项目团队成员分析预测工程施工状况

H．结合工程项目目标制定和实施相关预控、预防措施

I．定期组织召开施工例会，并应参加建设单位或项目监理机构组织召开的专题会议

J．组织项目团队成员跟踪检查工程项目实施情况，分析工程项目目标偏差及其原因

K．指派专人记录施工日志，定期编制施工月报，按规定向工程项目相关方提交施工进展分析报告

L．按规定组织工程质量内部检验，参加工程竣工验收，在合同规定期限内组织工程交付

M．依据施工合同、工程竣工结算有关规定，组织或参加工程竣工结算

N．依据工程竣工验收与结算相关法规标准和施工合同约定，协调处理工程竣工验收与结算中的问题

O．组织项目团队成员做好项目收尾工作

P．及时进行工程项目管理总结与项目团队成员绩效考核评价

【答案】G、H、I、J、K

重点难点专项突破

本考点还可以考核的题目有：

（1）根据《建设工程施工项目经理岗位职业标准》T/CCIAT 0010—2019，施工项目经理在施工准备管理阶段应（A、B、C、D、E、F）。

（2）根据《建设工程施工项目经理岗位职业标准》T/CCIAT 0010—2019，施工项目经理在竣工验收与结算管理阶段应（L、M、N）。

（3）根据《建设工程施工项目经理岗位职业标准》T/CCIAT 0010—2019，施工项目经理在工程项目管理总结评价阶段应（O、P）。

专项突破3　价值交付

例题：价值交付系统需要考虑的内容有（　　）。

A．创造价值

B．组织治理体系

C．与项目有关的职能

D．项目环境

E．产品管理考虑因素

【答案】A、B、C、D、E

重点难点专项突破

1. 选项B，组织治理体系包括监督、控制、价值评估及决策能力等要素。

2. 选项C，与项目有关的职能包括：提供监督和协调；提出目标和反馈；引导和支持；运用专业知识开展工作；提供资源、业务方向和洞察；维持治理等。

3. 价值驱动是项目管理领域的新发展，项目管理者应关注项目管理新发展。

4. 本考点内容较少，熟悉以上采分点即可。

专项突破4　项目群管理

<table>
<tr><th colspan="2">项目</th><th>内容</th></tr>
<tr><td colspan="2">项目群特征</td><td>项目群可以是战略性的、变革性的或经营性的【2024年考过】。具有以下特征：
（1）项目群由具有相互依存和相互关联的项目群组件构成。
（2）项目群为利益相关方提供收益，并帮助实现战略目标或经营目标。【2024年考过】
（3）项目群具有复杂性和不确定性，需要加以管理来尽可能减少复杂性和不确定性</td></tr>
<tr><td colspan="2">项目群管理先决条件</td><td>（1）项目群管理必要性评估。
（2）项目群管理一致性要求。
（3）项目群角色和责任划分【2024年考过】</td></tr>
<tr><td colspan="2">项目群管理的收益</td><td>（1）通过将项目群组件进行协调管理而得到内部项目群收益。
（2）帮助实现战略或运营目标的外部项目群收益。
在项目群生命周期或项目群收尾后都有可能实现有形或无形的收益【2024年考过】</td></tr>
<tr><td rowspan="6">项目群管理实施要点</td><td>项目群建立</td><td>包括与管理背景相符的项目群管理框架、项目群设计和计划</td></tr>
<tr><td>项目群整合</td><td>包括战略、需求、组件及职能等方面的整合，也可包括项目群组件合并管理所产生的协同作用</td></tr>
<tr><td>项目群管理实践</td><td>包括风险和问题管理、变更管理、质量管理、资源管理、进度管理、预算和财务管理、利益相关方及沟通管理等</td></tr>
<tr><td>项目群控制</td><td>包括但不限于：管理跨项目群组件的项目群决策造成的影响；维护和调整项目群组件边界和接口，并利用项目群组件协同作用；按需更改项目群组件优先级；了解项目群基线和项目群组件基线之间的相互关系和潜在影响；确定项目群生命周期收益的实现；通过项目群组件监控整个项目群预算和变化</td></tr>
<tr><td>收益管理</td><td>包括：收益识别及分析、收益控制</td></tr>
<tr><td>项目群收尾</td><td>包括但不限于：① 已实现项目群收益；② 不再需要协调管理相关组件；③ 不可能或不需要实现原定收益</td></tr>
</table>

重点难点专项突破

1. 本考点重点掌握项目群的特征和项目群管理的先决条件。

2. 本考点可能会这样命题：

有效实施项目群管理，应具备的先决条件不包括（　　）。

A. 项目群管理资源性整合　　B. 项目群管理必要性评估

C. 项目群角色和责任划分　　D. 项目群管理一致性要求

【答案】A

专项突破5　项目组合管理

例题：项目组合管理实施要点包括（　　）。

A. 明确项目组合的定位

B. 识别潜在的项目组合组件

C. 制定项目组合计划

D. 评估筛选项目组合的组件

E. 确认项目组合与战略目标的一致性

F. 项目组合与绩效评估及汇报

G. 平衡和优化项目组合

【答案】 A、B、C、D、E、F、G

重点难点专项突破

本考点内容不多，主要掌握项目组合管理实施要点即可。

第3章　建设工程招标投标与合同管理

3.1　工程招标与投标

专项突破1　招标方式

例题：与邀请招标方式相比，公开招标方式的特点有（　　）。【2023年真题题干】

A．招标人可在较广范围内选择承包商【2023年考过】

B．投标竞争激烈，有利于招标人将工程项目交予可靠的承包商实施，并获得有竞争性的报价

C．可在较大程度上避免招标过程中的贿标行为

D．准备招标、对投标申请者进行资格预审和评标的工作量大【2023年考过】

E．招标时间长、费用高

F．不需要发布招标公告和设置资格预审程序【2024年考过】

G．可节约招标费用、缩短招标时间

H．可减少合同履行过程中承包商违约的风险

I．对象的选择面窄、范围较小，有可能会排除某些在技术上或报价上有竞争力的潜在投标人

J．投标竞争的激烈程度相对较差，进而会提高中标合同价

【答案】A、B、C、D、E

重点难点专项突破

本考点还可以考核的题目有：

（1）采用公开招标方式的优点有（A、B、C）。

（2）采用公开招标方式的缺点有（D、E）。

（3）采用邀请招标方式的优点有（F、G、H）。

（4）采用邀请招标方式的缺点有（I、J）。

（5）与公开招标方式相比，采用邀请招标方式具有的特点有（F、G、H、I、J）。【2024年考过】

专项突破2　招标程序

<table>
<tr><th colspan="2">三个阶段</th><th>内容</th></tr>
<tr><td colspan="2">施工招标准备</td><td>组建招标组织、办理招标申请手续、进行招标策划、编制资格预审文件和招标文件等。
施工招标文件包括下列内容：招标公告或投标邀请书；投标人须知；评标办法；合同条款及格式；工程量清单；图纸；技术标准和要求；投标文件格式；投标人须知前附表规定的其他材料。此外，招标人对招标文件所作的澄清、修改，也构成招标文件的组成部分</td></tr>
<tr><td rowspan="3">施工招标过程</td><td>发布招标公告或发出投标邀请书</td><td>招标公告适用于进行资格预审的公开招标。
投标邀请书适用于进行资格后审的邀请招标</td></tr>
<tr><td>进行资格预审</td><td>（1）发布资格预审公告。应在国务院发展改革部门依法指定的媒介发布。
（2）发售资格预审文件。资格预审文件的发售期不得少于5日。潜在投标人或者其他利害关系人对资格预审文件有异议的，应在提交资格预审申请文件截止时间2日前向招标人提出。招标人应自收到异议之日起3日内做出答复。作出答复前，应暂停招标投标活动。
（3）资格预审文件的澄清或修改。招标人可以对已发出的资格预审文件进行必要的澄清或者修改。澄清或者修改的内容可能影响资格预审申请文件编制的，招标人应在提交资格预审申请文件截止时间至少3日前，以书面形式通知所有获取资格预审文件的潜在投标人；不足3日的，招标人应顺延提交资格预审申请文件的截止时间。
（4）资格预审申请文件的递交。未按要求密封和加写标记、逾期送达或者未送达指定地点的资格预审申请文件，招标人将不予受理。
（5）组建资格审查委员会。国有资金占控股或者主导地位的依法必须进行招标的项目，招标人应组建资格审查委员会审查资格预审申请文件。资格审查委员会应由招标人代表和有关技术、经济等方面的专家组成，成员人数为5人以上单数，其中技术、经济等方面的专家不得少于成员总数的2/3。
（6）审查资格预审申请文件。
① 投标人资格预审分初步审查和详细审查两个环节。初步审查标准通常包括：申请人名称是否与营业执照、资质证书及安全生产许可证一致；申请函是否有法定代表人或其委托代理人签字并加盖单位章；申请文件格式是否符合要求；联合体申请人是否提交联合体协议书并明确联合体牵头人；资格预审申请文件证明材料是否齐全有效等。详细审查标准主要包括：是否具备有效的营业执照、安全生产许可证；申请人的资质等级、财务状况、类似项目业绩、信誉、项目经理资格及联合体申请人等是否符合申请人须知中要求的条件。申请人有一项因素不符合审查标准的，不能通过资格预审。
② 投标人资格预审方法有两种：合格制和有限数量制。两者在审查标准上无本质区别，都需要进行初步审查和详细审查。两者区别就在于有限数量制需要对通过审查的资格预审申请文件进行量化打分。
（7）资格预审申请文件的澄清或说明。申请人的澄清或说明应采用书面形式，并不得改变资格预审申请文件的实质性内容。申请人的澄清和说明内容属于资格预审申请文件的组成部分。招标人和审查委员会不接受申请人主动提出的澄清或说明。
（8）提交审查报告。审查委员会按照规定的程序对资格预审申请文件完成审查后，确定通过资格预审的申请人名单，并向招标人提交书面审查报告。
（9）通知和确认。招标人应在申请人须知前附表规定的时间内以书面形式将资格预审结果通知申请人，并向通过资格预审的申请人发出投标邀请书</td></tr>
<tr><td>发售招标文件和组织现场踏勘</td><td>招标人在组织现场踏勘时，除对工程场地和相关周边环境情况进行介绍外，不对投标人提出的有关问题作进一步说明。
根据《中华人民共和国招标投标法实施条例》，招标人对招标文件进行澄清或者修改的内容可能影响投标文件编制的，招标人应在投标截止时间至少15日前，以书面形式通知所有获取招标文件的潜在投标人；不足15日的，招标人应顺延提交投标文件的截止时间</td></tr>
</table>

续表

<table>
<tr><th colspan="2">三个阶段</th><th>内容</th></tr>
<tr><td>施工招标过程</td><td>开标与评标</td><td>（1）投标文件的递交和接收。未按要求密封和加写标记、逾期送达或者未送达指定地点的投标文件，招标人将不予受理。
（2）组建评标委员会。评标委员会由招标人代表及有关技术、经济等方面的专家组成，成员人数为5人以上单数，其中技术、经济等方面的专家不得少于成员总数的2/3。评标委员会的专家成员应从依法组建的专家库中，采取随机抽取或者直接确定的方式确定。对于一般项目，可以采取随机抽取的方式。
（3）开标。主持人按下列程序进行开标：① 宣布开标纪律；② 公布在投标截止时间前递交投标文件的投标人名称，并点名确认投标人是否派人到场；③ 宣布开标人、唱标人、记录人、监标人等有关人员姓名；④ 按照投标人须知前附表规定检查投标文件的密封情况【2024年考过】；⑤ 按照投标人须知前附表的规定确定并宣布投标文件开标顺序；⑥ 设有标底的，公布标底【2024年考过】；⑦ 按照宣布的开标顺序当众开标，公布投标人名称、标段名称、投标保证金的递交情况、投标报价、质量目标、工期及其他内容，并记录在案【2024年考过】；⑧ 投标人代表、招标人代表、监标人、记录人等有关人员在开标记录上签字确认；⑨ 开标结束。
（4）评标。
① 初步评审。初步评审属于对投标文件的合格性审查，评审内容包括形式评审、资格评审、响应性评审、施工组织设计和项目管理机构评审标准四个方面。
② 详细评审。评标方法通常有两种：经评审的最低投标价法和综合评估法。
（5）评标报告。评标委员会完成评标后，应向招标人提交书面评标报告</td></tr>
<tr><td colspan="2">施工决标成交</td><td>（1）确定中标人。
（2）合同谈判。
（3）签订合同。招标人和中标人应在中标通知书发出之日起30日内，根据招标文件和中标人的投标文件订立书面合同。
招标人最迟应在书面合同签订后5日内向中标人和未中标的投标人退还投标保证金及银行同期存款利息。中标人无正当理由拒签合同的，其投标保证金不予退还。
招标文件要求中标人提交履约保证金的，中标人应按照招标文件的要求提交。履约保证金不得超过中标合同金额的10%</td></tr>
</table>

重点难点专项突破

1. 本考点内容较多，考生应全面掌握。对于施工招标内容，考试时可能会就某一项内容命题。

2. 注意几个数据“3日”“5日”“15日”“30日”，会作为采分点考核单项选择题。

3. 招标投标时间问题总结：

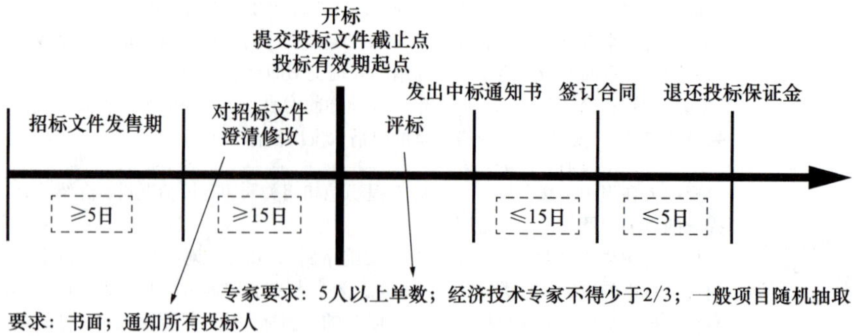

4. 本考点可能会这样命题：

（1）资格预审文件的发售期不得少于（　　）日。

A. 2　　B. 3

C. 4　　D. 5

【答案】D

（2）招标人和中标人应在中标通知书发出之日起（　　）日内，根据招标文件和中标人的投标文件订立书面合同。

A. 15　　B. 21

C. 30　　D. 45

【答案】C

（3）某工程招标过程中，投标人甲踏勘现场后，按规定以书面形式向招标人提出问题要求澄清。根据《中华人民共和国招标投标法实施条例》，此时招标人澄清的正确做法是（　　）。

A. 以书面形式通知所有获取招标文件的潜在投标人

B. 以电话形式通知甲投标人

C. 以书面形式通知进行了踏勘现场的潜在投标人

D. 以电话形式通知所有获取招标文件的潜在投标人

【答案】A

（4）关于资格预审的说法，正确的有（　　）。

A. 招标人应自收到资格预审文件异议之日起3日内做出答复，作出答复前，可以继续招标投标活动

B. 招标人可以对已发出的资格预审文件进行必要的澄清或者修改

C. 招标人应在提交资格预审申请文件截止时间至少3日前，以书面或者口头形式通知所有获取资格预审文件的潜在投标人

D. 未按要求密封和加写标记、逾期送达或者未送达指定地点的资格预审申请文件，招标人将不予受理

E. 投标人资格预审方法有合格制和有限数量制

【答案】B、D、E

（5）初步评审属于对投标文件的合格性审查，评审内容包括（　　）。

A. 形式评审

B. 资格评审

C. 响应性评审

D. 施工组织设计和项目管理机构评审标准

E. 付款条件评审

【答案】A、B、C、D

（6）根据《标准施工招标文件》，评标委员会对投标文件进行的响应性评审内容有（　　）。

A. 投标文件格式　　B. 投标有效期

C. 投标保证金　　　　　　　　　　　D. 已标价工程量清单

E. 安全生产许可证

【答案】B、C、D

（7）根据《标准施工招标文件》，施工评标中，对施工组织设计和项目管理机构的评审内容包括（　　）。

A. 施工方案与技术措施

B. 质量、安全、环境保护管理体系与措施

C. 工程进度计划、资源配置计划

D. 技术负责人及主要管理人员配置

E. 工程投资绩效评审方案

【答案】A、B、C、D

专项突破3　总价合同、单价合同、成本加酬金合同的适用范围

例题：固定总价合同一般适用于（　　）。

A．招标时已有施工图设计文件，施工任务和发包范围明确，合同履行中不会出现较大设计变更

B．工程规模较小、技术不太复杂的中小型工程或承包工作内容较为简单的工程部位

C．工程量小、工期较短（一般为1年之内），合同双方可不必考虑市场价格浮动对承包价格影响的工程

D．对于工期较长（1年以上），承包单位在投标报价时无法合理地预见合同履行过程中市场价格变动等因素影响的工程

E．工期长、技术复杂、实施过程中发生各种不可预见因素较多的大型工程

F．建设单位为缩短工程建设周期，初步设计完成后就进行招标的工程

G．边设计、边施工的紧急工程

H．灾后修复工程

【答案】A、B、C

重点难点专项突破

1. 本考点还可以考核的题目有：

（1）可调总价合同一般适用于（D）。

（2）单价合同大多用于（E、F）。

（3）成本加酬金合同大多适用于（G、H）。

2. 关于适用范围的考核，还会在题干中给出工程条件，判断采用哪种合同方式。比如："对于工期不超过1年、工程规模较小、技术简单成熟、招标时已有施工图设计文件的中小型工程，一般宜采用的合同计价方式是（固定总价合同）。"

3. 可调总价合同的调整方法包括：文件证明法、票据价格调整法、公式调价法。

4. 在单价合同中，工程量清单所列工程量为估算工程量，而非实际工程量。

专项突破4　成本加酬金合同的形式

例题：根据酬金计取方式不同，成本加酬金合同可分为（　　）。

A．成本加固定百分比酬金合同　　B．成本加固定酬金合同

C．成本加浮动酬金合同　　D．目标成本加奖罚合同

【答案】A、B、C、D

重点难点专项突破

1. 本考点还可以考核的题目有：

（1）采用（A）形式，虽在签订时简单易行，但不能激励承包单位缩短工期和降低成本。

（2）采用（B）形式，虽不能鼓励承包单位关心降低直接成本，但从尽快获得全部酬金、减少管理投入出发，承包单位会关心缩短工期。

（3）从理论上讲，（C）形式对双方都没有太大风险，且又能促使承包单位关心成本降低和缩短工期。

（4）采用（D）形式，有利于鼓励承包单位降低成本和缩短工期，建设单位和承包单位都不会承担太大风险。

（5）下列成本加酬金合同中，能鼓励承包单位降低成本的有（C、D）。

2. 四类合同形式的合同价款计算公式应熟悉，见下表。

合同的形式	合同价款的计算式
成本加固定百分比酬金合同	合同价款＝实际发生的直接费（1＋合同双方约定的酬金百分比）
成本加固定酬金合同	合同价款＝实际发生的直接费＋合同双方约定的酬金
成本加浮动酬金合同	合同价款＝实际发生的直接费＋合同双方约定的酬金 （实际发生的直接费＝合同双方签订合同时约定的预期成本） 合同价款＝实际发生的直接费＋合同双方约定的酬金＋奖罚酬金 （实际发生的直接费＜合同双方签订合同时约定的预期成本） 合同价款＝实际发生的直接费＋合同双方约定的酬金－奖罚酬金 （实际发生的直接费＞合同双方签订合同时约定的预期成本）
目标成本加奖罚合同	合同价款＝实际发生的直接费＋基本酬金计算百分比×目标成本＋奖罚酬金计算百分比×（目标成本－实际发生的直接费） 合同价款＝实际发生的直接费＋基本酬金计算百分比×目标成本＋奖罚酬金

专项突破5　合同计价方式比较与选择

合同类型	总价合同	单价合同	成本加酬金合同			
			固定百分比酬金	固定酬金	浮动酬金	目标成本加奖罚
应用范围	广泛	广泛	有局限性			某些情形
建设单位造价控制	易	较易	最难	难	不易	有可能
施工单位风险	大	小	基本没有		不大	有

重点难点专项突破

1. 对比记忆总价合同、单价合同、成本加酬金合同的特点。

2. 建设单位通常会综合考虑以下因素来选择合同计价方式：工程复杂程度、工程设计深度、技术先进程度、工期紧迫程度。这可能考核一道多项选择题。**【2024年考过】**

3. 本考点可能会这样命题：

（1）下列合同计价方式中，建设单位造价控制最容易的合同形式是（　　）。

A. 总价合同　　B. 单价合同

C. 固定百分比酬金合同　　D. 固定酬金合同

【答案】A

（2）下列合同计价方式中，施工单位基本没有风险的合同形式有（　　）。

A. 总价合同　　B. 单价合同

C. 成本加固定百分比酬金合同　　D. 成本加固定酬金合同

E. 目标成本加奖罚

【答案】C、D

专项突破6　投标报价的基本策略

例题：工程投标报价时，考虑招标项目的不同特点宜采用低价策略的情形有（　　）。**【2024年考过】**

A. 施工条件差的工程**【2024年考过】**

B. 专业要求高的技术密集型工程且施工单位在这方面有专长，声望较高

C. 总价低的小型工程以及自己不愿做、又不方便不投标的工程

D. 特殊的工程

E. 工期要求急的工程**【2024年考过】**

F. 竞争对手少的工程

G. 支付条件不理想的工程

H. 施工条件好的工程

I. 工作简单、工程量大而其他施工单位都可以做的工程

J. 施工单位急于打入某一市场、某一地区

K. 施工单位在该地区面临工程结束，机械设备等无工地转移时

L. 施工单位在附近有工程，而本项目又可利用该工程的设备、劳务，或有条件短期内突击完成的工程

M. 投标对手多，竞争激烈的工程

N. 非急需工程

O. 支付条件好的工程**【2024年考过】**

【答案】H、I、J、K、L、M、N、O

重点难点专项突破

1. 本考点还可以考核的题目有：

工程投标报价时，考虑招标项目的不同特点，通常情况下报价可适当高一些的工程有（A、B、C、D、E、F、G）。

2. 根据招标项目的不同特点采用高价或低价的工程在考核时，会相互作为干扰选项。

专项突破7　常用的报价技巧

例题：工程投标报价中，投标人为了既不影响总报价，又能在结算中获得更理想的收益，运用不平衡报价法时，可以适当偏高报价的有（　　）。

A. 能早日结账收款的工程项目

B. 经核算预计今后工程量会增加较多的项目

C. 因设计图纸不明确可能导致工程量增加的项目

D. 如果工程不分标，不会另由一家承包单位施工，其中肯定要施工的项目

E. 单价与包干混合制合同中，招标人要求采用包干报价的项目

F. 后期工程项目，如设备安装、装饰工程

G. 预计工程量可能减少的后期工程项目

H. 工程内容说明不清楚的项目

I. 单价与包干混合制合同中的单价项目

【答案】 A、B、C、D、E

重点难点专项突破

1. 本考点还可以考核的题目有：

工程投标报价中，投标人为了既不影响总报价，又能在结算中获得更理想的收益，运用不平衡报价法时，可以适当偏低报价的有（F、G、H、I）。

2. 常用的报价技巧有不平衡报价法、多方案报价法、保本竞标法和突然降价法等。

（1）多方案报价法的适用情况应掌握，可能会这样命题：招标文件中的工程范围不明确，条款不清楚或不公正，或技术规范要求过于苛刻的工程适宜采用（多方案报价法）。

（2）保本竞标法是对于缺乏竞争优势的施工单位，在不得已时可采用根本不考虑利润的报价方法，以获得中标机会。熟悉其采用情形。

（3）采用突然降价法，对施工单位的分析判断和决策能力要求很高，要求施工单位能全面掌握和分析信息，作出正确判断。

专项突破8　其他报价技巧

例题：招标人在施工招标文件中规定了暂定金额的分项内容和暂定总价款时，投标人可采用的报价策略有（　　）。

A. 适当提高暂定金额分项内容的单价
B. 适当减少暂定金额中的分项工程量
C. 适当降低暂定金额分项内容的单价
D. 适当增加暂定金额中的分项工程量
E. 正常报价

【答案】A

重点难点专项突破

1. 本考点还可以考核的题目有：

招标人在施工招标文件中列出了暂定金额的项目和数量，但并未限制工程量的估算总价时，投标人一般可采用的报价策略是（E）。

> 如果投标人预计今后实际工程量肯定会增大，则可适当提高单价，以期在将来增加额外收益。

2. 选项B、C、D是可能会设置的干扰选项。

3. 其他报价技巧中还应掌握计日工单价的报价、可供选择项目的报价、增加建议方案、采用分包商的报价、许诺优惠条件，采分点见下表。

报价技巧	采分点
计日工单价的报价	（1）如果是单纯报计日工单价，且不计入总报价中，则可报高些。 （2）如果计日工单价要计入总报价时，则需具体分析是否报高价，以免抬高总报价
可供选择项目的报价	对于将来有可能被选择使用的规格，应适当提高其报价。 对于技术难度大或因其他原因难以实现的规格，可将价格有意抬高得更多一些，以促使招标人弃用。 所谓“可供选择项目”，是招标人进行选择，并非由投标单位任意选择
增加建议方案	要注意，对原招标方案一定要报价。建议方案不要写得太具体，要保留方案的技术关键，防止招标人将此方案交由其他投标人实施。同时要强调的是，建议方案一定要比较成熟，具有较强的可操作性
采用分包商的报价	总承包单位应在投标前找几家分包商分别报价，然后选择其中一家信誉较好、实力较强和报价合理的分包商签订协议，同意该分包商作为分包工程的唯一合作者，并将该分包商列到投标文件中，同时要求该分包商提交投标保函。如果该分包商认为总承包单位确实有可能中标，也许愿意接受这一条件。这种将分包商的利益与投标人捆在一起的做法，不但可以防止分包商事后反悔和涨价，还会迫使分包商报出较合理的价格，以便共同争取中标
许诺优惠条件	在投标时主动提出提前竣工、低息贷款、赠给施工设备、免费转让新技术或某种技术专利、免费技术协作、代为培训人员等，均是吸引招标人、利于中标的辅助手段

专项突破9　施工投标文件

例题：施工投标文件通常包括技术标书、商务标书、投标函及其他有关文件三部分内容。下列属于技术标书内容的有（　　）。

A. 施工组织设计文字说明
B. 施工项目管理组织机构及主要人员简历
C. 拟投入的施工机械设备和试验检测设备
D. 新材料、新技术、新工艺、新设备的应用和推广
E. 施工总平面布置图
F. 施工总进度计划及资源安排计划
G. 主要工序工艺流程
H. 施工质量和安全保证体系
I. 施工项目拟分包情况
J. 合理化建议
K. 工程报价
L. 优惠条件
M. 对合同条款的确认
N. 投标函及投标函附录
O. 投标担保
P. 授权书
Q. 联合体协议书
R. 资格预审更新资料或资格后审资料
S. 投标人承揽的在建工程情况
T. 分包人情况

【答案】A、B、C、D、E、F、G、H、I、J

重点难点专项突破

1. 本考点还可以考核的题目有：

（1）施工投标文件通常包括技术标书、商务标书、投标函及其他有关文件三部分内容。下列属于商务标书内容的有（K、L、M）。

（2）施工投标文件通常包括技术标书、商务标书、投标函及其他有关文件三部分内容。下列属于投标函及其他有关文件内容的有（N、O、P、Q、R、S、T）。

2. 施工投标文件的编制原则可能会考核多项选择题，应遵循以下原则：

（1）突出专业性，而且要有针对性。

（2）保证可行性，而且要经济合理。

（3）注重规范性，而且要凸显重点。

3. 施工投标文件密封规定应熟悉。密封袋封口后，需要按招标文件要求加盖投标人公章，并由投标人法定代表人签名或盖章。密封的施工投标文件可在投标截止日前在招标文件载明的地点递交招标人。

专项突破10　工程总承包招标要求

项目	内容
招标文件的组成	① 招标公告或投标邀请书；② 投标人须知；③ 评标办法；④ 合同条款及格式；⑤ 发包人要求；⑥ 发包人提供的资料；⑦ 投标文件格式；⑧ 投标人须知前附表规定的其他材料。此外，招标人对招标文件的澄清、修改，也构成招标文件的组成部分
价格清单的编制	价格清单包括勘察设计费清单、工程设备费清单、必备的备品备件费清单、建筑安装工程费清单、技术服务费清单、暂估价清单、其他费用清单和投标报价汇总表
资格审查	包括："近年完成的类似设计施工总承包项目情况表"应附中标通知书和（或）合同协议书、工程接收证书（工程竣工验收证书）复印件；或"近年完成的类似工程设计项目情况表"应附中标通知书和（或）合同协议书、发包人出具的证明文件
开标与评标	评标办法均包含综合评估法和经评审的最低投标价法

重点难点专项突破

1. 由于工程承包范围和工作内容的变化，工程总承包招标有些与施工招标不同的要求，承包单位在投标时应理解和熟悉这些要求的差异。

（1）与施工招标文件组成不同的是，施工招标文件中的"工程量清单""图纸""技术标准和要求"，在工程总承包招标文件中改变为"发包人要求"和"发包人提供的资料"。"发包人要求"和"发包人提供的资料"主要内容应熟悉，可能会考核多项选择题。

（2）投标人须知的不同。《标准设计施工总承包招标文件》在投标人须知中提出了设计工作方面的要求：① 质量标准。包括设计要求的质量标准。② 投标人资格要求。项目经理应具备工程设计类或者工程施工类注册执业资格，设计负责人应具备工程设计类注册执业资格。③ 设计成果补偿。招标人对符合招标文件规定的未中标人的设计成果进行补偿的，按投标人须知前附表规定给予补偿，并有权免费使用未中标人设计成果等。

2. 本考点可能会这样命题：

（1）根据《标准设计施工总承包招标文件》中的投标人须知，投标人项目组织机构中应具有工程设计类注册执业资格的人员是指（　　）。

A. 设计负责人　　B. 设计专业负责人

C. 项目经理　　D. 项目技术负责人

【答案】 A

（2）招标人按照投标人须知前附表要求，对于符合招标文件规定的未中标人的设计成果给予补偿后，关于该设计成果使用的说法，正确的是（　　）。

A. 招标人应保护未中标人知识产权且不得使用其设计成果

B. 招标人有权免费使用未中标人的设计成果

C. 应由中标人与未中标人协商使用其设计成果的许可和费用

D. 中标人应邀请未中标人加入其设计团队并使用未中标人的设计成果

【答案】 B

专项突破11　工程总承包投标报价工作要点

项目	内容
分析研读招标文件	重点分析工程总承包范围、报价形式、发承包责任划分、特殊要求，以及隐含的承包风险
进行现场调查及踏勘	投标人在投标报价文件前，应详细调查工程所在地的自然条件、施工条件、物资供应条件、交通条件，以及施工现场用水、用电和既有建筑物、构筑物等情况。特别是对于地材、钢筋、混凝土等大宗物资的来源、运距及市场价格等要进行详细调查。同时，要参加招标人组织的现场踏勘与标前会议
选择联合体单位及分包单位	为了满足招标文件对于投标人资质方面的要求，有时需要施工单位与有实力的设计单位组成联合体共同投标。 工程总承包投标人还要考虑分包策略，将分包商优势和特点纳入工程总承包能力范围内
确定投标报价	① 研读评标办法；② 测算工程成本；③ 确定最终报价；④ 投标报价检查

重点难点专项突破

本考点内容不多，考试可能会这样命题：

（1）工程总承包投标报价过程中，首先应进行的工作是（　　）。

A. 分析研读招标文件　　B. 进行现场调查及踏勘

C. 选择联合体单位及分包单位　　D. 研读评标办法

【答案】A

（2）招标文件是工程总承包招标的大纲，是业主对招标工程具体要求的集中体现。投标人需要熟读分析招标文件，重点分析（　　）。

A. 工程总承包范围　　B. 报价形式

C. 发承包责任划分　　D. 隐含的承包风险

E. 现场管理水平及当地人工、材料设备市场价

【答案】A、B、C、D

3.2　工程合同管理

专项突破1　施工合同文件的组成及优先解释顺序

例题：根据《标准施工招标文件》，施工合同文件包括（　　）。

A. 合同协议书　　B. 中标通知书

C. 专用合同条款　　D. 图纸

E. 已标价工程量清单　　F. 投标函及投标函附录

G. 通用合同条款　　H. 技术标准和要求

I. 其他合同文件

【答案】A、B、C、D、E、F、G、H、I

重点难点专项突破

1. 本考点还可以考核的题目有：

根据《标准施工招标文件》规定，除专用合同条款另有约定外，解释合同文件的优先顺序为（A—B—F—C—G—H—D—E—I）。

2. 合同文件会考核两个采分点，一是组成；二是解释顺序。题目难度不大。

专项突破2　施工合同有关各方义务或职责

例题：根据《标准施工招标文件》，施工场地以及施工场地内地下管线和地下设施等有关资料应由（　　）提供。

A. 发包人　　B. 承包人

C. 设计单位　　D. 监理人

【答案】A

重点难点专项突破

1. 本考点还可以考核的题目有：

（1）根据《标准施工招标文件》，某工程因施工需要，需取得出入施工场地的临时道路的通行权应由（A）办理。**【2024年考过】**

（2）根据《标准施工招标文件》，某工程因施工需要，（A）应取得为工程建设所需修建场外设施的权利，并承担有关费用。

（3）根据《标准施工招标文件》，根据合同进度计划，（A）组织设计单位进行交底。

（4）根据《标准施工招标文件》，（A）应按合同约定及时组织竣工验收。

（5）根据《标准施工招标文件》，（B）应按合同约定的工作内容和施工进度要求，编制施工组织设计和施工措施计划，并对所有施工作业和施工方法的完备性和安全可靠性负责。

（6）根据《标准施工招标文件》，针对危险性较大的分部分项工程应编制专项施工方案，经（D）审查批准后方可实施。

（7）根据《标准施工招标文件》，（B）应按合同约定的环保工作内容，编制施工环境保护措施计划。

（8）根据《标准施工招标文件》，施工环境保护措施计划应报送（D）审批。

（9）根据《标准施工招标文件》，（B）应负责修建、维修、保养和管理施工所需的临时道路，以及为开始施工所需的临时工程和必要的设施，满足开工要求。

（10）根据《标准施工招标文件》，（B）应根据测量基准点、基准线和水准点及其书面资料，测设施工控制网。

（11）根据《标准施工招标文件》，施工前期准备工作满足开工条件后，应向（D）提交工程开工报审表。

开工报审表应详细说明按合同进度计划正常施工所需的施工道路、临时设施、材料设备、施工人员等施工组织措施的落实情况及工程进度安排。

（12）根据《标准施工招标文件》，施工场地及其周边环境与生态的保护工作应由（B）负责。

（13）根据《标准施工招标文件》，工程接收证书颁发前，（B）应负责照管和维护工程。

（14）根据《标准施工招标文件》，（D）应按合同约定组织工程竣工预验收。

2. 考生应能区分发包人、承包人与监理的义务或职责，可通过下表掌握。

发包人主要义务	承包人主要义务	监理人职责
（1）发出开工通知。 （2）提供施工场地。 （3）协助承包人办理证件和批件。 （4）组织设计交底。 （5）支付合同价款。 （6）组织竣工验收**【2024年考过】**	（1）查勘施工现场。**【2024年考过】** （2）编制工程实施措施计划，包括：施工组织设计和施工进度计划；工程质量保证措施文件；施工安全管理措施计划；环境保护措施计划。 （3）负责施工现场内交通道路和临时工程。 （4）测设施工控制网。 （5）提出开工申请。 （6）完成各项承包工作。 （7）保证工程施工和人员的安全。 （8）负责施工场地及其周边环境与生态的保护工作。 （9）避免施工对公众与他人的利益造成损害。 （10）工程的维护和照管	（1）审查承包人实施方案。 （2）发出开工通知。 （3）监督管理施工过程。 （4）组织工程竣工预验收，参与工程竣工验收。**【2024年考过】** 注意：监理人发出的任何指示应视为已得到发包人的批准，但监理人无权免除或变更合同约定的发包人和承包人的权利、义务和责任

这部分内容还会这样命题：

根据《标准施工招标文件》，应由承包人承担的义务是（　　）。

A. 组织设计单位向分包人进行设计交底

B. 提供施工场地内地下管线和地下设施等有关资料

C. 负责施工场地及其周边环境与生态的保护工作

D. 按合同约定及时组织竣工验收

【答案】C

专项突破3　施工合同订立时需要明确的内容

项目	内容
施工现场范围和施工临时占地	（1）明确说明施工现场永久工程的占地范围并提供征地图纸。 （2）明确说明从现场外部接至现场的施工用水、用电、用气的位置。 （3）需要临时用地的，明确占地范围和临时用地移交承包人的时间
发包人提供图纸的期限和数量	明确约定发包人陆续提供施工图纸的期限和数量
发包人提供的材料和工程设备	明确约定发包人提供的材料和设备分批交货的种类、规格、数量、交货期限和地点

续表

项目	内容
异常恶劣的气候条件范围	在专用合同条款中明确界定异常恶劣的气候条件。"异常恶劣的气候条件"属于发包人责任，"不利气候条件"对施工的影响则属于承包人应承担的风险
因物价变化引起的合同价格调整	合同履行期间市场价格浮动对施工成本造成的影响是否允许调整合同价格，要视合同工期的长短来决定。 适用于工期在12个月以内的简明施工合同通用条款没有调价条款，承包人应在投标报价中合理考虑市场价格变化对施工成本的影响。工期12个月以上的施工合同，由于承包人在投标阶段不可能合理预测一年以后的市场价格变化，因此应设有调价条款，由发包人和承包人共同分担市场价格变化的风险。 为了区分因政策法规变化或市场物价变化对合同价格影响的责任，通用合同条款中将投标截止日前第28天规定为基准日期。 通用合同条款规定用公式法调价，但仅适用于工程量清单中按单价支付部分的工程款，总价支付部分不考虑物价变化对合同价格的调整
办理保险的责任	（1）承包人办理保险。负责投保"建筑工程一切险""安装工程一切险"和"第三者责任保险"，并承担办理保险的费用。具体投保内容、保险金额、保险费率、保险期限等有关内容在专用合同条款中约定。 （2）发包人办理保险。双方可在专用合同条款中约定，由发包人办理工程保险和第三者责任保险

重点难点专项突破

1. 针对具体施工项目需要在合同中明确约定的内容较多，上表只概要归纳几方面的内容。

2. 本考点可能会这样命题：

（1）根据《标准施工招标文件》，"不利气候条件"对施工的影响应当属于（　　）承担的风险。

A. 发包人　　B. 承包人

C. 发包人和承包人共同　　D. 由专用条款约定的一方

【答案】B

（2）为了明确划分由于政策法规变化或市场物价浮动对合同价格影响的责任，《标准施工招标文件》中的通用条款规定的基准日期是指（　　）。

A. 投标截止日前第14天　　B. 投标截止日前第28天

C. 招标公告发布之日前第14天　　D. 招标公告发布之日前第28天

【答案】B

（3）根据《标准施工招标文件》，投保"建筑工程一切险"的正确做法是（　　）。

A. 承包人负责投保，并承担办理保险的费用

B. 发包人负责投保，并承担办理保险的费用

C. 承包人负责投保，发包人承担办理保险的费用

D. 发包人负责投保，承包人承担办理保险的费用

【答案】A

（4）根据《标准施工招标文件》，关于市场物价浮动对合同价格影响的说法，错误的有（　　）。

A. 工期12个月以上的施工合同，应设有调价条款

B. 发包人和承包人共同分担市场价格变化风险

C. 施工合同价格可采用票据法进行调整

D. 调整价格的方法适用于工程量清单中所有工程款

E. 总价支付部分不考虑物价浮动对合同价格的调整

【答案】C、D

专项突破4　施工进度计划与合同进度计划

主要条款	内容
施工进度计划的审批	承包人应按专用合同条款约定的内容和期限，编制详细的施工进度计划和施工方案说明报送监理人。 监理人应在约定的期限内批复或提出修改意见，否则该进度计划视为已得到批准。 经监理人批准的施工进度计划称为合同进度计划，是控制合同工程进度的依据
合同进度计划的修订	不论何种原因造成工程的实际进度与合同进度计划不符时，承包人可以在专用合同条款约定的期限内向监理人提交修订合同进度计划的申请报告，并附有关措施和相关资料，报监理人审批。 监理人也可以直接向承包人作出修订合同进度计划的指示，承包人应按该指示修订合同进度计划，报监理人审批。监理人应在专用合同条款约定的期限内批复。监理人在批复前应获得发包人同意

重点难点专项突破

1. 本考点一般会考核判断正确与错误说法的题目。

2. 本考点可能会这样命题：

根据《标准施工招标文件》，关于合同进度计划的说法，正确的是（　　）。

A. 监理人应编制施工进度计划和施工方案说明并报发包人

B. 实际进度与合同进度不符时，承包人应提交修订合同进度计划申请报告等资料，报监理人审批

C. 监理人不能直接向承包人作出修订合同进度计划的指示

D. 监理人无需获得发包人的同意，可以直接在合同约定期限内批复修订的合同进度计划

【答案】B

专项突破5　工期延误

例题：在履行合同过程中，由于发包人（　　）的原因造成工期延误的，承包人有权要求发包人延长工期和（或）增加费用，并支付合理利润。

A. 增加合同工作内容

B. 改变合同中任何一项工作的质量要求或其他特性

C. 发包人迟延提供材料、工程设备或变更交货地点

D. 因发包人原因导致的暂停施工

E. 提供图纸延误

F. 未按合同约定及时支付预付款、进度款

【答案】 A、B、C、D、E、F

重点难点专项突破

熟悉发包人原因、承包人原因、异常恶劣气候条件造成的工期延误。

（1）由于出现专用合同条款规定的异常恶劣气候的条件导致工期延误的，承包人有权要求发包人延长工期。

（2）由于承包人原因，未能按合同进度计划完成工作，或监理人认为承包人施工进度不能满足合同工期要求的，承包人应采取措施加快进度，并承担加快进度所增加的费用。

专项突破6　提前竣工

提前竣工

- 发包人要求承包人提前竣工，或承包人提出提前竣工的建议能够给发包人带来效益的，应由监理人与承包人共同协商采取加快工程进度的措施和修订合同进度计划
- 发包人应承担承包人由此增加的费用，并向承包人支付专用合同条款约定的相应奖金。奖励金额可约定为发包人实际效益的20%

重点难点专项突破

1. “监理人与承包人共同协商”处会设置陷阱，可能设置的干扰选项有：发包人要求合同工程提前竣工的，承包人必须采取加快工程进度的措施。

2. “20%”会作为采分点考核单项选择题，可能设置的干扰选项有：“5%”“10%”“15%”。

专项突破7　暂停施工

项目	内容
承包人原因暂停施工	因下列原因暂停施工增加的费用和（或）工期延误由承包人承担： （1）承包人违约引起的暂停施工； （2）由于承包人原因为工程合理施工和安全保障所必需的暂停施工； （3）承包人擅自暂停施工； （4）承包人其他原因引起的暂停施工
发包人原因暂停施工	由于发包人原因引起的暂停施工造成工期延误的，承包人有权要求发包人延长工期和（或）增加费用，并支付合理利润

续表

项目	内容
监理人暂停施工指示	（1）监理人认为有必要时，可向承包人作出暂停施工的指示，承包人应按监理人指示暂停施工。不论由于何种原因引起的暂停施工，暂停施工期间承包人应负责妥善保护工程并提供安全保障。 （2）由于发包人的原因发生暂停施工的紧急情况，且监理人未及时下达暂停施工指示的，承包人可先暂停施工，并及时向监理人提出暂停施工的书面请求。 监理人应在接到书面请求后的24h予以答复。逾期未答复的，视为同意承包人暂停施工的请求
暂停施工后的复工	（1）暂停施工后，监理人应与发包人和承包人协商，采取有效措施积极消除暂停施工的影响。当工程具备复工条件时，监理人应立即向承包人发出复工通知。承包人收到复工通知后，应在监理人指定的期限内复工。 （2）承包人无故拖延和拒绝复工的，由此增加的费用和工期延误由承包人承担；因发包人原因无法按时复工的，承包人有权要求发包人延长工期和（或）增加费用，并支付合理利润
持续56天以上	（1）监理人发出暂停施工指示后56天内未向承包人发出复工通知，除了该项停工属于由于承包人暂停施工的责任的情况外，承包人可向监理人提交书面通知，要求监理人在收到书面通知后28天内准许已暂停施工的工程或其中一部分工程继续施工。 （2）由于承包人责任引起的暂停施工，如承包人在收到监理人暂停施工指示后56天内不认真采取有效的复工措施，造成工期延误，可视为承包人违约，应按承包人违约办理

重点难点专项突破

1. 本考点一般会以判断正确与错误说法的综合题目考核。

2. 本考点可能会这样命题：

（1）下列暂停施工的情形中，不属于承包人应当承担责任的是（　　）。

A. 业主方提供设计图纸延误造成的工程施工暂停

B. 为保障钢结构构件进场，暂停进场线路上的结构施工

C. 未及时发放劳务工工资造成的工程施工暂停

D. 迎接地方安全检查造成的工程施工暂停

【答案】A

（2）根据《标准施工招标文件》，监理人向承包人作出暂停施工的指示，则暂停施工期间负责保护工程并提供安全保障的主体为（　　）。

A. 监理人　　B. 承包人

C. 发包人　　D. 项目管理公司

【答案】B

（3）根据《标准施工招标文件》，关于暂停施工的说法，正确的有（　　）。

A. 发包人原因引起的暂停施工造成工期延误的，承包人有权要求发包人延长工期和增加费用，但是不需要支付利润

B. 不论由于何种原因引起的暂停施工，暂停施工期间承包人应负责妥善保护工程并提供安全保障

C. 承包人无故拖延和拒绝复工的，由此增加的费用和工期延误由承包人承担

D. 因发包人原因无法按时复工的，承包人有权要求发包人延长工期和（或）增加费用，并支付合理利润

E. 承包人责任引起的暂停施工，如承包人在收到监理人暂停施工指示后56天内不认真采取有效的复工措施，造成工期延误，可视为承包人违约

【答案】B、C、D、E

（4）根据《标准施工招标文件》，关于暂停施工后复工的说法，正确的是（　　）。

A. 承包人收到复工通知后，应在发包人进行经济补偿后复工

B. 暂停施工后，监理人、发包人、承包人应协调采取有效措施消除影响

C. 具备复工条件时，监理人应立即向承包人发出复工通知

D. 承包人无故拖延的，应承担由此增加的费用和延误的工期

E. 因发包人原因无法按时复工，应承担由此增加的费用、延误的工期和合理的利润

【答案】B、C、D、E

专项突破8　施工质量管理

例题：根据《标准施工招标文件》，对于监理人未能按照约定的时间进行检验且无其他指示的工程隐蔽部位，承包人自己进行了隐蔽，此后，经剥开重新检验证明其质量是符合施工合同要求的，由此增加的费用和延误的工期应由（　　）承担。

A．发包人　　B．承包人

C．监理人　　D．设计单位

【答案】A

重点难点专项突破

1. 本考点还可以考核的题目有：

（1）根据《标准施工招标文件》，承包人按照合同规定将隐蔽工程覆盖后，监理人又要求承包人对已覆盖部位揭开重新检验，经检验证明工程质量不符合合同要求，由此增加的费用和延误的工期应由（B）承担。

（2）根据《标准施工招标文件》，承包人未通知监理人到场检查，私自将工程隐蔽部位覆盖的，监理人有权指示承包人钻孔探测或揭开检查，由此增加的费用和（或）工期延误由（B）承担。

（3）根据《标准施工招标文件》，工程质量保证措施文件应报送（C）审批。

> 工程质量保证措施文件包括质量检查机构的组织和岗位责任、质检人员的组成、质量检查程序和实施细则等。

（4）根据《标准施工招标文件》，承包人使用不合格材料、工程设备，或采用不适当的施工工艺，或施工不当，造成工程不合格而增加的费用和（或）工期延误由（B）承担。

（5）根据《标准施工招标文件》，由于发包人提供的材料或工程设备不合格造成的工程不合格，需要承包人采取措施补救的，由此增加的费用和（或）工期延误由（A）

承担。

（6）根据《标准施工招标文件》，（B）按合同约定进行材料、工程设备和工程的试验和检验。

（7）根据《标准施工招标文件》，按合同约定应由监理人与承包人共同进行材料、工程设备试验和检验的，由（B）负责提供必要的试验资料和原始记录。

（8）根据《标准施工招标文件》，监理人对承包人的试验和检验结果有疑问，要求承包人重新试验和检验的，如果重新试验和检验的结果证明该项材料、工程设备或工程的质量不符合合同要求的，由此增加的费用和（或）工期延误由（B）承担。

（9）根据《标准施工招标文件》，监理人对承包人的试验和检验结果有疑问，要求承包人重新试验和检验的，重新试验和检验结果证明该项材料、工程设备和工程符合合同要求，由（A）承担由此增加的费用和（或）工期延误，并支付合理利润。

2. 本考点可能会这样命题：

（1）根据《标准施工招标文件》，承包人自检确认的工程隐蔽部位具备覆盖条件后，监理人未按与承包人约定的时间进行检查且没有其他指示，承包人正确的做法是（　　）。

A. 自行完成覆盖工作，并将相应记录报送监理人签字确认

B. 自行完成覆盖工作，并拒绝监理人重新检查的要求

C. 自行完成覆盖工作，并向监理人进行索赔

D. 报告政府质量监督机构后自行完成覆盖工作

【答案】A

（2）根据《标准施工招标文件》，承包人自检确认并经监理验收后覆盖隐蔽的项目，总监理工程师要求重新检验，经检验证明工程质量符合要求，则由此增加的费用和工期延误的承担方式是（　　）。

A. 增加的费用和工期延误由监理人承担

B. 增加的费用和工期延误由承包人承担

C. 增加的费用由承包人承担，工期延误由发包人承担

D. 增加的费用和工期延误由发包人承担

【答案】D

（3）根据《标准施工招标文件》中的通用合同条款，关于监理人对承包人的材料、设备和工程的质量试验和检验的说法，正确的是（　　）。

A. 承包人按合同约定进行材料、设备和工程的试验和检验，均须由监理人组织

B. 监理人未按合同约定派员参加试验和检验的，承包人应重新组织试验和检验

C. 监理人对承包人的试验和检验结果有疑问，要求承包人重新试验和检验的，须经发包人同意

D. 监理人提出的重新试验和检验证明材料、设备和工程的质量不符合合同要求的，由此造成的费用增加和工期延误由承包人承担

【答案】D

专项突破9　工程计量

例题：已标价工程量清单中的单价子目工程量为（　　）。

A．估算工程量　　B．结算工程量

C．已完工程量　　D．拟完工程量

【答案】A

重点难点专项突破

1. 本考点还可以考核的题目有：

承包人实际完成的，并按合同约定的计量方法进行计量的工程量为（B）。

2. 本考点还应掌握以下采分点：

（1）监理人对承包人实际完成工程量的数量有异议的，可要求承包人按合同约定进行共同复核和抽样复测。承包人未按监理人要求参加复核，监理人复核或修正的工程量视为承包人实际完成的工程量。监理人应在收到承包人提交的工程量报表后的7天内进行复核，监理人未在约定时间内复核的，承包人提交的工程量报表中的工程量视为承包人实际完成的工程量，据此计算工程价款。

（2）除合同约定的变更外，总价子目的工程量是承包人用于结算的最终工程量。

3. 我们一起学习一下2024年真题：

根据《标准施工招标文件》，关于工程计量的说法，正确的是（　　）。**【2024年真题】**

A. 单价子目按实际完成工程量计量

B. 单价子目按支付分解报告确定的周期计量

C. 总价子目的计量可按正常物价波动进行调整

D. 承包人应会同监理人对已完工程进行计量

【答案】A

专项突破10　预付款

项目	内容
支付比例	包工包料工程的预付款支付比例不得低于签约合同价（扣除暂列金额）的10%，不宜高于签约合同价（扣除暂列金额）的30%**【2024年考过】**
支付时间	发包人应在收到支付申请的7天内进行核实后向承包人发出预付款支付证书，并在签发支付证书后的7天内向承包人支付预付款
逾期支付的处理	发包人没有按合同约定按时支付预付款的，承包人可催告发包人支付；发包人在预付款期满后的7天内仍未支付的，承包人可在付款期满后的第8天起暂停施工。发包人应承担由此增加的费用和（或）延误的工期，并向承包人支付合理利润
预付款保函	除专用合同条款另有约定外，承包人应在收到预付款的同时向发包人提交预付款保函，预付款保函的担保金额应与预付款金额相同。**【2024年考过】** 保函的担保金额可根据预付款扣回的金额相应递减**【2024年考过】**
预付款的扣回与还清	预付款应从每一个支付期应支付给承包人的工程进度款中扣回，直到扣回的金额达到合同约定的预付款金额为止。**【2024年考过】** 发包人应在预付款扣完后的14天内将预付款保函退还给承包人**【2024年考过】**

重点难点专项突破

1. “10%”“30%”“7天”“14天”这几个数据要掌握，会考核单项选择题。

2. 对于支付比例可能会这样命题：“包工包料的工程原则上预付款比例下限为（　　）。”或“包工包料的工程原则上预付款比例上限为（　　）。”

注意是要扣除暂列金额的。

3. 本考点可能会这样命题：

（1）发包人在收到支付申请到向承包人支付预付款的时间为（　　）天。

A. 7　　B. 14

C. 28　　D. 42

【答案】B

（2）关于预付款及其支付说法，正确的有（　　）。

A. 发包人没有按合同约定按时支付预付款的，承包人可催告发包人支付

B. 预付款保函的担保金额可根据预付款扣回的金额相应递减

C. 发包人没有按合同约定按时支付预付款的，承包人应立即停止施工

D. 预付款应从每一个支付期应支付给承包人的工程进度款中扣回，直到扣回的金额达到合同约定的预付款金额为止

E. 发包人应在预付款扣完后的7天内将预付款保函退还给承包人

【答案】A、B、D

专项突破11　工程进度付款

例题：某工程合同价6000万元。合同约定：工期6个月；预付款120万元，每月进度款按实际完成工程价款的80%支付；每月再单独支付安全文明施工费50万元；质量保证金按进度款的3%逐月扣留；预付款在最后两个月等额扣回。承包人每月实际完成工程价款金额见下表，则第2个月发包人实际应支付的工程款金额为（　　）万元。

月份	1	2	3	4	5	6
实际完成工程价款金额（万元）	800	1000	1000	1200	1200	800

A. 776.0　　B. 824.5

C. 826.0　　D. 850.0

【答案】C

重点难点专项突破

1. 上述例题的计算过程为：第2个月发生的费用包括：进度款、每年单独支付的安全文明施工费、质量保证金。所以第2个月发包人实际应支付的工程款金额＝（1000×80%＋50）－1000×80%×3%＝826.0万元。

2. 该考点的其他采分点可能会这样命题：

命题形式	采分点
发包人应在监理人收到进度付款申请单后的（　　）天内，将进度应付款支付给承包人	28
工程进度款的支付应按期中结算价款总额计，应（　　）	不低于60%，不高于90%
对于发包人未按照规范支付进度款的，承包人可（　　）	催告发包人支付，并有权获得延迟支付的利息
根据《财政部 住房和城乡建设部关于完善建设工程价款结算有关办法的通知》（财建〔2022〕183号）规定，政府机关、事业单位、国有企业建设工程进度款支付应不低于已完成工程价款的（　　）	80%
根据《财政部 住房和城乡建设部关于完善建设工程价款结算有关办法的通知》（财建〔2022〕183号）规定，在结算过程中，若发生进度款支付超出实际已完成工程价款的情况，承包单位应按规定在结算后（　　）日内向发包单位返还多收到的工程进度款	30

3. 注意的是，监理人出具进度付款证书，不应视为监理人已同意、批准或接受了承包人完成的该部分工作。

专项突破12　竣工结算与最终结清

例题：发包人应在监理人出具竣工付款证书后的（　　）天内，将应支付款支付给承包人。

A. 7　　B. 14

C. 28　　D. 56

【答案】B

重点难点专项突破

1. 本考点还可以考核的题目有：

（1）监理人在收到承包人提交的竣工付款申请单后的（B）天内完成核查，提出发包人到期应支付给承包人的价款送发包人审核并抄送承包人。

（2）发包人应在收到监理人提出到期应支付给承包人的价款后（B）天内审核完毕，由监理人向承包人出具经发包人签认的竣工付款证书。

监理人未在约定时间内核查，又未提出具体意见的，视为承包人提交的竣工付款申请单已经监理人核查同意；发包人未在约定时间内审核又未提出具体意见的，监理人提出发包人到期应支付给承包人的价款视为已经发包人同意。

（3）监理人在收到承包人提交的最终结清申请单后的（B）天内，提出发包人应支付给承包人的价款送发包人审核并抄送承包人。

（4）发包人应在收到监理人提出应支付给承包人的价款后（B）天内审核完毕，由监理人向承包人出具经发包人签认的最终结清证书。

（5）发包人应在监理人出具最终结清证书后的（B）天内，将应支付款支付给承包人。

2. 竣工付款申请单的内容会考核多项选择题，应包括下列内容：竣工结算合同总价、发包人已支付承包人的工程价款、应扣留的质量保证金、应支付的竣工付款金额。

专项突破13　变更的范围和内容

根据《标准施工招标文件》中的通用合同条款的规定，除专用合同条款另有约定外，在履行合同中发生以下情形之一，应按照规定进行变更：

（1）取消合同中任何一项工作，但被取消的工作不能转由发包人或其他人实施；

（2）改变合同中任何一项工作的质量或其他特性；

（3）改变合同工程的基线、标高、位置或尺寸；

（4）改变合同中任何一项工作的施工时间或改变已批准的施工工艺或顺序；

（5）为完成工程需要追加的额外工作。

重点难点专项突破

1. 关于变更的范围和内容可以这样记：

一取消——取消一项工作，但不被他人实施。

一追加——追加额外工作。

三改变——改变质量、特性；改变基线、标高、位置、尺寸；改变时间、工艺或顺序。

2. 本考点有两种考核题型：

（1）以多项选择题形式考核。

（2）逆向命题，如：施工承包合同订立后发生了下列情况，其中不会导致合同变更的是（　　）。

3. 本考点可能会这样命题：

根据《标准施工招标文件》，合同履行出现的下列情形中，属于工程变更的有（　　）。

A. 改变合同工程的标高

B. 改变合同中某项工作的质量标准

C. 改变合同中某工作的施工时间

D. 取消合同中某项工作，转由发包人实施

E. 为完成工程追加的额外工作

【答案】 A、B、C、E

专项突破14　变更权和变更程序

项目	内容
变更权	在合同履行过程中，经发包人同意，监理人可按合同约定的变更程序向承包人作出变更指示，承包人应遵照执行。没有监理人的变更指示，承包人不得擅自变更
变更程序	（1）在合同履行过程中，可能出现变更范围和内容约定情形的，监理人可向承包人发出变更意向书。 （2）发包人同意承包人根据变更意向书要求提交的变更实施方案的，由监理人发出变更指示。 （3）承包人收到监理人按合同约定发出的图纸和文件，经检查认为其中存在约定情形的，可向监理人提出书面变更建议。 监理人收到承包人书面建议后，应与发包人共同研究，确认存在变更的，应在收到承包人书面建议后的14天内作出变更指示。经研究后不同意作为变更的，应由监理人书面答复承包人。 （4）承包人收到变更指示后，应按变更指示进行变更工作。 （5）若承包人收到监理人的变更意向书后认为难以实施此项变更，应立即通知监理人，说明原因并附详细依据

重点难点专项突破

1. 在本考点中，还应掌握几项内容：

变更意向书——应说明变更的具体内容和发包人对变更的时间要求，并附必要的图纸和相关资料。

变更建议——应阐明要求变更的依据，并附必要的图纸和说明。

变更指示——应说明变更的目的、范围、变更内容以及变更的工程量及其进度和技术要求，并附有关图纸和文件。

2. 本考点可能会这样命题：

（1）根据《标准施工招标文件》，监理人在收到承包人提出的书面变更建议后，确认存在变更的，应在（　　）天内作出变更指示。

A. 14　　B. 5

C. 7　　D. 28

【答案】A

（2）根据《标准施工招标文件》，发包人同意承包人根据变更意向书要求提交的变更实施方案的，由（　　）发出变更指令。

A. 监理人　　B. 业主

C. 设计人　　D. 变更提出方

【答案】A

（3）根据《标准施工招标文件》，监理人发出的变更指示应包括的内容有（　　）。

A. 变更目的　　B. 变更范围

C. 变更程序　　D. 变更内容

E. 变更的工程量

【答案】A、B、D、E

专项突破15　变更估价

例题：根据《标准施工招标文件》，当合同履行期间出现工程变更时，该变更在已标价的工程量清单中无适用于变更工作的子目，但有类似子目的，其变更估价的原则是（　　）。

A. 参照类似子目的单价认定

B. 按照成本加利润的原则，由监理人和合同当事人商定或确定变更单价

C. 按照合理成本加利润的原则，由承包人确定变更工作的单价

D. 按照合理成本加适当利润的原则，由监理人确定新的变更单价

【答案】A

重点难点专项突破

1. 本考点还可以考核的题目有：

根据《标准施工招标文件》，当合同履行期间出现工程变更时，该变更在已标价的工程量清单中无适用或类似子目单价的，其变更估价正确的方式是（B）。

2. 选项C、D是可能会设置的干扰选项。

3. 针对已标价的工程量清单中无适用或类似子目单价的情形，有承包人提出变更工程项目的单价，报发包人确认后调整。承包人报价浮动率可按下列公式计算：

招标工程：承包人报价浮动率 $L=$（1－中标价/招标控制价）×100%

非招标工程：承包人报价浮动率 $L=$（1－报价值/施工图预算）×100%

对这部分内容可能会考核承包人报价浮动率的计算，比如：

某工程采用工程量清单招标，招标人公布的招标控制价为1亿元。中标人的投标报价为8900万元，经调整计算错误后的中标价为9100万元。所有合格投标人的报价平均为9200万元，则该中标人的报价浮动率为（　　）。

A. 8.0%　　　　B. 8.5%

C. 9.0%　　　　D. 11.0%

【答案】C

4. 如果已标价工程量清单中没有适用也没有类似于变更工程项目，且工程造价管理机构发布的信息价格缺价的，由承包人提出变更工程项目的单价，报发包人确认后调整。

专项突破16　计日工

项目	内容
概念	发包人认为有必要时，由监理人通知承包人以计日工方式实施变更的零星工作
计算	价款按列入已标价工程量清单中的计日工计价子目及其单价进行计算
支付	采用计日工计价的任何一项变更工作，应从暂列金额中支付，承包人应在该项变更的实施过程中，每天提交以下报表和有关凭证报送监理人审批：

续表

项目	内容
支付	（1）工作名称、内容和数量； （2）投入该工作所有人员的姓名、工种、级别和耗用工时； （3）投入该工作的材料类别和数量； （4）投入该工作的施工设备型号、台数和耗用台时； （5）监理人要求提交的其他资料和凭证。 计日工由承包人汇总后，按合同约定列入进度付款申请单，由监理人复核并经发包人同意后列入进度付款

重点难点专项突破

1. 计日工的价款的计算会考核单项选择题，也会作为备选项考核判断正确与错误说法的题目。比如：

施工过程中发生的计日工，应按照（　　）计算。

A. 已标价工程量清单中的计日工单价

B. 计日工发生时承包人提出的综合单价

C. 计日工发生当月市场人工工资单价

D. 计日工发生当月造价管理部门发布的人工指导价

【答案】A

2. 承包人每天提交的报表和有关凭证会考核多项选择题，比如：

采用计日工计价的任何一项变更工作，承包人应按合同约定提交发包人复核的资料有（　　）。

A. 投入该工作施工设备型号、台数和耗用台时

B. 工作名称、内容和数量

C. 不同工种计日工单价的调整方法和理由

D. 投入该工作的所有人员的姓名、工种、级别和耗用工时

E. 投入该工作的材料类别和数量

【答案】A、B、D、E

专项突破17　暂列金额与暂估价

例题：根据《标准施工招标文件》，除专用合同条款另有约定外，发包人在工程量清单中给定暂估价的专业工程不属于依法必须招标的范围或未达到规定的规模标准的，由（　　）进行估价。

A. 发包人　　B. 承包人

C. 监理人　　D. 设计人

【答案】C

重点难点专项突破

本考点还可以考核的题目有：

（1）暂列金额只能按照（C）的指示使用，并对合同价格进行相应调整。

（2）暂列金额有剩余的，应归（A）所有。

（3）工程量清单中给定暂估价的材料、工程设备和专业工程属于依法必须招标的范围并达到规定的规模标准的，由（A、B）以招标的方式选择供应商或分包人。

（4）在工程量清单中给定暂估价的材料和工程设备不属于依法必须招标的范围或未达到规定的规模标准的，应由（B）按合同约定提供。

专项突破18　竣工验收

例题：监理人审查竣工验收申请后认为尚不具备竣工验收条件的，应在收到竣工验收申请报告后的（　　）天内通知承包人，指出在颁发接收证书前承包人还需进行的工作内容。

A．14　　B．28

C．42　　D．56

【答案】B

重点难点专项突破

1. 本考点还可以考核的题目有：

（1）监理人审查竣工验收申请后认为已具备竣工验收条件的，应在收到竣工验收申请报告后的（B）天内提请发包人进行工程验收。

（2）发包人经过验收后同意接收工程的，应在监理人收到竣工验收申请报告后的（D）天内，由监理人向承包人出具经发包人签认的工程接收证书。

（3）发包人在收到承包人竣工验收申请报告（D）天后未进行验收的，视为验收合格。

（4）工程接收证书颁发后的（D）天内，除了经监理人同意需在缺陷责任期内继续工作和使用的人员、施工设备和临时工程外，其余的人员、施工设备和临时工程均应撤离施工场地或拆除。

2. 承包人向监理人报送竣工验收申请报告时应具备的条件可能会考核一道多项选择题，会这样命题：

根据《标准施工招标文件》，承包人向监理人报送竣工验收申请报告时，工程应具备的条件有（　　）。

A. 已按合同约定的内容和份数备齐符合要求的竣工资料

B. 已经完成合同内的全部单位工程及有关工作，并符合合同要求

C. 已按监理人要求编制了缺陷责任期内完成的甩项工程及缺陷修补工作

D. 已按监理人要求编制了缺陷责任期内的修补工作清单及施工计划

E. 工程项目的试运行完成并形成完整的资料清单

【答案】A、B、C、D

3. 对实际竣工日期的考核有两种形式：

（1）根据《标准施工招标文件》，工程实际竣工日期应以（   ）日期为准。**【2024年考过】**

A. 工程接收证书颁发

B. 组织工程竣工验收

C. 工程验收证书签发

D. 竣工验收申请报告提交

【答案】D

（2）某工程承包人于2023年5月15日向监理人提交了竣工验收申请报告，6月10日竣工验收合格，6月18日发包人签发了工程接收证书。根据《标准施工招标文件》，该工程的实际竣工日期为（   ）。

A. 5月15日

B. 6月10日

C. 6月15日

D. 6月18日

【答案】A

4. 对于单位工程验收，通过下面题目学习：

根据《标准施工招标文件》，关于单位工程竣工验收的说法，正确的有（   ）。

A. 发包人在全部工程竣工前需使用已竣工的单位工程时，可进行验收

B. 单位工程竣工验收成果和结论作为全部工程竣工验收申请报告的附件

C. 单位工程验收合格后，发包人向承包人出具经总监认可的单位工程验收证书

D. 在全部工程竣工前，已经签发单位工程接收证书的工程由承包人进行照管

E. 承包人完成不合格工程的补救工作后，应重新提交验收申请报告

【答案】A、B、E

5. 承包人应按专用合同条款约定进行工程及工程设备试运行，负责提供试运行所需的人员、器材和必要的条件，并承担全部试运行费用。**【2024年考过】**

6. 除合同另有约定外，工程接收证书颁发后，承包人应按要求对施工场地进行清理，直至监理人检验合格为止。竣工清场费用由承包人承担。

专项突破19 不可抗力后果的分担原则

例题：根据《标准施工招标文件》，因不可抗力事件导致的财产损失及增加的费用中，应由承包人承担的有（   ）。

A. 永久工程、已运至施工场地的材料和工程设备的损害

B. 因工程损害造成的第三者人员伤亡和财产损失

C. 承包人施工设备的损坏

D. 承包人人员伤亡

E. 发包人人员伤亡

F. 停工期间的工程照管费

G. 工程清理费

H. 修复工程费

I. 赶工费用

【答案】C、D

重点难点专项突破

1. 本考点还可以考核的题目有：

根据《标准施工招标文件》，因不可抗力事件导致的财产损失及增加的费用中，应由发包人承担的有（A、B、E、F、G、H、I）。

2. 本考点还可能会考核判断正误的表述题。

3. 还有一种命题形式是将各方面的损失金额一一列出，计算发包人应补偿承包人的金额。下面准备一道题目来练习：

某工程在施工过程中因不可抗力造成如下损失：永久工程损坏修复费用20万元，承包人受伤人员医药费4万元，施工设备损害损失5万元，应发包人要求赶工发生费用3万元，停工期间应发包人要求承包人清理现场费用4万元。承包人及时向项目监理机构提出索赔申请，并附有相关证明材料。根据《标准施工招标文件》，项目监理机构应批准的索赔金额为（　　）万元。

A. 20　　　　B. 23

C. 27　　　　D. 31

【答案】C

专项突破20　承包人索赔程序

例题：根据《标准施工招标文件》中的通用合同条款，承包人应在知道或应当知道索赔事件发生后28天内，向监理人递交（　　）。

A. 索赔意向通知书　　　　B. 索赔通知书

C. 延续索赔通知书　　　　D. 最终索赔通知书

【答案】A

重点难点专项突破

1. 本考点还可以考核的题目有：

（1）根据《标准施工招标文件》中的通用合同条款，承包人应在发出索赔意向通知书后28天内，向监理人正式递交（B）。

（2）根据《标准施工招标文件》中的通用合同条款，索赔事件具有连续影响的，承包人应按合理时间间隔继续递交（C）。

（3）根据《标准施工招标文件》中的通用合同条款，在索赔事件影响结束后的28天内，承包人应向监理人递交（D）。

2. 本考点还会以判断正确与错误说法的题目考核，会这样命题：

根据《标准施工招标文件》，关于承包人索赔程序的说法，正确的有（　　）。

A. 应在索赔事件发生后28天内，向监理人递交索赔意向通知书

B. 应在发出索赔意向通知书28天内，向监理人正式递交索赔通知书

C. 索赔事件具有连续影响的，应按合理时间间隔继续递交延续索赔通知书

D. 有连续影响的，应在递交延续索赔通知书28天内与发包人谈判确定当期索赔的额度

E. 有连续影响的，应在索赔事件影响结束后的28天内，向监理人递交最终索赔通知书

【答案】A、B、C、E

专项突破21　承包人索赔处理程序

例题：根据《标准施工招标文件》中的通用合同条款，监理人应与合同当事人商定或确定追加的付款和（或）延长的工期，并在收到索赔通知书或有关索赔的进一步证明材料后的（　　）天内，将索赔处理结果答复承包人。

A．14　　B．28

C．42　　D．56

【答案】C

重点难点专项突破

1. 本考点还可以考核的题目有：

根据《标准施工招标文件》中的通用合同条款，承包人接受索赔处理结果的，发包人应在作出索赔处理结果答复后（B）天内完成赔付。

2. 该考点如果通过判断正确与错误说法的题目考核，会这样命题：

关于对承包人索赔文件审核的说法，正确的是（　　）。

A. 监理人收到承包人提交的索赔通知书后，应及时转交发包人，监理人无权要求承包人提交原始记录

B. 监理人根据发包人的授权，在收到索赔通知书的60天内，将索赔处理结果答复承包人

C. 承包人不接受索赔处理结果的，应直接向法院起诉索赔

D. 承包人接受索赔处理结果的，发包人应在索赔处理结果答复后28天内完成赔付

【答案】D

专项突破22　承包人提出索赔的期限

例题：根据《标准施工招标文件》，承包人在提交的最终结清申请单中，可提出索赔的是（　　）。

A．工程接收证书颁发后发生的索赔

B．开工通知发出后发生的索赔

C．竣工验收申请前发生的索赔

D．竣工付款证书颁发前发生的索赔

E. 接收竣工付款证书之日

【答案】A

重点难点专项突破

1. 本考点还可以考核的题目有：

（1）根据《标准施工招标文件》，承包人按合同约定接受了竣工付款证书后，应被认为已无权再提出在（D）所发生的任何索赔。

（2）根据《标准施工招标文件》，合同工程接收证书颁发前发生的索赔事件，承包人有权提出索赔的最迟时间节点是（E）。

2. 选项B、C是可能会设置的干扰选项。

3. 本考点内容虽少，但考核的概率较大。除了上述命题形式外，还会以判断正确与错误说法的题目考核，比如：

根据《标准施工招标文件》，关于承包人提出索赔期限的说法，正确的是（　　）。

A. 按照合同约定接受竣工付款证书后，仍有权提出工程接收证书颁发前发生的索赔

B. 按照合同约定接受竣工验收证书后，无权提出工程接收证书颁发后发生的索赔

C. 按照合同约定提交的最终结清申请书中，只限于提出工程接收证书颁发前发生的索赔

D. 按照合同约定提交的最终结清申请书中，只限于提出工程接收证书颁发后发生的索赔

【答案】D

专项突破23　《标准施工招标文件》中合同条款规定的可以合理补偿承包人索赔的条款

例题：根据《标准施工招标文件》，下列引起承包人索赔的事件中，只能获得工期补偿的是（　　）。

A. 发包人提供图纸延误

B. 发包人延迟提供施工场地

C. 发包人提供材料和工程设备的规格数量不符合合同要求

D. 发包人原因发生交货日期及交货地点变更

E. 发包人提供的测量基准点、基准线和水准点及其他基准资料错误

F. 发包人增加合同工作内容**【2024年考过】**

G. 发包人原因改变合同中任一项工作的质量要求或其他特性

H. 发包人原因引起的暂停施工**【2024年考过】**

I. 发包人未按合同约定及时支付预付款、进度款

J. 发包人造成工期延误的其他原因

K. 发包人原因引起的暂停施工造成工期延误

L. 发包人原因引起造成暂停施工后无法按时复工

M．发包人原因造成工程质量达不到合同约定验收标准的
N．监理人对已覆盖的部位进行钻孔探测或重新检验，经检验证明工程质量符合合同要求的
O．因发包人提供的材料、工程设备造成工程不合格，需要承包人采取措施补救
P．承包人应监理人要求对材料、工程设备和工程重新检验且检验结果合格
Q．发包人在全部工程竣工前，使用已接收的单位工程导致承包人费用增加的
R．因发包人违约导致承包人暂停施工
S．施工场地发掘文物、古迹以及其他遗迹、化石、钱币或物品**【2024年考过】**
T．监理人未按合同约定发出指示、指示延误或指示错误
U．承包人遇到不利物质条件，监理人未发出指示**【2024年考过】**
V．发包人提供的材料或工程设备不符合合同要求
W．由于发包人的原因导致运行失败，且承包人采取措施保证试运行合格
X．因发包人原因造成的缺陷和损失
Y．因发包人原因进行进一步试验和试运行
Z．由于出现专用合同条款规定的异常恶劣气候的条件导致工期延误
A1．发包人要求向承包人提前交付货**【2024年考过】**
B1．采取合同未约定的安全作业环境及安全施工措施
C1．因发包人原因造成承包人人员工伤事故
D1．因物价波动引起的价格调整
E1．基准日后法律变化引起的价格调整
F1．因不可抗力导致永久工程以及因工程损害造成的第三者人员伤亡和财产损失
G1．不可抗力期间承包人应监理要求照管工程和清理、修复工程

【答案】Z

重点难点专项突破

1. 在考试中，只可索赔工期、只可索赔费用、只可索赔工期和费用、只可索赔费用和利润、可索赔工期、可索赔费用、可索赔利润的索赔事件互相作为干扰选项。还可能会作为考题的题目有：

（1）根据《标准施工招标文件》通用合同条款，承包人最有可能同时获得工期、费用和利润补偿的索赔事件有（A、B、C、D、E、F、G、H、I、J、K、L、M、N、O、P、Q、R）。

（2）根据《标准施工招标文件》的合同通用条件，承包人通常只能获得费用补偿，但不能得到利润补偿和工期顺延的事件有（A1、B1、C1、D1、E1、F1、G1）。

（3）根据《标准施工招标文件》通用合同条款，承包人可能同时获得工期和费用补偿，但不能获得利润补偿的索赔事件有（S、T、U、V）。

（4）根据《标准施工招标文件》，下列情形中，承包人可以得到费用和利润补偿而不能得到工期补偿的事件有（W、X、Y）。

（5）下列事件的发生，已经或将造成工期延误，则按照《标准施工招标文件》中相

关合同条件，可以获得工期补偿的有（A、B、C、D、E、F、G、H、I、J、K、L、M、N、O、P、Q、R、S、T、U、V、Z）。

（6）根据《标准施工招标文件》中的合同条款，下列引起承包人索赔的事件中，可以获得费用补偿的有（A、B、C、D、E、F、G、H、I、J、K、L、M、N、O、P、Q、R、S、T、U、V、W、X、Y、A1、B1、C1、D1、E1、F1、G1）。

（7）根据《标准施工招标文件》，下列索赔事件引起的费用索赔中，可以获得利润补偿的有（A、B、C、D、E、F、G、H、I、J、K、L、M、N、O、P、Q、R、W、X、Y）。

2. 合理补偿承包人索赔条款的考核还有如下题型：

（1）根据《标准施工招标文件》中的合同条款，关于合理补偿承包人索赔的说法，正确的有（　　）。

A. 承包人遇到不利物质条件可进行工期和费用索赔

B. 基准日后因法律变化引起的价格调整只能进行费用索赔

C. 异常恶劣天气导致工期延误只能进行工期索赔

D. 发包人原因引起的暂停施工可以进行工期、费用和利润索赔

E. 发包人提供资料错误只可以进行工期、费用

【答案】A、B、C、D

（2）某施工项目6月份因异常恶劣的气候条件停工3天，停工费用8万元；之后因停工待图损失3万元，因施工质量不合格，返工费用4万元。根据《标准施工招标文件》，施工承包商可索赔的费用为（　　）万元。

A. 15　　　　B. 11

C. 7　　　　D. 3

【答案】D

【解析】异常恶劣的气候条件停工3天，停工费用8万元，只可索赔工期3天。因施工质量不合格，返工费用4万元属于承包人的原因，不可索赔费用。因停工待图损失3万元，属于发包人的责任，可索赔费用3万元。

专项突破24　施工合同纠纷审理相关规定

例题：根据《最高人民法院关于审理建设工程施工合同纠纷案件适用法律问题的解释（一）》（法释〔2020〕25号），当事人对建设工程实际竣工日期有争议，如果建设工程经竣工验收合格的，应以（　　）为竣工日期。

A．竣工验收合格之日

B．承包人提交验收报告之日

C．以转移占有建设工程之日

D．交付之日

E．提交竣工结算文件之日

F．当事人起诉之日

【答案】A

重点难点专项突破

1. 本考点还可以考核的题目有：

（1）根据《最高人民法院关于审理建设工程施工合同纠纷案件适用法律问题的解释（一）》（法释〔2020〕25号），当事人对建设工程实际竣工日期有争议，承包人已经提交竣工验收报告，发包人拖延验收的，以（B）为竣工日期。

（2）根据《最高人民法院关于审理建设工程施工合同纠纷案件适用法律问题的解释（一）》（法释〔2020〕25号），当事人对建设工程实际竣工日期有争议，建设工程未经竣工验收，发包人擅自使用的，以（C）为竣工日期。

（3）根据《最高人民法院关于审理建设工程施工合同纠纷案件适用法律问题的解释（一）》（法释〔2020〕25号），当事人对工程价款利息有争议，付款时间没有约定或者约定不明。如果建设工程已实际交付的，付款时间为（D）。

（4）根据《最高人民法院关于审理建设工程施工合同纠纷案件适用法律问题的解释（一）》（法释〔2020〕25号），当事人对工程价款利息有争议，付款时间没有约定或者约定不明。如果建设工程没有交付的，付款时间为（E）。

（5）根据《最高人民法院关于审理建设工程施工合同纠纷案件适用法律问题的解释（一）》（法释〔2020〕25号），当事人对工程价款利息有争议，付款时间没有约定或者约定不明。如果建设工程未交付，工程价款也未结算的，付款时间为（F）。

2. 本考点还需要掌握以下采分点：

命题形式	采分点
根据《最高人民法院关于审理建设工程施工合同纠纷案件适用法律问题的解释（一）》（法释〔2020〕25号），对开工日期有争议的，开工通知发出后，尚不具备开工条件的，以（　　）为开工日期	开工条件具备的时间
根据《最高人民法院关于审理建设工程施工合同纠纷案件适用法律问题的解释（一）》（法释〔2020〕25号），对开工日期有争议的，承包人经发包人同意已经实际进场施工的，以（　　）为开工日期	实际进场施工时间
根据《最高人民法院关于审理建设工程施工合同纠纷案件适用法律问题的解释（一）》（法释〔2020〕25号），对顺延工期有争议的，当事人约定顺延工期应当经发包人或者监理人签证等方式确认，承包人虽未取得工期顺延的确认，但能够证明在合同约定的期限内向发包人或者监理人申请过工期顺延且顺延事由符合合同约定，承包人以此为由主张工期顺延的，人民法院应（　　）	应予支持
建设工程竣工前，当事人对工程质量发生争议，工程质量经鉴定合格的，鉴定期间为（　　）	顺延工期期间
当事人约定按照固定价结算工程价款，一方当事人请求对建设工程造价进行鉴定的，人民法院（　　）	不予支持

续表

命题形式	采分点
有下列（　　）情形之一，承包人请求发包人返还工程质量保证金的，人民法院应予支持	（1）当事人约定的工程质量保证金返还期限届满。 （2）当事人未约定工程质量保证金返还期限的，自建设工程通过竣工验收之日起满2年。 （3）因发包人原因建设工程未按约定期限进行竣工验收的，自承包人提交工程竣工验收报告90日后当事人约定的工程质量保证金返还期限届满；当事人未约定工程质量保证金返还期限的，自承包人提交工程竣工验收报告90日后起满2年
当事人就同一建设工程订立的数份建设工程施工合同均无效，但建设工程质量合格，一方当事人请求参照实际履行的合同关于工程价款的约定折价补偿承包人的，人民法院（　　）	应予支持
实际履行的合同难以确定，当事人请求参照最后签订的合同关于工程价款的约定折价补偿承包人的，人民法院（　　）	应予支持

专项突破25　设计施工总承包合同文件的组成及优先解释顺序

例题：根据《标准设计施工总承包招标文件》，合同文件包括：① 承包人建议书；② 中标通知书；③ 合同协议书。仅就上述组成文件而言，正确的优先解释顺序为（　　）。

A. ①—②—③　　B. ③—①—②

C. ①—③—②　　D. ③—②—①

【答案】 D

重点难点专项突破

合同文件会考核两个采分点，一是组成；二是解释顺序。设计施工总承包合同文件的内容及优先解释顺序如下：① 合同协议书；② 中标通知书；③ 投标函及投标函附录；④ 专用合同条款；⑤ 通用合同条款；⑥ 发包人要求；⑦ 承包人建议书；⑧ 价格清单；⑨ 其他合同文件。

承包人建议书是对“发包人要求”的响应文件，包括工程设计方案和设备方案说明、分包方案，以及对发包人要求中错误的说明。**【2024年考过】**

专项突破26　工程总承包合同订立时需明确的内容

项目	内容
承包人文件	承包人文件中最主要的是设计文件，需在专用合同条款中约定承包人向监理人陆续提供文件的内容、数量和时间

续表

项目	内容
施工现场范围和施工临时占地	（1）明确工程用地的范围、移交施工现场的时间。 （2）明确从外部接入现场的施工用水、用电、用气等
发包人提供的文件	明确约定由发包人提供文件的内容、数量和期限
“发包人要求”中出现错误或违法情况的责任承担	发包人对“发包人要求”中错误的修改，按变更对待。对于发包人要求中的错误导致承包人受到损失的，通用合同条款给出两种供选择的条款。 （1）无条件补偿条款。承包人复核时未发现发包人要求的错误，实施过程中因该错误导致承包人增加费用和（或）工期延误，发包人应承担由此增加的费用和（或）工期延误，并向承包人支付合理利润。 （2）有条件补偿条款： ① 承包人复核时对发现的错误通知发包人后，发包人坚持不做修改的，对确实存在错误造成的损失，应补偿承包人增加的费用和（或）顺延合同工期。 ② 承包人复核时未发现发包人要求中存在错误的，承包人自行承担由此导致增加的费用和（或）工期延误
材料和工程设备	在通用合同条款给出两种供选择的条款： （1）由承包人包工包料承包，发包人不提供工程材料和设备。 （2）发包人负责提供主材料和工程设备的包工部分包料承包方式。应在专用合同条款中写明材料和工程设备的名称、规格、数量、价格、交货方式、交货地点等
发包人提供的施工设备和临时工程	通用合同条款给出两种供选择的条款： （1）发包人不提供施工设备或临时设施。 （2）发包人提供部分施工设备或临时设施。这种情况通常出现在设计施工承包范围仅是单位工程，还有其他承包人在现场共同施工，可以由其他承包人按监理人的指示给设计施工合同的承包人使用，如道路和临时设施；水、电、气的供应等。因此，在专用合同条款中应明确约定提供的内容，免费使用或是收费使用的取费标准
区段工程	在专用合同条款中约定分部移交区段的名称、区段工程应达到的要求
暂列金额	（1）计日工和暂估价均已包括在合同价格内，实施过程中不再另行考虑。 （2）是实际发生的费用另行补偿。 订立合同时需明确采用哪一个条款
不可预见物质条件	通用条款中对风险责任承担的规定有两个供选择的条款：一是此风险由承包人承担；二是此风险由发包人承担
竣工后试验	竣工后试验由谁来进行，通用合同条款给出两种可供选择的条款： （1）发包人负责竣工后试验。发包人应派遣具有适当资质和经验的工作人员在承包人的技术指导下，按照操作和维修手册进行竣工后试验。 （2）承包人负责竣工后试验。承包人应提供竣工后试验所需要的所有其他设备、仪器，派遣有资格和经验的工作人员，在发包人在场的情况下进行竣工后试验

重点难点专项突破

1. 关于订立合同时需明确的内容，考核的面较广，建议考生每项内容都要记。

2. 本考点可能会这样命题：

（1）根据《标准设计施工总承包招标文件》，承包人文件中最主要的文件是（　　）。

A. 设计文件　　B. 施工组织设计

C. 价格清单　　D. 承包人建议书

【答案】A

（2）根据《标准设计施工总承包招标文件》，对于发包人要求中的错误，在订立合同时的处理方式是（　　）。

A. 将有条件补偿条款写入专用条款

B. 将无条件补偿条款写入专用条款

C. 选用无条件补偿条款或有条件补偿条款

D. 明确复核未发现原始数据错误造成的损失由承包人承担

【答案】C

（3）根据《标准设计施工总承包招标文件》，对于施工中遇到的不可预见物质条件风险，正确的处理方式是（　　）。

A. 由发包人承担风险　　B. 在合同中明确风险承担方

C. 由承包人承担风险　　D. 由合同双方共担风险

【答案】B

（4）根据《标准设计施工总承包招标文件》，合同双方需在专用合同条款中约定承包人向监理人提供的设计文件的（　　）。

A. 内容　　B. 格式

C. 数量　　D. 地点

E. 时间

【答案】A、C、E

专项突破27　工程总承包合同履行——设计工作

例题：承包人的设计文件提交监理人后，发包人应组织设计审查，按照发包人要求文件中约定的范围和内容审查是否满足合同要求。发包人审查后认为设计文件不符合合同约定时将产生的后果有（　　）。

A. 监理人将审查结果以书面形式通知承包人

B. 承包人根据监理人的书面说明，对承包人文件进行修改后重新报送发包人审查

C. 承包人的设计文件已获发包人同意

D. 按审查意见修改设计文件

E. 根据新提出的发包人要求修改设计文件

【答案】A、B

重点难点专项突破

1. 本考点还可以考核的题目有：

（1）承包人的设计文件提交监理人后，发包人应组织设计审查。合同约定的审查期限届满，发包人没有做出审查结论也没有提出异议的，视为（C）。

（2）设计文件需政府有关部门审查或批准的工程，发包人应向政府有关部门报送设计文件。政府有关部门认为不需要修改“发包人要求”文件的，承包人应（D）。

（3）对于设计文件需政府有关部门审查或批准的工程，政府有关部门审查后认为需要修改“发包人要求”文件的，承包人应（E）。

2. 上述题目考核的均是“后果”类的采分点，再来看一个关于时限的采分点：

（1）发包人组织设计审查的时限：监理人收到承包人的设计文件之日起21天内。

（2）发包人向政府有关部门报送设计的时限：审查同意承包人的设计文件后7天内。

专项突破28　工程总承包合同履行——工程进度管理

例题：根据《标准设计施工总承包招标文件》，在履行合同过程中非承包人原因导致合同进度计划工作延误，应给承包人延长工期和（或）增加费用，并支付合理利润。下列导致合同进度计划工作延误的原因中，属于发包人责任原因的有（　　）。

A．变更

B．未能按照合同要求的期限对承包人文件进行审查

C．因发包人原因导致的暂停施工

D．未按合同约定及时支付预付款、进度款

E．发包人提供的基准资料错误

F．发包人采购的材料、工程设备延误到货或变更交货地点

G．发包人未及时按照“发包人要求”履行相关义务

H．审批迟延

【答案】A、B、C、D、E、F、G

重点难点专项突破

1. 本考点还可以考核的题目有：

下列导致合同进度计划工作延误的原因中，属于政府管理部门责任原因的是（H）。

2. 发包人责任原因及政府管理部门责任原因可互为干扰项。

专项突破29　工程总承包合同履行——工程款支付管理

例题：根据《标准设计施工总承包招标文件》，承包人应根据价格清单的价格构成、费用性质、计划发生时间和相应工作量等因素，对拟支付的款项进行分解并编制支付分解表。在分解勘察设计费时，应遵循的分解原则是（　　）。

A．按照提交勘察设计阶段性成果文件的时间、对应的工作量进行分解

B．按订立采购合同、进场验收合格、安装就位、工程竣工等阶段和专用条款约定的比例进行分解

C．按照价格清单中的单价，结合合同进度计划对应的工作量进行分解

D．按照价格清单中的价格，结合合同进度计划拟完成的工程量或者比例进行分解

【答案】A

重点难点专项突破

1. 本考点还可以考核的题目有：

（1）根据《标准设计施工总承包招标文件》，对材料和工程设备费进行分解并编制支付分解表时，应遵循的分解原则是（B）。

（2）根据《标准设计施工总承包招标文件》，对技术服务培训费进行分解并编制支付分解表时，应遵循的分解原则是（C）。

（3）根据《标准设计施工总承包招标文件》，对其他工程价款进行分解并编制支付分解表时，应遵循的分解原则是（D）。

2. 例题题干还涉及一个采分点——承包人对拟支付的款项进行分解应考虑的因素（即画线部分），可能会考核一道多项选择题。

3. 工程总承包合同价格组成有下列规定：

（1）合同价格包括签约合同价以及按照合同约定进行的调整；

（2）合同价格包括承包人依据法律规定或合同约定应支付的规费和税金；

（3）价格清单列出的任何数量仅为估算的工作量，不视为要求承包人实施工程的实际或准确工作量。

专项突破30　工程总承包合同履行——竣工验收

例题：根据《标准设计施工总承包招标文件》，竣工试验分三阶段进行，其中第一阶段进行的是（　　）。

A．功能性试验

B．保证工程满足合同要求的试验

C．工程能安全运行，可以进行其他竣工试验

D．产能及环保指标测试

【答案】A

重点难点专项突破

1. 本考点还可以考核的题目有：

（1）根据《标准设计施工总承包招标文件》，竣工试验分三阶段进行，其中第二阶段进行的是（B）。

（2）根据《标准设计施工总承包招标文件》，竣工试验分三阶段进行，其中第三阶段进行的是（C）。

2. 选项D是可能会出现的干扰选项。

3. 除了以上题目外，考生还需要掌握以下采分点：

（1）承包人申请竣工试验应提前21天将申请竣工试验的通知送达监理人，监理人应在14天内，确定竣工试验的具体时间。

（2）当某项竣工试验未能通过时，承包人应按照监理人的指示限期改正，并承担合同约定的相应责任。

专项突破31 专业分包合同规定的承包人的权利和义务

项目	内容
承包人的义务	（1）承包人应提供总包合同（有关承包工程的价格内容除外）供分包人查阅。**【2012年考过】** （2）向分包人提供根据总包合同由发包人办理的与分包工程相关的各种证件、批件、各种相关资料，向分包人提供具备施工条件的施工场地。 （3）组织分包人参加发包人组织的图纸会审，向分包人进行设计图纸交底。 （4）提供合同专用条款中约定的设备和设施，并承担因此发生的费用。 （5）随时为分包人提供确保分包工程的施工所要求的施工场地和通道等，满足施工运输的需要，保证施工期间的畅通。 （6）负责整个施工场地的管理工作，协调分包人与同一施工场地的其他分包人之间的交叉配合，确保分包人按照经批准的施工组织设计进行施工。 （7）为运至施工场地内用于分包工程的材料和待安装设备办理保险。发包人已经办理的保险视为承包人办理的保险
承包人的权利	就分包工程范围内的有关工作，承包人随时可以向分包人发出指令，分包人应执行承包人根据分包合同所发出的所有指令

重点难点专项突破

1. 本考点内容不多，掌握上述内容即可。

2. 本考点可能会这样命题：

（1）根据《建设工程施工专业分包合同（示范文本）》GF—2003—0213，承包人应提供总包合同供分包人查阅，但可以不包括其中有关（ ）。**【2012年真题】**

A. 承包工程的进度要求　　B. 项目业主的情况

C. 违约责任的条款　　D. 承包工程的价格内容

【答案】D

（2）根据《建设工程施工专业分包合同（示范文本）》GF—2003—0213，工程承包人的主要责任和义务包括（ ）。

A. 组织分包人参加发包人组织的图纸会审，向分包人进行设计图纸交底

B. 负责整个施工场地的管理工作，协调分包人与同一施工场地的其他分包人之间的交叉配合

C. 负责提供专业分包合同专用条款中约定的保修与试车，并承担由此发生的费用

D. 随时为分包人提供确保分包工程施工所要求的施工场地和通道，满足施工运输需要

E. 负责整个施工场地的管理工作，协调分包人与同一施工场地的其他分包人之间的交叉配合

【答案】A、B、D、E

专项突破32　专业工程分包人的主要责任和义务

- 分包人（另有约定除外）
  - 履行并承担与分包工程有关的承包人的所有义务与责任【2019年考过】
  - 分包人须服从承包人转发的发包人或工程师（监理人）与分包工程有关的指令【2019年、2020年、2021年考过】
  - 未经承包人允许，禁止与发包人或工程师（监理人）发生直接工作联系（如发生，视为违约）【2020年考过】
  - 禁止直接致函发包人或工程师（监理人）
禁止直接接受发包人或工程师（监理人）的指令
  - 执行承包人根据分包合同所发出的所有指令
  - 1. 按约定对分包工程设计、施工、竣工和保修。
    2. 按约定完成规定设计内容，承包人承担费用。【2019年考过】
    3. 提交施工组织设计。【2019年、2023年考过】
    4. 工作时间内允许承包人、发包人、工程师（监理人）及其三方中任何一方授权的人员进入施工场地或材料存放地点，以及其他有关的任何工作或准备地点。【2020年考过】
    5. 负责已完分包工程的成品保护工作，承包人要求分包人采取特殊措施保护的工程部位和相应的追加合同价款，在合同专用条款内约定【2021年、2023年考过】

重点难点专项突破

1. 本考点考核以判断正误的表述题为主，每一句话都可能作为备选项出现，考生应多加关注。

2. 本考点可能会这样命题：

（1）根据《建设工程施工专业分包合同（示范文本）》GF—2003—0213，关于专业工程分包人、承包人以及发包人关系的说法，正确的是（　　）。

A. 专业工程分包人须服从承包人转发的发包人与分包工程相关的指令

B. 承包人不在场时，专业工程分包人可以直接接受监理人的工作指令

C. 发包人可以直接向专业工程分包人下达工作指令

D. 不经承包人批准，专业工程分包人不得允许发包人进入分包工程施工现场

【答案】A

（2）根据《建设工程施工专业分包合同（示范文本）》GF—2003—0213，下列工作中，属于分包人的工作有（　　）。

A. 对分包工程进行深化设计、施工、竣工和保修

B. 负责已完分包工程的成品保护工作

C. 向监理人提供进度计划及进度统计报表

D. 向承包人提交详细的施工组织设计

E. 直接履行监理工程师的工作指令

【答案】A、B、D

专项突破33　专业分包合同管理

例题：根据《建设工程施工专业分包合同（示范文本）》GF—2003—0213，分包人应按照合同协议书约定的开工日期开工。不能按时开工的，应在不迟于合同协议书约定的开工日期前（　　）天，以书面形式向承包人提出延期开工的理由。

A. 3　　B. 5

C. 7　　D. 10

E. 14　　F. 24

G. 28　　H. 48

【答案】B

重点难点专项突破

1. 本考点还可以考核的题目有：

（1）根据《建设工程施工专业分包合同（示范文本）》GF—2003—0213，承包人应在接到延期开工申请后的（H）h内以书面形式答复分包人。

（2）根据《建设工程施工专业分包合同（示范文本）》GF—2003—0213，承包人未按分包合同专用条款的约定提供图纸、开工条件、设备设施、施工场地造成分包工程工期延误，分包人应在该情况发生后（E）天内，就延误的工期以书面形式向承包人提出报告。

因下列原因之一造成分包工程工期延误，经项目经理确认，工期相应顺延：

（1）承包人根据总包合同从工程师处获得与分包合同相关的竣工时间延长；

（2）承包人未按分包合同专用条款的约定提供图纸、开工条件、设备设施、施工场地；

（3）承包人未按约定日期支付工程预付款、进度款，致使分包工程施工不能正常进行；

（4）项目经理未按分包合同约定提供所需的指令、批准或所发出的指令错误，致使分包工程施工不能正常进行；

（5）非分包人原因的分包工程范围内的工程变更及工程量增加；

（6）不可抗力的原因；

（7）分包工程专用合同条款中约定的或项目经理同意工期顺延的其他情况。

（3）根据《建设工程施工专业分包合同（示范文本）》GF—2003—0213，发包人或监理人认为确有必要暂停施工时，应以书面形式通过承包人向分包人发出暂停施工指令，并在提出要求后（H）h内提出书面处理意见。

（4）根据《建设工程施工专业分包合同（示范文本）》GF—2003—0213，分包人应按分包工程专用合同条款约定的时间向承包人提交已完工程量报告，承包人接到报告后（C）天内自行按设计图纸计量或报经监理人计量。

（5）根据《建设工程施工专业分包合同（示范文本）》GF—2003—0213，承包人在自行计量或由监理人计量前（F）h应通知分包人，分包人为计量提供便利条件并派人参加。

（6）根据《建设工程施工专业分包合同（示范文本）》GF—2003—0213，在确认计量结果后（D）天内，承包人向分包人支付工程款（进度款）。**【2024年考过】**

（7）根据《建设工程施工专业分包合同（示范文本）》GF—2003—0213，承包人应在收到分包人提供的竣工验收报告之日起（A）日内通知发包人进行验收，分包人应配合承包人进行验收。

（8）根据《建设工程施工专业分包合同（示范文本）》GF—2003—0213，分包工程竣工验收报告经承包人认可后（E）天内，分包人向承包人递交分包工程竣工结算报告及完整的结算资料，双方按照约定进行工程竣工结算。

（9）根据《建设工程施工专业分包合同（示范文本）》GF—2003—0213，承包人收到分包人递交的分包工程竣工结算报告及结算资料后（G）天内进行核实，给予确认或者提出明确的修改意见。

（10）根据《建设工程施工专业分包合同（示范文本）》GF—2003—0213，承包人确认竣工结算报告后（C）天内向分包人支付分包工程竣工结算价款。

（11）根据《建设工程施工专业分包合同（示范文本）》GF—2003—0213，分包人收到竣工结算价款之日起（C）天内，将竣工工程交付承包人。

2. 本考点中还应掌握的一些采分点：

（1）分包合同价款与总包合同相应部分价款无任何连带关系。**【2024年考过】**

（2）分包工程合同价款应与总包合同约定的方式一致，通常有三种方式：固定价格、可调价格、成本加酬金。**【2024年考过】**

（3）分包合同约定的工程变更调整的合同价款、合同价款的调整、索赔的价款或费用及其他约定的追加合同价款，应与工程进度款同期调整支付。**【2021年考过】**

（4）分包人收到通知后不参加计量，计量结果有效，作为工程价款支付的依据；承包人不按约定时间通知分包人，致使分包人未能参加计量，计量结果无效。

（5）对分包人自行超出设计图纸范围和因分包人原因造成返工的工程量，承包人也不予计量。

（6）在施工场地涉及危险地区或需要安全防护措施施工时，分包人应提出安全防护措施，经承包人批准后实施，发生的相应费用由承包人承担。

（7）分包工程竣工日期为分包人提供竣工验收报告之日。

专项突破34　专业分包违约

例题：根据《建设工程施工专业分包合同（示范文本）》GF—2003—0213，发生下列

（　　）情形的，视为分包人违约。

A．分包人与发包人或监理人发生直接工作联系

B．分包人将其承包的分包工程转包或再分包

C．因分包人原因不能按照分包合同协议书约定的竣工日期或承包人同意顺延的工期竣工

D．因分包人原因工程质量达不到约定的质量标准

E．承包人不按分包合同的约定支付工程预付款、工程进度款，导致施工无法进行

F．承包人不按分包合同的约定支付工程竣工结算价款

【答案】 A、B、C、D

重点难点专项突破

本考点还可以考核的题目有：

根据《建设工程施工专业分包合同（示范文本）》GF—2003—0213，发生下列（E、F）情形的，视为承包人违约。

专项突破35　工程承包人与劳务分包人的主要义务

例题：根据《建设工程施工劳务分包合同（示范文本）》GF—2003—0214，工程承包人的义务包括（　　）。

A．组织实施施工管理的各项工作，对工程的工期和质量向发包人负责

B．向劳务分包人交付具备本合同项下劳务作业开工条件的施工场地

C．满足劳务作业所需的能源供应、通信及施工道路畅通

D．向劳务分包人提供相应的工程资料

E．向劳务分包人提供生产、生活临时设施

F．负责编制施工组织设计**【2009年考过】**

G．组织编制年、季、月施工计划、物资需用量计划表**【2009年考过】**

H．负责工程测量定位、沉降观测、技术交底，组织图纸会审**【2009年考过】**

I．按时提供图纸

J．交付材料、设备，所提供的施工机械设备、周转材料、安全设施保证施工需要

K．向劳务分包人支付劳动报酬

L．负责与发包人、监理、设计及有关部门联系，协调现场工作关系**【2009年考过】**

【答案】 A、B、C、D、E、F、G、H、I、J、K、L

重点难点专项突破

1. 本考点还可以考核的题目有：

根据《建设工程施工劳务分包合同》GF—2003—0214，在劳务分包人施工前，工程承包人应完成的工作有（B、C、D、E）。

2. 选项K中提到的劳动报酬的计算方式有哪些？应在什么时间进行最终支付？

劳务报酬的计算方式。劳务报酬的计算通常有以下三种方式：① 固定劳务报酬（含管理费）；② 约定不同工种劳务的计时单价（含管理费），按确认的工时计算；③ 约定不同工作成果的计件单价（含管理费），按确认的工程量计算。

全部工作完成，经工程承包人认可后14天内，劳务分包人向工程承包人递交完整的结算资料，双方按照本合同约定的计价方式，进行劳务报酬的最终支付。

3. 关于劳务分包人的主要义务通过下面这道题目来说明。

某建设工程项目中，甲公司作为工程发包人与乙公司签订了工程承包合同，乙公司又与劳务分包人丙公司签订了该工程的劳务分包合同。则在劳务分包合同中，关于丙公司应承担义务的说法，正确的有（　　）。**【2011年真题】**

A. 丙公司须服从乙公司转发的发包人及工程师的指令

B. 丙公司应自觉接受乙公司及有关部门的管理、监督和检查

C. 丙公司未经乙公司授权或允许，不得擅自与甲公司及有关部门建立工作联系

D. 丙公司应按时提交报表、有关的技术经济资料，配合乙公司办理交工验收

E. 丙公司负责组织实施施工管理的各项工作，对工期和质量向发包人负责

【答案】 A、B、C

【解析】 劳务分包人义务：① 对劳务分包合同劳务分包范围内的工程质量向工程承包人负责，组织具有相应资格证书的熟练工人投入工作；服从工程承包人转发的发包人及监理人的指令；未经工程承包人授权或允许，不得擅自与发包人及有关部门建立工作联系；自觉遵守法律法规及有关规章制度。② 根据施工组织设计总进度计划的要求，每月底前提交下月施工计划，有阶段工期要求的提交阶段施工计划，必要时按工程承包人要求提交旬、周施工计划，以及与完成上述阶段、时段施工计划相应的劳动力安排计划，经工程承包人批准后严格实施。③ 严格按照设计图纸、施工验收规范、有关技术要求及施工组织设计精心组织施工，确保工程质量达到约定的标准；承担由于自身责任造成的质量修改、返工、工期拖延、安全事故、现场脏乱造成的损失及各种罚款；做好施工场地周围建筑物、构筑物和地下管线和已完工程部分的成品保护工作，因劳务分包人责任发生损坏，劳务分包人自行承担由此引起的一切经济损失及各种罚款。④ 对其作业内容的实施、完工负责，应承担并履行总（分）包合同约定的、与劳务作业有关的所有义务及工作程序。选项D，乙公司应按时提交报表、有关的技术经济资料。选项E，乙公司负责。

专项突破36　劳务分包合同关于办理保险的规定

例题： 根据《建设工程施工劳务分包合同（示范文本）》GF—2003—0214，必须由劳务分包人办理并支付保险费用的有（　　）。**【2013年考过】**

A. 施工场地内的自有人员及第三人人员生命财产办理的保险

B. 运至施工场地用于劳务施工的材料办理保险

C. 运至施工场地用于劳务施工的待安装设备办理保险

D. 租赁施工机械设备办理保险

E．从事危险作业的职工办理意外伤害保险**【2023年考过】**

F．施工场地内自有人员生命财产和施工机械设备办理保险

【答案】E、F

重点难点专项突破

1. 本考点还可以考核的题目有：

（1）根据《建设工程施工劳务分包合同（示范文本）》GF—2003—0214，劳务分包人施工开始前，工程承包人应获得发包人办理，且不需劳务分包人支付保险费用的是（A）。

（2）根据《建设工程施工劳务分包合同（示范文本）》GF—2003—0214，由工程承包人办理或获得保险，且不需劳务分包人支付保险费用的有（B、C）。

（3）根据《建设工程施工劳务分包合同（示范文本）》GF—2003—0214，必须由工程承包人办理保险，并支付保险费用的有（D）。

2. 本考点还可能会考核判断正确与错误说法的综合题目，在2013年考试中是给出办理的保险事项，判断办理人员。这也是上述例题的逆向命题。

根据《建设工程施工劳务分包合同（示范文本）》GF—2003—0214，从事危险作业职工的意外伤害保险应由（　　）办理。**【2013年真题】**

A. 发包人　　　　B. 施工承包人

C. 专业分包人　　D. 劳务分包人

【答案】D

专项突破37　劳务分包合同发生不可抗力事件损失的分担原则

例题：根据《建设工程施工劳务分包合同（示范文本）》GF—2003—0214，因不可抗力事件导致的损失及增加的费用中，应由工程承包人承担的有（　　）。

A．工程本身的损害

B．因工程损坏造成的第三者人员伤亡和财产损失

C．运至施工场地用于劳务作业的材料和待安装的设备的损害

D．工程承包人的人员伤亡

E．劳务分包人自有施工设备损坏及停工损失

F．劳务分包人的人员伤亡

G．工程承包人提供给劳务分包人使用的机械设备损坏造成的停工损失

H．工程承包人提供给劳务分包人使用的机械设备损坏

I．停工期间应工程承包人项目经理要求留在施工场地的必要的管理人员及保卫人员的费用

J．工程清理费

K．修复工程费

【答案】A、B、C、D、H、I、J、K

重点难点专项突破

1. 本考点还可以考核的题目有：

根据《建设工程施工劳务分包合同（示范文本）》GF—2003—0214，因不可抗力事件导致的损失及增加的费用中，应由劳务分包人承担的有（E、F、G）。

2. 本考点还会以判断正确与错误说法的题目考核，比如：

根据《建设工程施工劳务分包合同（示范文本）》GF—2003—0213，关于不可抗力事件造成的费用分担原则的说法，正确的是（　　）。

A. 劳务分包人的自有机械设备损坏应由劳务分包人自行承担

B. 劳务分包人的人员伤亡应由工程承包人负责并承担相应费用

C. 运至施工现场用于劳务作业的材料的损失应由劳务分包人承担

D. 工程承包人提供给劳务分包人使用的机械设备损坏应由劳务分包人承担

【答案】A

专项突破38　材料采购合同中合同价格与支付的规定

例题：除专用合同条款另有约定外，供货周期不超过（　　）个月的签约合同价为固定价格。

A. 10　　B. 12

C. 5　　D. 28

【答案】B

重点难点专项突破

1. 本考点还可以考核的题目有：

（1）供货周期超过（B）个月且合同材料交付时材料价格变化超过专用合同条款约定的幅度的，双方应按照专用合同条款中约定的调整方法对合同价格进行调整。

（2）材料采购合同生效后，买方在收到卖方开具的注明应付预付款金额的财务收据正本一份并经审核无误后（D）日内，应向卖方支付签约合同价的10%作为预付款。

（3）材料采购合同的卖方按照合同约定的进度交付合同材料并提供相关服务后，买方应在收到卖方提交的相关单据并经审核无误后（D）日内，应向卖方支付进度款，进度款支付至该批次合同材料的合同价格的95%。

注意：上题中画线的"提交的相关单据"包括：卖方出具的交货清单正本一份；买方签署的收货清单正本一份；制造商出具的出厂质量合格证正本一份；合同材料验收证书或进度款支付函正本一份；合同价格100%金额的增值税发票正本一份。

（4）全部合同材料质量保证期届满后，买方应在收到卖方提交的由买方签署的质量保证期届满证书并经审核无误后（D）日内，向卖方支付合同价格5%的结清款。

注意：第（2）～（4）题中画线的数据也可能会采用单项选择题考核。

2. 除了上述题目涉及的采分点外，本考点还能考核的内容有：

（1）合同协议书中载明的签约合同价包括卖方为完成合同全部义务应承担的一切成本、费用和支出以及卖方的合理利润。

（2）当卖方应向买方支付合同项下的违约金或赔偿金时，买方有权从预付款、进度款及结清款中的任何一笔应付款中予以直接扣除和（或）兑付履约保证金。

（3）除专用合同条款另有约定外，买方应通过预付款、进度款、结清款向卖方支付合同价款。

专项突破39　材料采购合同中检验和验收的规定

例题：下列关于材料采购合同检验和验收相关事项的说法中，正确的有（　　）。

A．合同材料交付前，卖方应对其进行全面检验

B．合同材料交付后，买方应在专用合同条款约定的期限内安排对合同材料的规格、质量等进行检验

C．买方应在检验日期3日前将检验的时间和地点通知卖方，卖方应自负费用派遣代表参加检验

D．卖方未按买方通知到场参加检验的，检验可正常进行，卖方应接受对合同材料的检验结果

E．合同材料经检验合格，买卖双方应签署合同材料验收证书

F．合同材料验收证书的签署不能免除卖方在质量保证期内对合同材料应承担的保证责任

G．可以约定由拥有资质的第三方检验机构对合同材料进行检验

【答案】A、B、C、D、E、F、G

重点难点专项突破

1. 本考点内容不多，主要掌握上述备选项内容即可。

2. 看过选项G后，请考生思考一个问题：检验方式还有哪些呢？检验按照专用合同条款约定的下列一种方式进行：

（1）由买方对合同材料进行检验；

（2）由专用合同条款约定的拥有资质的第三方检验机构对合同材料进行检验；

（3）专用合同条款约定的其他方式。

专项突破40　设备采购合同中合同价格与支付的规定

例题：设备采购合同生效后，买方在收到卖方开具的注明应付预付款金额的财务收据正本一份并经审核无误后28日内，应向卖方支付签约合同价的（　　）作为预付款。

A．5%　　　　B．10%

C．25%　　　　　　　　　　　　　　　　D．60%

【答案】B

重点难点专项突破

1. 本考点还可以考核的题目有：

（1）卖方按合同约定交付全部合同设备后，买方应在收到卖方提交的相关单据并经审核无误后28日内，向卖方支付合同价格的（D）作为交货款。

（2）买方在收到卖方提交的买卖双方签署的合同设备验收证书或已生效的验收款支付函正本一份并经审核无误后28日内，应向卖方支付合同价格的（C）作为验收款。

（3）买方在收到卖方提交的买方签署的质量保证期届满证书或已生效的结清款支付函正本一份并经审核无误后28日内，应向卖方支付合同价格的（A）作为结清款。

（4）除专用合同条款另有约定外，在买方向卖方支付验收款的同时或其后的任何时间内卖方可在向买方提交买方可接受的金额为合同价格（A）的合同结清款保函的前提下，要求买方支付合同结清款，买方不得拒绝。

2. 上述（1）中的“相关单据”包括：①卖方出具的交货清单正本一份；②买方签署的收货清单正本一份；③制造商出具的出厂质量合格证正本一份；④合同价格100%金额的增值税发票正本一份。

专项突破41　设备采购合同中监造和交货前检验的规定

例题：专用合同条款约定买方参与交货前检验的，合同设备交货前，卖方应会同买方代表根据合同约定对合同设备进行交货前检验并出具交货前检验记录。下列关于交货前检验相关事项的说法中，正确的有（　　）。

A．交货前检验的有关费用由卖方承担

B．买方参与交货前检验的，卖方应免费为其代表提供工作条件及便利

C．除另有约定外，买方代表的交通、食宿费用由买方承担

D．买方代表参与交货前检验及签署交货前检验记录的行为，不视为对合同设备质量的确认

E．买方代表参与交货前检验及签署交货前检验记录的行为，不影响卖方交货后买方依照合同约定对合同设备提出质量异议和（或）退货的权利

F．买方代表参与交货前检验及签署交货前检验记录的行为，不免除卖方依照合同约定对合同设备所应承担的任何义务或责任

【答案】A、B、C、D、E、F

重点难点专项突破

1. 如果将选项A设置为错误选项的话，可能会把其中的“卖方承担”改错为“买方承担”。

2. 选项B中买方参与交货前检验的，卖方应免费为其代表提供工作条件及便利包括但不限于：必要的办公场所、技术资料、检测工具及出入许可等。

3. 重点关注选项D、E、F中的“不视为”“不影响”“不免除”几个关键词。

4. 关于合同设备的监造，主要掌握以下采分点：

买方监造人员对合同设备的监造，不视为对合同设备质量的确认，不影响卖方交货后买方依照合同约定对合同设备提出质量异议和（或）退货的权利，也不免除卖方依照合同约定对合同设备所应承担的任何义务或责任。

专项突破42　设备采购合同中开箱检验的规定

例题：合同设备交付后应进行开箱检验，开箱检验可在（　　）进行。

A．合同设备交付时

B．合同设备交付后的一定期限内

C．设备安装完成后

D．设备调试完成后

【答案】A、B

重点难点专项突破

1. 选项C、D为干扰选项。

2. 开箱检验的检验结果不能对抗在合同设备的安装、调试、考核、验收中及质量保证期内发现的合同设备质量问题，也不能免除或影响卖方依照合同约定对买方负有的包括合同设备质量在内的任何义务或责任。

专项突破43　设备采购合同中验收、技术服务和质量保证期的规定

例题：由于买方原因，合同设备在三次考核中均未能达到技术性能考核指标的，买卖双方应在考核结束后（　　）日内或专用合同条款另行约定的时间内签署验收款支付函。

A．6

B．7

C．12

D．24

【答案】B

重点难点专项突破

1. 本考点还可以考核的题目有：

（1）合同设备在考核中达到或视为达到技术性能考核指标的，买卖双方应在考核完成后（B）日内或专用合同条款另行约定的时间内签署合同设备验收证书一式二份，双方各持一份。

（2）除专用合同条款和（或）供货要求等合同文件另有约定外，合同设备整体质量保证期为验收之日起（C）个月。

（3）质量保证期届满后，买方应在（B）日内或专用合同条款另行约定的时间内向卖方出具合同设备的质量保证期届满证书。

2. 选项A、D是可能会设置的干扰选项。

3.3 工程承包风险管理及担保保险

专项突破1 工程承包常见风险

例题：工程承包风险可从工程项目本身和外部环境两方面考虑。就施工承包而言，项目本身的风险主要有（　　）。

A. 施工组织管理风险
B. 施工进度延误风险
C. 施工质量安全风险
D. 工程分包风险
E. 工程款支付及结算风险
F. 市场风险
G. 政策风险
H. 社会风险
I. 自然环境风险

【答案】 A、B、C、D、E

重点难点专项突破

本考点还可以考核的题目有：

工程项目外部环境风险主要有（F、G、H、I）。

专项突破2 项目风险管理计划编制依据与内容

例题：根据《建设工程项目管理规范》GB/T 50326—2017，项目风险管理计划编制依据应包括（　　）。

A. 工程范围说明
B. 招标投标文件与工程合同
C. 工作分解结构
D. 项目管理策划结果
E. 项目管理机构风险管理制度
F. 其他相关信息和历史资料
G. 风险管理目标
H. 风险管理范围
I. 必需的资源和费用预算
J. 风险跟踪要求
K. 风险管理责任和权限
L. 可使用的风险管理方法、措施、工具和数据

【答案】A、B、C、D、E、F

重点难点专项突破

1. 本考点还可以考核的题目有：

根据《建设工程项目管理规范》GB/T 50326—2017，项目风险管理计划的内容包括（G、H、I、J、K、L）。

2. 施工风险管理计划应在工程开工前编制完成，可在实施过程中根据风险变化进行调整，并经工程承包单位授权人批准后实施。

专项突破3　工程承包风险管理程序

例题：根据《建设工程项目管理规范》GB/T 50326—2017，工程承包风险管理包括风险识别、风险评估、风险应对和风险监控。下列属于风险评估工作内容的有（　　）。

A. 风险源的类型、数量

B. 风险发生的可能性

C. 风险可能发生的部位及风险的相关特征

D. 风险因素发生的概率**【2009年、2018年、2020年、2021年考过】**

E. 风险损失量**【2009年、2018年、2020年、2021年考过】**

F. 风险等级**【2014年、2018年、2019年、2021年考过】**

G. 针对承包风险采取相应对策

H. 预测可能发生的风险，对其进行监控并提出预警

【答案】D、E、F

重点难点专项突破

1. 本考点还可以考核的题目有：

（1）项目风险识别报告的内容包括（A、B、C）。

（2）工程承包风险管理的工作程序中，风险应对的工作是（G）。

（3）工程承包风险管理的工作程序中，风险监控的工作是（H）。

2. 上述例题的题干部分也是一个很好的采分点，可能会有以下三种命题方式：

（1）工程承包风险管理的工作程序中，风险评估的下一步工作是（　　）。

（2）工程承包风险管理包括风险识别、风险评估、风险应对和（　　）。

（3）根据《建设工程项目管理规范》GB/T 50326—2017，工程承包风险管理正确的程序是（　　）。

3. 项目风险识别方法可能会考核多项选择题，包括专家调查法、财务报表法、初始清单法、流程图法、统计资料法等方法。

4. 风险因素发生的概率估计采用主观推断法、专家估计法或会议评审法进行认定。这也是一个多项选择题采分点。

5. 风险损失量估计方法包括专家预测、趋势外推法预测、敏感性分析和盈亏平衡分析及决策树等。

注意：第3～5点中的各方法在考核时可能会相互作为干扰选项。

专项突破4　风险等级评估

将风险因素发生的概率（P）和风险损失量（O）分别划分为大（H）、中（M）、小（L）三个区间，即可形成如下图所示的9个不同区域。

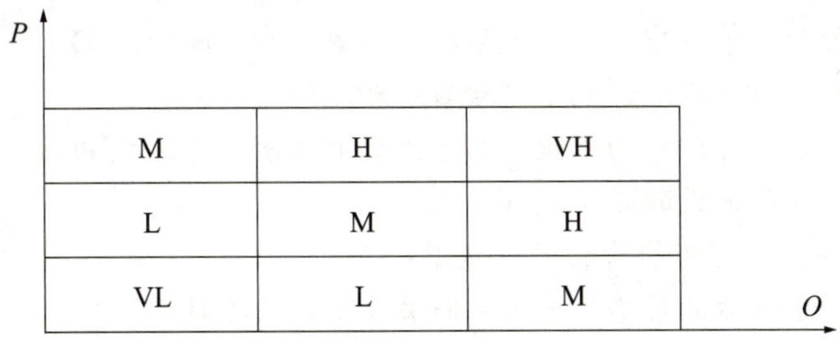

在这9个不同区域中，有些区域的风险量是大致相等的。因此，可按风险量大小将风险分为5个等级：① 很小（VL）；② 小（L）；③ 中等（M）；④ 大（H）；⑤ 很大（VH）。

重点难点专项突破

1. 风险等级为大、很大的风险因素属于不可接受的风险，需要给予重点关注；风险等级为中等的风险因素是不希望有的风险；风险等级为小的风险因素是可接受风险；风险等级为很小的风险因素是可忽略风险。

2. 本考点可能会这样命题：

在风险等级图中，风险量很小的区域是（　　）。

A. VL　　B. L

C. M　　D. VH

【答案】 A

专项突破5　风险应对策略

例题： 针对工程承包负面风险，可以采取风险规避、风险减轻、风险转移和风险自留对策。下列风险应对策略中，属于风险转移对策的有（　　）。**【2019年、2024年考过】**

A．彻底改变原方案

B．降低技术方案复杂性

C．以联合体形式承包工程**【2015年、2024年考过】**

D．增加可能出现风险的施工方案的安全冗余度

E．向保险公司投保**【2024年考过】**

F．将施工项目中风险较大的部分工作内容分包给其他施工单位

G．采用总价合同形式**【2024年考过】**

H．第三方担保**【2024年考过】**

I．建立应急储备资金

【答案】E、F、G、H

重点难点专项突破

1. 本考点还可以考核的题目有：

（1）下列风险应对策略中，属于风险规避对策的有（A）。

（2）下列风险应对策略中，属于风险减轻对策的有（B、C、D）。

（3）下列风险应对策略中，属于风险自留对策的有（I）。

（4）风险转移方式可细分为保险转移方式和非保险转移方式两种。下列风险应对策略中，属于非保险转移方式的是（F、G、H）。

2. 关于风险对策，还可能考核两种题型：

（1）题干中给出具体的策略，要求判断属于哪种风险对策。

（2）以判断正确与错误说法的形式考核综合题目。比如：

关于施工承包风险对策的说法，正确的有（　　）。

A．建立应急储备资金属于风险减轻对策

B．降低技术方案复杂性的措施属于风险减轻对策

C．彻底改变原方案的做法属于风险规避对策

D．风险转移把风险管理责任推给他人，是一种转移风险的措施

E．对存在价格上涨风险的材料设备采用总价合同形式属于风险转移对策

【答案】B、C、D、E

专项突破6　工程担保

例题：投标担保的主要目的是（　　）。

A．保证投标人在递交投标文件后不得撤销投标文件，中标后不得无正当理由不与招标人订立合同，在签订合同时不得向招标人提出附加条件或者不按照招标文件要求提交履约担保

B．发包人为防止施工承包单位不履行合同或违约，用来弥补给发包人造成的经济损失

C．保证承包人能够按合同规定进行施工，偿还发包人已支付的全部预付金额

D．为防止发包人随意拖欠工程款、保护承包人利益

E．为保证承包人履行施工合同而进行的一种担保

【答案】A

重点难点专项突破

1. 本考点还可以考核的题目有：

（1）履约担保的主要目的是（B）。

（2）预付款担保的主要作用在于（C）。**【2010年、2019年考过】**

（3）工程款支付担保的作用是（D）。

（4）工程质量保证金实质上是（E）。

2. 本考点中其他采分点会怎么考呢？通过下表学习：

考试怎么考	采分点
根据《中华人民共和国招标投标法实施条例》，投标保证金的数额不得超过招标项目估算价的（　　）**【2023年真题题干】**	2%
投标保证金有效期应（　　）	与投标有效期一致**【2022年考过】**
招标人已收取投标保证金的，应自收到投标人书面撤回通知之日起（　　）日内退还	5
招标人最迟应在书面合同签订后（　　）日内向中标人和未中标的投标人退还投标保证金及银行同期存款利息	5
履约担保形式有（　　）	银行履约保函、履约担保书、履约保证金**【2009年、2013年、2020年考过】**
履约保证金不得超过中标合同金额的（　　）	10%
某公共设施项目依法通过公开招标方式选择施工承包单位，中标合同价为800万元，根据相关法规，发包人要求中标人提交的履约保证金不应超过（　　）万元	80
发包人应在工程接收证书颁发后（　　）天内将履约担保退还给承包人	28
支付担保可以采用（　　）形式	银行保函或担保公司担保
根据《建设工程质量保证金管理办法》，工程质量保证金总预留比例不得高于工程价款结算总额的（　　）	3%**【2024年考过】**

3. 我们学习一下2024年真题：

根据《住房城乡建设部 财政部关于印发建设工程质量保证金管理办法的通知》（建质〔2017〕138号），关于工程质量保证金的说法，正确的是（　　）。**【2024年真题】**

A. 工程质量保证金总预留比例不得高于工程价款结算总额的5%

B. 工程质量保证金需要与履约保证金一并预留

C. 工程质量保证金可由承包人以银行保函替代

D. 工程质量保证金可用于施工过程中工程质量缺陷的修复

【答案】C

专项突破7　工程保险种类

例题：根据《标准施工招标文件》通用条款规定，承包人应以发包人和承包人的共同名义向双方同意的保险人投保（　　）。**【2014年、2015年、2018年、2021年考过】**

A．建筑工程一切险　　B．安装工程一切险

C．第三者责任险　　D．工程设计责任险**【2024年考过】**

E．施工人员工伤保险　　F．意外伤害保险

【答案】A、B、C

重点难点专项突破

1. 本考点还可以考核的题目有：

（1）以建设工程为标的，对建设工程整个施工期间工程本身、施工机具和工地设备因自然灾害或意外事故造成的物质损失给予赔偿的保险为（A）。

（2）下列工程保险中，属于职业责任保险的是（D）。**【2024年真题题干】**

（3）当被保险人在保险期限内遭受意外伤害造成死亡、残疾、支出医疗费或暂时丧失劳动能力时，保险人依照合同规定给付保险金的人身保险为（F）。

2. 建筑工程一切险和安装工程一切险的保险期限应掌握，可能会考核单项选择题。二者的保险期限都是从投保工程动工之日起直至工程验收之日止。

3. 建筑工程一切险保单中的除外责任可能会考核多项选择题。通常包括：

（1）设计错误引起的损失和费用；

（2）自然磨损、内在或潜在缺陷、物质本身变化、自燃、自热、氧化、锈蚀、渗漏、鼠咬、虫蛀、大气（气候或气温）变化、正常水位变化或其他渐变原因造成的保险财产自身的损失和费用；

（3）因原材料缺陷或工艺不善引起的保险财产本身的损失以及为换置，修理或矫正这些缺点错误所支付的费用；

（4）非外力引起的机械或电气装置损坏，或施工用机具、设备、机械装置失灵造成的本身损失；

（5）维修保养或正常检修的费用；

（6）档案、文件、账簿、票据、现金、各种有价证券、图表资料及包装物料的损失；

（7）货物盘点时发现的盘亏损失；

（8）领有公共运输行驶执照的，或已由其他保险予以保障的车辆、船舶和飞机的损失；

（9）在保险单保险期限终止前，被保险财产中已由工程所有人签发完工验收证书或验收合格或实际占有或使用或接收的部分。

第4章　建设工程进度管理

4.1　工程进度影响因素与进度计划系统

专项突破1　工程进度影响因素

例题：下列建设工程进度影响因素中，属于建设单位因素的有（　　）。

A．建设单位使用要求改变而进行设计变更

B．不能及时提供施工场地条件

C．所提供的场地不能满足工程正常需要

D．不能及时向施工单位支付工程款

E．地质资料错误或遗漏

F．设计内容不完善，规范应用不恰当

G．设计方案的可施工性差或设计考虑不周

H．施工图纸供应不及时、不配套，或出现重大差错

I．监理指令延迟发布或有误

J．施工进度协调工作不利

K．进场材料、设备质量检查或已完工程质量检查验收不及时

L．材料、设备品种、规格、质量、数量、时间不能满足工程的需要

M．其他单位临近工程施工干扰

N．节假日交通、市容整顿的限制

O．临时停水、停电、断路**【2024年考过】**

P．国外的法律及制度变化、经济制裁、战争、骚乱、罢工、企业倒闭、汇率浮动和通货膨胀

Q．复杂的工程地质条件

R．不明的水文气象条件**【2024年考过】**

S．地下埋藏文物的保护、处理**【2024年考过】**

T．洪水、地震、台风等不可抗力

U．施工方案、施工工艺或施工安全措施不当

V．特殊材料及新材料的不合理使用

W．施工设备不配套，选型失当或有故障

X．不成熟的技术应用

Y．向有关部门提出各种申请审批手续的延误

Z．合同签订时遗漏条款、表达失当

A1．计划安排不周密，组织协调不力，导致停工待料、相关作业脱节

B1．指挥不当，使各专业、各施工过程之间交接配合不顺畅

【答案】A、B、C、D

重点难点专项突破

1. 本考点还可以考核的题目有：

（1）下列建设工程进度影响因素中，属于勘察设计单位因素的有（E、F、G、H）。

（2）下列建设工程进度影响因素中，属于工程监理单位因素的有（I、J、K）。

（3）下列建设工程进度影响因素中，属于工程材料、设备供应单位因素的有（L）。

（4）下列建设工程进度影响因素中，属于社会环境因素的有（M、N、O、P）。【2024年考过】

（5）下列建设工程进度影响因素中，属于自然条件影响的有（Q、R、S、T）。

（6）下列建设工程进度影响因素中，属于施工单位施工技术影响的有（U、V、W、X）。

（7）下列建设工程进度影响因素中，属于施工单位组织管理影响的有（Y、Z、A1、B1）。

2. 建设单位因素、施工单位施工技术与组织管理因素要重点记忆。

3. 工程设计进度影响因素包括：业主建设意图及要求的改变、设计各专业之间的协调配合、设计文件审查批准延误。

专项突破2 建设工程进度控制计划系统

例题：下列进度计划中，属于建设单位计划系统的有（　　）。

A．工程项目前期工作计划

B．工程建设总进度计划

C．工程项目年度计划

D．监理总进度计划

E．监理总进度分解计划

F．设计总进度计划

G．阶段性设计进度计划

H．设计作业进度计划

I．施工总进度计划

J．单位工程施工进度计划

K．分部分项工程进度计划

【答案】A、B、C

重点难点专项突破

1. 本考点还可以考核的题目有：

（1）下列进度计划中，属于监理单位计划系统的有（D、E）。

（2）在建设工程进度控制计划体系中，属于设计单位计划系统的有（F、G、H）。

（3）在建设工程进度控制计划体系中，属于施工单位计划系统的有（I、J、K）。

（4）在建设工程进度控制计划体系中，对工程项目可行性研究、项目评估及初步设计的工作进度安排的计划系统是（A）。

（5）在初步设计被批准后，在编报工程项目年度计划之前，根据初步设计，对工程项目从开始建设（设计、施工准备）至竣工投产（动用）全过程统一部署的进度计划系统是（B）。

（6）在对建设工程实施全过程监理的情况下，依据工程项目建设总进度计划、监理合同和工程承包模式编制，其目的是明确建设工程前期准备、设计、施工、动用前准备及项目动用等各个阶段进度安排的进度计划系统是（D）。

画线部分会考核多项选择题。

（7）在建设工程进度控制计划体系中，（F）主要用来安排自设计准备开始至施工图设计完成的总设计时间内所包含的各阶段工作的开始时间和完成时间，从而确保设计进度控制总目标的实现。

（8）为了控制各专业的设计进度，并作为设计人员承包设计任务的依据，应根据施工图设计工作进度计划、单位工程设计工日定额及所投入的设计人员数编制（H）。

画线部分会考核多项选择题。

（9）根据施工部署中施工方案和工程项目的开展程序，对承包范围内所有单位工程做出时间上安排的进度计划是（I）。

2. 建设单位的计划系统、监理单位的计划系统、设计单位的计划系统、施工单位的计划系统考核时会相互作为干扰选项出现。

专项突破3　工程进度控制计划系统内容

例题：根据批准的初步设计安排单位工程的开竣工日期，属于建设工程进度计划体系中（　　）的内容。

A．工程项目一览表
B．工程项目总进度计划
C．投资计划年度分配表
D．工程项目进度平衡表【**2024年考过**】
E．年度计划项目表
F．年度竣工投产交付使用计划表
G．年度建设资金平衡表
H．年度设备平衡表

【**答案**】B

重点难点专项突破

1. 本考点还可以考核的题目有：

（1）下列进度计划表中，属于建设单位计划系统中工程建设总进度计划的有（A、B、C、D）。

（2）建设单位计划系统中工程项目年度计划的内容有（E、F、G、H）。

记忆方法：

工程项目建设总进度计划表格：总览投资和进度。

工程项目年度计划表格：项目竣工设备资金两平衡。

（3）下列进度计划表中，将初步设计中确定的建设内容，按照单项工程或单位工程归类并编号，明确其建设内容和投资额，以便各部门按统一的口径确定工程项目投资额，并以此为依据对其进行管理的是（A）。

（4）下列进度计划表中，根据工程项目总进度计划安排各年度的投资，以便预测各个年度的投资规模，为筹集建设资金及制定分年用款计划提供依据的是（C）。

（5）编制工程项目建设总进度计划时，用来明确各种设计文件交付日期、主要设备交货日期、施工单位进场日期、水电及道路接通日期等内容的表格是（D）。**【2024年考过】**

（6）下列进度计划表中，确定年度施工项目的投资额和年末形象进度，并阐明建设条件（图纸、设备、材料、施工力量）落实情况的是（E）。

（7）下列进度计划表中，（F）将阐明各单位工程的建设规模、投资额、新增固定资产、新增生产能力等建筑总规模及本年计划完成情况，并阐明其竣工日期。

2. 上述例题题型及第（3）～（7）题还会以各表格中的具体阐述的内容作为采分点来考查。比如：

为保证工程建设中各个环节相互衔接，工程项目进度平衡表中需明确的内容包括（　　）。

A. 各种设计文件交付日期　　B. 主要设备交货日期

C. 施工单位进场日期　　D. 工程材料进场日期

E. 水电及道路接通日期

【答案】A、B、C、E

专项突破4　工程进度计划表达形式

例题：采用横道图表示施工进度计划的特点有（　　）。

A. 编制简单、使用方便

B. 不能明确反映各项工作之间的相互联系、相互制约关系

C. 不能反映工作所具有的机动时间（时差）

D. 不能反映影响工期的关键工作和关键线路

E. 不能反映工程费用与工期之间的关系

F. 能够明确表达各项工作之间的先后顺序关系（即逻辑关系）

G. 能够找出影响工期的关键工作和关键线路

H. 确定各项工作的机动时间（即时差）

I. 能够利用项目管理软件进行计算、优化和调整，实现对施工进度的动态控制

【答案】A、B、C、D、E

重点难点专项突破

1. 本考点还可以考核的题目有：

（1）采用横道图表示施工进度计划的不足有（B、C、D、E）。

（2）采用网络图表示施工进度计划的特点有（F、G、H、I）。

2. 横道图进度计划法存在的问题，一般会以判断正误的说法考核。

3. 横道图的应用考核难度较大，下面以2020年考试题目来说明。

某项目施工横道图进度计划如下图所示，如果第二层支设模板需要在第一层浇筑混凝土完成1天后才能开始，则有1天的层间技术间歇。正确的层间间歇是（　　）。**【2020年真题】**

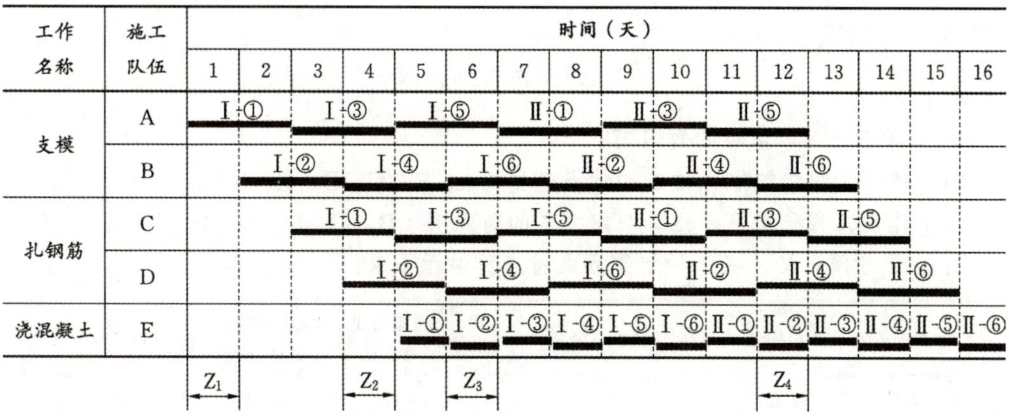

注：Ⅰ、Ⅱ——表示楼层；①②③④⑤⑥——表示施工段。

A. Z_1　　　　B. Z_3

C. Z_2　　　　D. Z_4

【答案】B

【解析】根据项目施工横道图进度计划，第5天一层第一个施工段混凝土浇筑完毕，应间歇1天再进行第二层第一个施工段的支模。所以第6天位置（Z_3）为层间间歇。

4.2　流水施工进度计划

专项突破1　工程施工组织方式

例题：建设工程组织流水施工的特点包括（　　）。**【2024年考过】**

A. 没有充分地利用工作面进行施工，工期较长

B. 各专业队不能连续作业，有时间间歇

C. 劳动力及施工机具等资源无法均衡使用

D. 不能实现专业化施工，不利于提高劳动生产率

E. 资源量较少，有利于资源供应的组织

F. 施工现场的组织管理比较简单

G. 充分地利用工作面进行施工，工期短

H. 资源量成倍地增加，不利于资源供应的组织

I. 施工现场的组织管理比较复杂

J．尽可能地利用工作面进行施工，工期较短【2024年考过】

K．各工作队实现了专业化施工【2024年考过】

L．专业工作队能够连续施工，同时能使相邻专业队的开工时间最大限度地搭接

M．单位时间内投入的劳动力、施工机具、材料等资源量较为均衡【2024年考过】

N．为施工现场的文明施工和科学管理创造了有利条件

【答案】J、K、L、M、N

重点难点专项突破

1. 本考点还可以考核的题目有：

（1）建设工程组织依次施工的特点包括（A、B、C、D、E、F）。

（2）建设工程采用平行施工组织方式的特点有（B、C、D、G、H、I）。

2. 为了方便记忆，将三种组织方式特点总结于下表：

施工方式	工作面利用	工期长短	能否连续施工	能否实现专业化	单位时间投入的资源量	现场组织管理
依次	没有充分	较长	否	否	较少	比较简单
平行	充分	短	各个施工段同时施工，而非由专业队在各施工段间连续施工	否	成倍增加	比较复杂
流水	尽可能	较短	能	能	较均衡	有利于可持续管理、文明施工

专项突破2　流水施工表达方式

例题：流水施工通常用横道图和垂直图表示。采用横道图表达流水施工的优点包括（　　）。

A．绘图简单

B．施工过程及其先后顺序表达清楚

C．时间和空间状况形象直观

D．使用方便

E．应用广泛

F．直观反映各施工过程的进展速度

【答案】A、B、C、D、E

重点难点专项突破

本考点还可以考核的题目有：

采用垂直图表达流水施工的优点有（B、C、F）。

专项突破3　流水施工参数

例题：流水施工参数包括工艺参数、空间参数和时间参数。下列流水施工参数中，用以表达流水施工在施工工艺方面进展状态的参数有（　　）。【2024年考过】

A．施工过程数【2024年考过】

B．流水强度【2024年考过】

C. 工作面　　　　　　　　　　D. 施工段数（流水段数）
E. 流水节拍　　　　　　　　　F. 流水步距
G. 流水施工工期

【答案】 A、B

重点难点专项突破

1. 本考点还可以考核的题目有：

（1）下列流水施工参数中，表达流水施工在空间布置上开展状态的参数有（C、D）。

（2）下列流水施工参数中，用以表达流水施工在时间安排上所处状态的参数有（E、F、G）。

（3）流水施工中某施工过程（或专业工作队）在单位时间内所完成的工程量称为（B）。

> 注意：流水强度的概念还会这样命题："流水强度是指某专业工作队在（　　）。"这也是关于流水施工参数概念的另外一种命题形式。

（4）下列流水施工参数中，供某专业工种的工人或某种施工机械进行施工的活动空间称为（C）。

（5）下列流水施工参数中，将施工对象在平面或空间上划分成若干个劳动量大致相等的施工区段称为（D）。

（6）在组织流水施工时，某个专业工作队在一个施工段上的施工时间称为（E）。

（7）组织流水施工时，相邻两个专业工作队相继开始施工的小间隔时间称为（F）。

（8）下列流水施工参数中，从第一个专业工作队投入流水施工开始，到最后一个专业工作队完成流水施工为止的整个持续时间称为（G）。

2. 例题题干中画线部分会作为采分点考核多项选择题。

3. 本考点采分点较多，考试时不局限对概念及归类的考核，还会涉及各个参数的具体内容的考核，下面将可能会考核到的题目做个总结。

考试怎么考	采分点
划分施工段的目的是（　　）	为了组织流水施工
划分施工段应遵循的原则有（　　）	（1）各个施工段上的劳动量应大致相等。 （2）每个施工段内要有足够的工作面。 （3）施工段的界限应尽可能与结构界限相吻合，或设在对建筑结构整体性影响小的部位。 （4）施工段的数目要满足合理组织流水施工的要求。 （5）确保相应专业队在施工段与施工层之间，组织连续、均衡、有节奏地流水施工
同一施工过程中流水节拍的决定因素有（　　）	所采用的施工方法、施工机械以及在工作面允许的前提下投入施工的工人数量、机械台数和采用的工作班次
流水步距的数目取决于（　　）	参加流水的施工过程数

续表

考试怎么考	采分点
流水步距的大小取决于（　　）	相邻两个专业工作队在各个施工段上的流水节拍及流水施工的组织方式
确定流水步距时，一般应满足的要求有（　　）	（1）各施工过程按各自流水速度施工，始终保持工艺先后顺序。 （2）各施工过程的专业工作队投入施工后尽可能保持连续作业。 （3）相邻两个专业工作队在满足连续施工的条件下，能最大限度地实现合理搭接

专项突破4　全等节拍、加快的成倍节拍与非节奏流水施工的特点

例题：建设工程组织全等节拍流水施工的特点有（　　）。**【2024年考过】**

A．所有施工过程在各个施工段上的流水节拍均相等

B．相邻施工过程的流水步距相等，且等于流水节拍**【2024年考过】**

C．专业工作队数等于施工过程数**【2024年考过】**

D．各个专业工作队在各施工段上能够连续作业**【2024年考过】**

E．施工段之间没有空闲时间

F．同一施工过程在其各个施工段上的流水节拍均相等

G．不同施工过程的流水节拍为倍数关系

H．相邻专业工作队的流水步距相等，且等于流水节拍的最大公约数

I．专业工作队数大于施工过程数

J．各施工过程在各施工段的流水节拍不全相等**【2024年考过】**

K．相邻施工过程的流水步距不尽相等

L．施工段之间可能有空闲时间**【2024年考过】**

【答案】A、B、C、D、E

重点难点专项突破

1. 本考点还可以考核的题目有：

（1）加快的成倍节拍流水施工的特点有（D、E、F、G、H、I）。

（2）建设工程组织非节奏流水施工的特点有（C、D、J、K、L）。

（3）组织流水施工的基本方式有全等节拍流水施工、成倍节拍流水施工和分别流水施工。下列组织流水施工的特点中，只属于成倍节拍流水的是（A、B）。

（4）全等节拍流水施工与加快的成倍节拍流水施工相比较，共同的特点有（D、E）。

（5）全等节拍流水施工与非节奏流水施工相比较，共同的特点有（C、D）。

（6）加快的成倍节拍流水施工与非节奏流水施工相比较，共同的特点是（D）。

2. 等节奏流水施工也称为固定节拍流水施工或全等节拍流水施工；等步距异节奏流水施工也称为加快的成倍节拍流水施工。

3. 本考点主要考核多项选择题，为了方便记忆，对全等节拍、加快的成倍节拍与非节奏流水施工的特点进行了总结。

	同一施工过程各个施工段上的流水节拍	不同施工过程之间的流水节拍	相邻施工过程的流水步距	专业工作队数	连续作业	空闲时间
全等节拍流水施工	均相等		相等，等于流水节拍	等于施工过程数	能够	没有
加快的成倍节拍流水施工	均相等	倍数关系	相等，等于流水节拍最大公约数	大于施工过程数	能够	没有
非节奏流水施工	不全相等		不尽相等	等于施工过程数	能够	可能有

专项突破5　全等节拍流水施工工期的计算

例题：某工程有4个施工过程，分5个施工段组织全等节拍流水施工，流水节拍为3天。其中，第2个施工过程与第3个施工过程之间有2天的技术间歇，则该工程流水施工工期为（　　）天。

A．24　　B．26

C．27　　D．29

【答案】 B

重点难点专项突破

1. 全等节拍流水施工工期的计算公式见下表。

类型	计算公式
流水施工工期	$T=(m+n-1)K$ 式中　n——施工过程数目； m——施工段数目； K——流水步距
有技术间歇时间和提前插入时间的流水施工工期	$T=(m+n-1)K+\sum Z-\sum C$ 式中　$\sum Z$——技术间歇时间之和； $\sum C$——提前插入时间之和

例题中，有间歇时间的固定节拍流水施工工期$T=(4+5-1)\times3+2-0=26$天。

2. 有提前插入时间的固定节拍流水施工工期会怎么考核呢，看下面这道题目：

某分部工程由4个施工过程（Ⅰ、Ⅱ、Ⅲ、Ⅳ）组成，分为6个施工段，流水节拍均为3天，无技术间歇时间，但施工过程Ⅳ需提前1天插入施工，该分部工程的工期为（　　）天。

A. 21　　B. 24

C. 26　　D. 27

【答案】 C

【解析】分部工程的工期＝（6＋4－1）×3＋0－1＝26天。

3. 全等节拍流水施工工期的计算比较简单，只需要根据题干条件代入公式中即可。

4. 本考点还可能会这样命题：

某工程有3个施工过程，组织全等节拍流水施工，流水节拍均为2周，如果要求流水施工工期是12周，则应划分的施工段个数是（　　）段。

A. 3　　　　B. 4

C. 5　　　　D. 6

【答案】B

【解析】流水施工工期的计算公式为$T=(m+n-1)K$，将题目已知数据代入公式，得出：$12=(m+3-1)\times 2$，所以$m=4$段。

专项突破6　加快的成倍节拍流水施工工期的计算

例题：某分部工程有3个施工过程，分为4个施工段组织加快的成倍节拍流水施工，流水节拍分别为6天、2天和4天。该分部工程流水施工工期为（　　）天。

A. 18　　　　B. 20

C. 22　　　　D. 24

【答案】A

重点难点专项突破

1. 本考点应掌握以下3点内容。

（1）加快的成倍节拍流水施工工期T的计算公式为：

$$T=(m+N-1)K+\sum Z-\sum C$$

式中　K——流水步距，取各施工过程流水节拍的最大公约数。

N——参加流水作业的专业工作队数。

（2）每个施工过程的专业工作队数目计算公式为：

$$b_j=t_j/K$$

式中　b_j——第j个施工过程的专业工作队数目；

t_j——第j个施工过程的流水节拍；

K——流水步距。

（3）流水步距等于流水节拍的最大公约数。

2. 上述例题的计算过程：

流水步距等于流水节拍的最大公约数$K=\min[6，4，2]=2$天。

流水施工工期＝（4＋6－1）×2＝18天。

3. 本考点可能会这样命题：

（1）某分部工程有4个施工过程，划分为3个施工段组织加快的成倍节拍流水施工，流水节拍分别为4天、6天、4天和2天，该分部工程需安排的专业工作队数是（　　）个。**【2024年真题】**

A. 8　　B. 3

C. 4　　D. 6

【答案】A

【解析】流水步距K＝min［4，6，4，2］＝2天，专业工作队数＝（4＋6＋4＋2）/2＝8个。

（2）某建设工程划分为4个施工过程、3个施工段组织加快的成倍节拍流水施工，流水节拍分别为4天、6天、4天和2天，则流水步距为（　　）天。

A. 2　　B. 3

C. 4　　D. 6

【答案】A

【解析】流水步距K＝min［4，6，4，2］＝2天。

4. 上述题目是对其中某一项计算的命题，还会有下面这种命题形式。

（1）某分部工程有3个施工过程，各分为5个流水节拍相等的施工段组织加快的成倍节拍流水施工，已知3个施工过程的流水节拍分别为4天、6天、4天，则流水步距和专业施工队数分别为（　　）。

A. 6天和3个　　B. 4天和4个

C. 4天和3个　　D. 2天和7个

【答案】D

【解析】流水步距K＝min［6，4，4］＝2天。专业工作队数目＝4/2＋6/2＋4/2＝7个。

（2）某分部工程有3个施工过程，各分为4个流水节拍相等的施工段，各施工过程的流水节拍分别为6天、4天、4天。如果组织加快的成倍节拍流水施工，则专业工作队数和流水施工工期分别为（　　）。

A. 3个和20天　　B. 4个和25天

C. 5个和24天　　D. 7个和20天

【答案】D

【解析】流水步距K＝min［6，4，4］＝2天；各施工过程的专业工作队数分别为：b_1＝6/2＝3个，b_2＝4/2＝2个，b_3＝4/2＝2个，专业工作队总和＝7个；则流水施工工期T＝20天。

专项突破7　非节奏流水施工工期的计算

例题：某工程组织非节奏流水施工，两个施工过程在4个施工段上的流水节拍分别为5天、8天、4天、4天和7天、2天、5天、3天，则该工程的流水施工工期是（　　）天。

A. 16　　B. 21

C. 25　　D. 28

【答案】C

重点难点专项突破

1. 在非节奏流水施工中，流水施工工期的计算公式为：

$$T=\sum K+\sum t_n+\sum Z-\sum C$$

式中 $\sum K$——各施工过程（或专业工作队）之间流水步距之和；

$\sum t_n$——最后一个施工过程（或专业工作队）在各施工段流水节拍之和。

计算流水施工工期，首先要计算流水步距。在非节奏流水施工中，计算流水步距通常采用累加数列错位相减取大差法。累加数列错位相减取大差法的基本步骤如下：

（1）依次累加每一个施工过程在各施工段上的流水节拍，求得各施工过程流水节拍的累加数列；

（2）将相邻施工过程流水节拍累加数列中的后者错后一位，相减后求得一个差数列；

（3）在差数列中取最大值，即为这两个相邻施工过程的流水步距。

2. 例题中的计算过程为：

（1）求各施工过程流水节拍的累加数列：

施工过程1：5，13，17，21

施工过程2：7，9，14，17

（2）错位相减求差数列：

施工过程1与施工过程2：

$$\begin{array}{rrrrrr} & 5, & 13, & 17, & 21 & \\ - & & 7, & 9, & 14, & 17 \\ \hline & 5, & 6, & 8, & 7, & -17 \end{array}$$

（3）在差数列中取最大值求得流水步距：

施工过程1与施工过程2的流水步距：$K_{1,2}=\max[5, 6, 8, 7, -17]=8$天。

（4）流水施工工期$=7+2+5+3+8=25$天。

3. 流水步距的计算也会单独考核计算题目，比如：

某分部工程有两个施工过程，分为3个施工段组织非节奏流水施工，各施工过程的流水节拍分别为3天、5天、5天和4天、4天、5天，则两个施工过程之间的流水步距是（　　）天。

A. 2　　　　B. 3

C. 4　　　　D. 5

【答案】D

【解析】本题的计算过程如下：

（1）各施工过程流水节拍的累加数列：

施工过程1：3，8，13

施工过程2：4，8，13

（2）错位相减求得差数列：

$$\begin{array}{rrrrr} & 3, & 8, & 13 & \\ -) & & 4, & 8, & 13 \\ \hline & 3, & 4, & 5, & -13 \end{array}$$

（3）在差数列中取最大值求得流水步距：两个施工过程之间的流水步距$K_{1,2}$ = max［3，4，5，－13］= 5天。

4.3 工程网络计划技术

专项突破1 工程网络计划编制程序

例题：工程网络计划的编制程序中，属于计划编制准备阶段应完成的工作有（　　）。

A．调查研究

B．确定网络计划目标

C．工程项目分解

D．确定逻辑关系

E．绘制网络图

F．计算网络计划时间参数

G．确定关键线路和关键工作

H．优化网络计划

I．编制正式网络计划

【答案】 A、B

重点难点专项突破

1. 本考点还可以考核的题目有：

（1）工程网络计划的编制程序中，绘制网络图阶段前应完成的工作有（A、B）。

这是例题题目的另外一种命题形式。

（2）工程网络计划的编制程序中，属于绘制网络图阶段应完成的工作有（C、D、E）。

（3）工程网络计划的编制程序中，计算时间参数及确定关键线路阶段前应完成的工作有（A、B、C、D、E）。

（4）工程网络计划的编制程序中，网络计划优化阶段前应完成的工作有（A、B、C、D、E、F、G）。

（5）编制工程网络计划时的前提是（C）。

2. 本考点另外一种考核题型是判断编制建设工程进度计划各工作的顺序。比如：

编制工程网络计划的主要工作如下：① 确定逻辑关系；② 优化网络计划；③ 确定网络计划目标；④ 确定关键线路和关键工作；⑤ 计算网络计划时间参数；⑥ 工程项目分解；⑦ 绘制网络图。其编制程序正确的是（　　）。

A. ③—⑥—⑤—①—②—④—⑦

B. ⑥—①—③—⑤—④—②—⑦

C. ③—①—⑥—④—⑤—⑦—②

D. ③—⑥—①—⑦—⑤—④—②

【答案】 D

专项突破2　双代号网络计划的绘图规则

例题：某双代号网络计划如下图所示，绘图的错误有（　　）。**【2018年真题】**

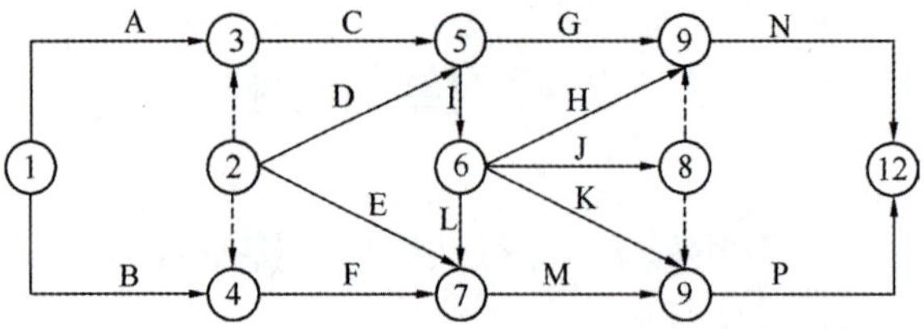

A．有多个起点节点　　　　B．有多个终点节点

C．节点编号有误　　　　　D．存在循环回路

E．有多余虚工作

【答案】A、C

重点难点专项突破

1. 在《建设工程项目管理》科目中命题者会给出一定的绘图条件和绘制的双代号网络计划，让考生判断作图错误之处有哪些，每年必考；在《专业工程管理与实务》科目中有可能需要考生绘制双代号网络计划，再根据网络计划解决其他问题。这一考点可以作为考题的题型大致有以下三类：

（1）用文字叙述双代号网络图的绘制方法，判断是否正确。

（2）题干中给出各工作的逻辑关系，判断选项中哪个是正确的网络图。

（3）题目给出一个错误的双代号网络图，判断该图中存在哪些错误。

2. 例题中，①、②均为起点节点；存在两个节点⑨，节点编号错误。

除了上面提到的作图错误外，考试中还可能会涉及哪些错误呢？下面为考生做了一个总结，把可能出现的错误进行了归纳，对于下表内容要仔细理解。

类型	错误画法	图例
是否存在多个起点节点**【2020年考过】**	如果存在两个或两个以上的节点只有外向箭线而无内向箭线，就说明存在多个起点节点。右图中节点①和②就是两个起点节点	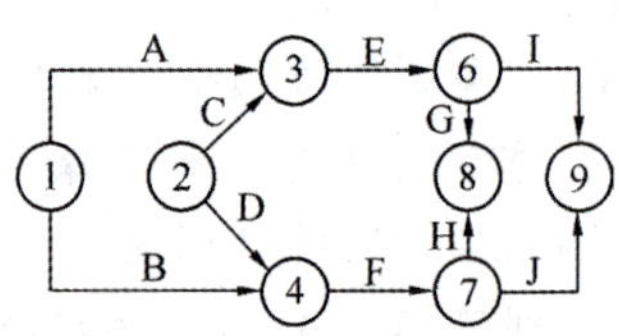
是否存在多个终点节点	如果存在两个或两个以上的节点只有内向箭线而无外向箭线，就说明存在多个终点节点。右图中节点⑧、⑨就是两个终点节点	
是否存在节点编号错误	如果箭尾节点的编号大于箭头节点的编号，就说明存在节点编号错误	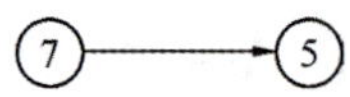
否存在节点编号错误	如果节点的编号出现重复，就说明存在节点编号错误	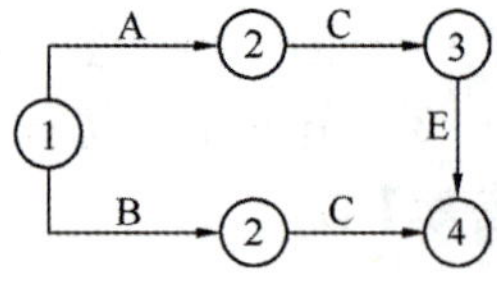
是否存在工作代号重复	如果某一工作代号出现两次或两次以上，就说明工作代号重复。右图中的工作C出现了两次	

续表

<table>
<tr><th>类型</th><th>错误画法</th><th>图例</th></tr>
<tr><td rowspan="2">是否存在多余虚工作
【2022年考过】</td><td>如果某一虚工作的紧前工作只有虚工作，那么该虚工作是多余的。右图中虚工作⑤→⑥是多余的</td><td>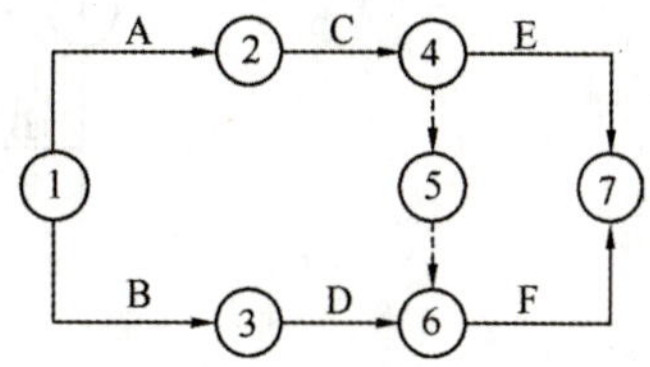
</td></tr>
<tr><td>如果某两个节点之间既有虚工作，又有实工作，那么该虚工作也是多余的。右图虚工作②→④是多余的</td><td>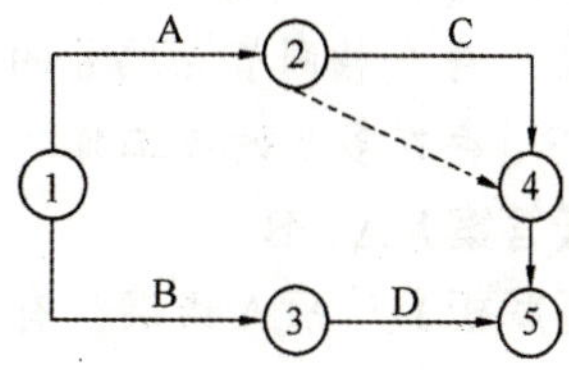
</td></tr>
<tr><td>是否存在循环回路</td><td>如果从某一节点出发沿着箭线的方向又回到了该节点，这就说明存在循环回路</td><td>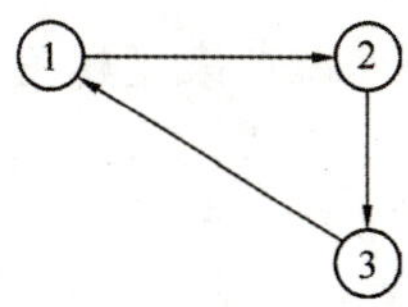
</td></tr>
<tr><td>是否存在逻辑关系错误</td><td>根据题中所给定的逻辑关系逐一在网络图中核对，只要有一处与给定的条件不相符，就说明逻辑关系错误。右图中，工作H的紧前工作是C、D和E，可以确定逻辑关系错误</td><td><table><tr><td>工作名称</td><td>A</td><td>B</td><td>C</td><td>D</td><td>E</td><td>G</td><td>H</td><td>I</td></tr><tr><td>紧前工作</td><td>—</td><td>—</td><td>A</td><td>A</td><td>A，B</td><td>C</td><td>D</td><td>E</td></tr></table>
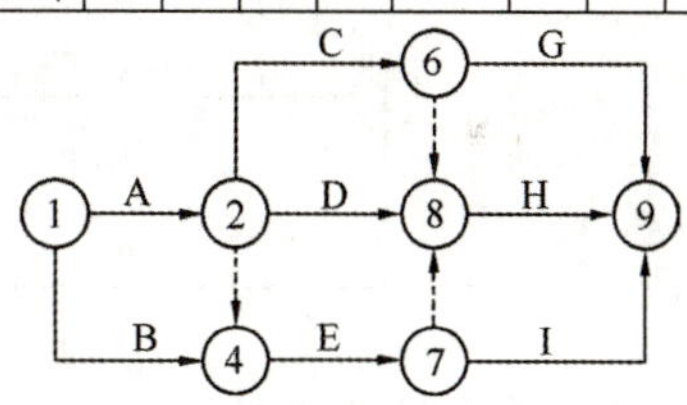
</td></tr>
</table>

3. 接下来给大家准备些题目来练习：

（1）某双代号网络计划如下图所示，存在的不妥之处是（　　）。**【2021年真题】**

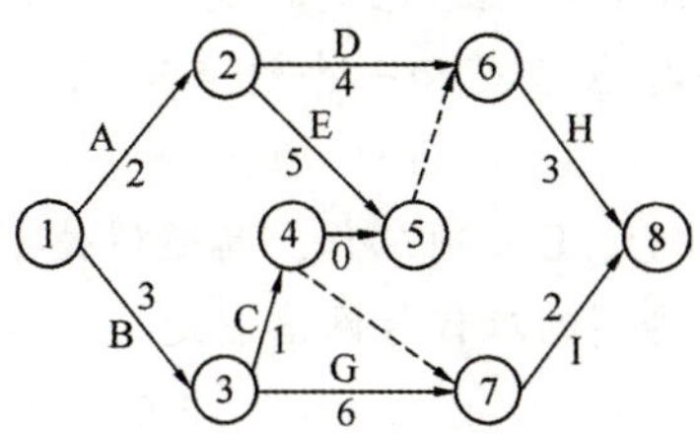

A. 节点编号不连续　　　　B. 有多余时间参数

C. 工作表示方法不一致　　D. 有多个起点节点

【答案】 C

【解析】 节点1→节点3、节点7→节点8与其他节点表示方法不一致。

（2）下列双代号网络图中，存在的绘图错误有（　　）。**【2020年真题】**

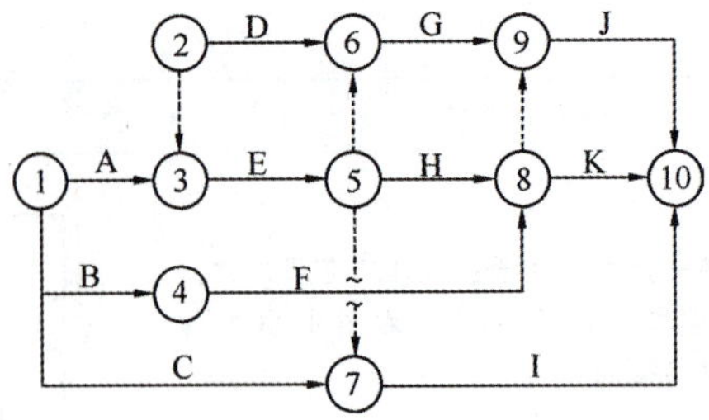

A. 存在多个起点节点 B. 箭线交叉的方式错误

C. 存在相同节点编号的工作 D. 存在没有箭尾节点的箭线

E. 存在多余的虚工作

【答案】 A、B

【解析】 选项A错误，有①、②两个起点节点。选项B错误，⑤→⑦箭线交叉的方式错误。

(3) 根据下表逻辑关系绘制的双代号网络图如下，存在的绘图错误是（　　）。

工作名称	A	B	C	D	E	G	H
紧前工作	—	—	A	A	A、B	C	E

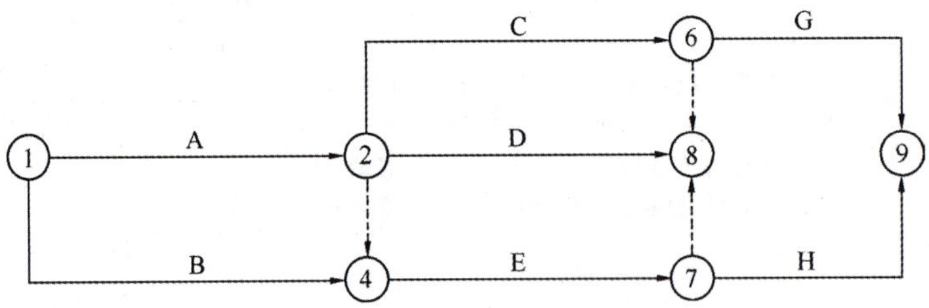

A. 节点编号不对 B. 逻辑关系不对

C. 有多个起点节点 D. 有多个终点节点

【答案】 D

【解析】 双代号网络图必须正确表达已定的逻辑关系。本题中的逻辑关系均正确。双代号网络图中应只有一个起点节点和一个终点节点。本题中存在⑧、⑨两个终点节点。

(4) 某工程有A、B、C、D、E五项工作，其逻辑关系为A、B、C完成后D开始，C完成后E才能开始，则据此绘制的双代号网络图是（　　）。

A. 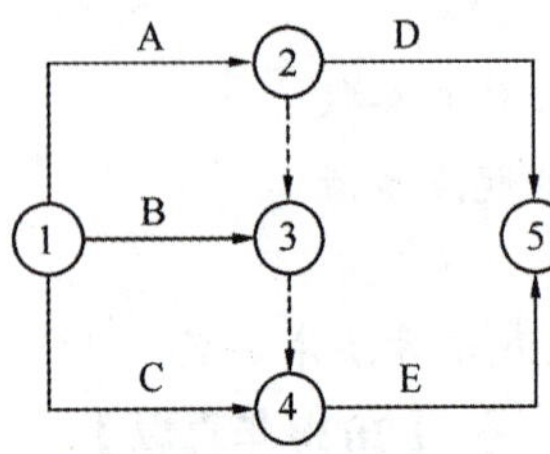

B. 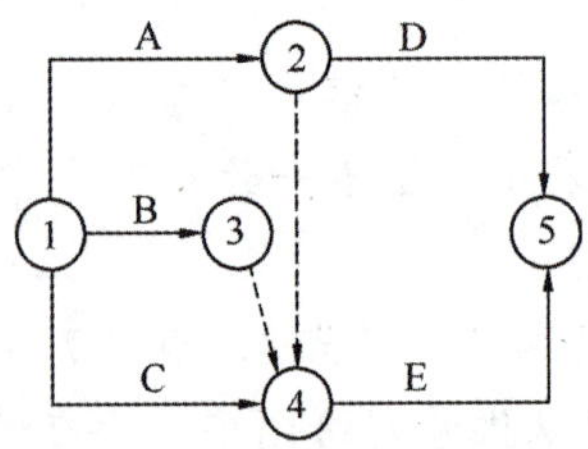

C. 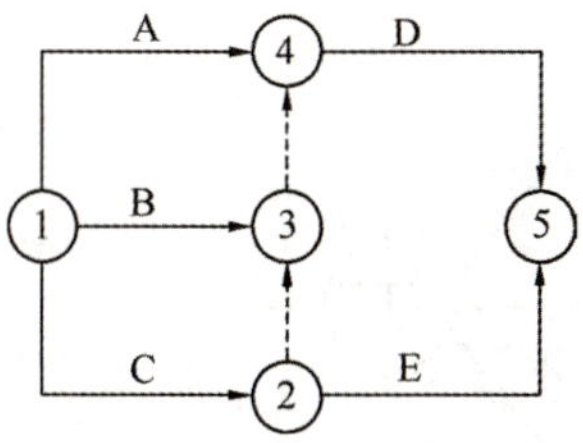

D. 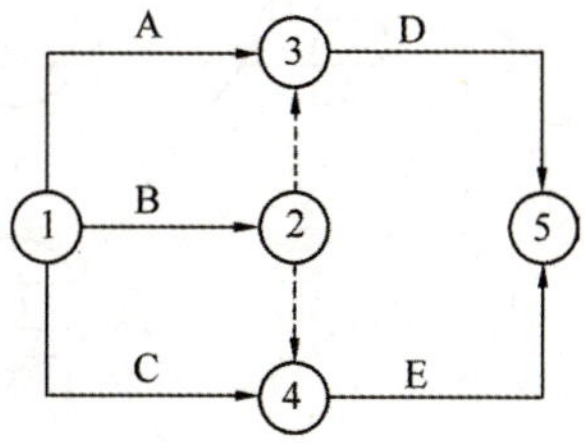

【答案】C

【解析】A、B、C都是D的紧前工作，C是E的紧前工作，D、E之间没有逻辑搭接关系。

（5）根据双代号网络图绘图规则，下列网络图中的绘图错误有（　　）处。

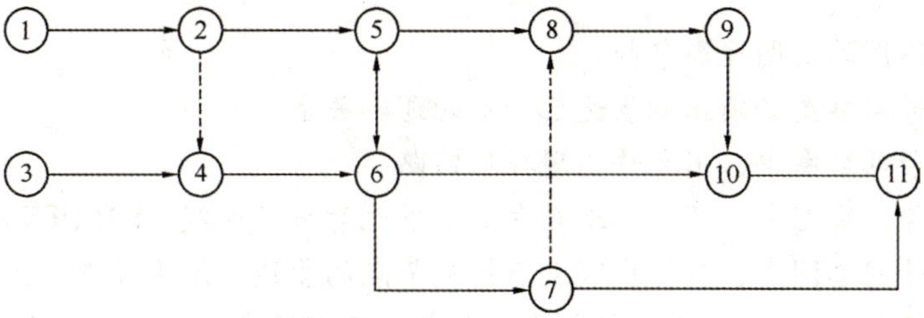

A. 5　　　　B. 4

C. 3　　　　D. 2

【答案】B

【解析】存在①、③两个起点节点；⑤、⑥之间是双向箭头的连线；⑩、⑪之间出现带无箭头的连线；⑦、⑧与⑥、⑩之间出现交叉。

（6）下列关于双代号网络计划绘图规则的说法，正确的有（　　）。

A. 网络图必须正确表达各工作间的逻辑关系

B. 网络图中可以出现循环回路

C. 网络图中一个节点只有一条箭线引入和一条箭线引出

D. 网络图中严禁出现没有箭头节点或没有箭尾节点的箭线

E. 单目标网络计划只有一个起点节点和一个终点节点

【答案】A、D、E

经过这样的强化后，相信大家已经掌握了这部分内容。

专项突破3　单代号网络计划的绘图规则

例题：某单代号网络图如下图所示，存在的错误有（　　）。【2014年真题】

A．多个起点节点　　　　B．没有终点节点

C．有多余虚箭线　　　　D．出现交叉箭线

E．出现循环回路

【答案】A、C、D

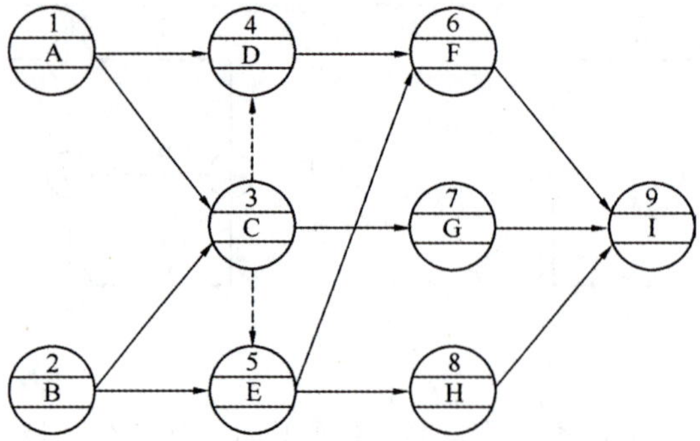

重点难点专项突破

单代号网络图的绘图规则包括：

（1）单代号网络图必须正确表达已确定的逻辑关系。

（2）单代号网络图中，不允许出现循环回路。

（3）单代号网络图中，不能出现双向箭头或无箭头的连线。**【2019年考过】**

（4）单代号网络图中，不能出现没有箭尾节点的箭线和没有箭头节点的箭线。

（5）绘制网络图时，箭线不宜交叉，当交叉不可避免时，可采用过桥法或指向法绘制。

（6）单代号网络图中只应有一个起点节点和一个终点节点。当网络图中有多项起点节点或多项终点节点时，应在网络图的两端分别设置一项虚工作，作为该网络图的起点节点和终点节点。

命题总结：

单代号网络计划的绘图规则考核不多，主要有两种题型：

（1）题目给出一个错误的单代号网络图，判断该图中存在哪些错误（例题题型）。

（2）用文字叙述单代号网络图的绘制方法，判断是否正确。

专项突破4　网络计划的优化

例题：工程网络计划工期优化的目的是（　　）。

A．通过压缩关键工作的持续时间以满足要求工期目标

B．寻求工程总成本最低时的工期安排的过程

C．寻求按要求工期的最低成本的计划安排的过程

D．满足资源限制条件下，使工期最短

E．工期不变的条件下，使资源需用量尽可能均衡

【答案】A

重点难点专项突破

1. 本考点还可以考核的题目有：

（1）工程网络计划费用优化的目标是（B、C）。

（2）网络计划的资源优化分为两种，其中“资源有限，工期最短”的优化是指（D）。

（3）网络计划的资源优化分为两种，其中“工期固定，资源均衡”的优化是指（E）。

（4）工程网络计划资源优化的目的为（D、E）。

（5）工程网络计划优化的目的有（A、B、C、D、E）。

2. 工期优化除了要掌握优化的目的，还需要掌握以下两个采分点：

（1）工期优化的前提是不改变各项工作之间的逻辑关系。

（2）当工期优化过程中出现多条关键线路时，必须将各条关键线路的总持续时间压缩相同数值。

（3）选择压缩对象时在关键工作中考虑的因素包括三点：**【2024年考过】**

① 缩短持续时间对质量和安全影响不大的工作；

② 缩短持续时间所需增加的费用最少的工作；

③ 有充足备用资源的工作。

3. 费用优化除了掌握优化的目的，还需要掌握工程费用与工期的关系：直接费会随着工期的缩短而增加。间接费包括企业经营管理的全部费用，一般会随着工期的缩短而减少。

4. 资源优化主要考查“资源有限，工期最短”“工期固定，资源均衡”这两种方式，其他的不会考。

专项突破5 网络计划时间参数的概念

例题：根据网络计划时间参数计算得到的工期称之为（　　）。

A. 计算工期　　B. 要求工期

C. 计划工期　　D. 合理工期

E. 合同工期

【答案】 A

重点难点专项突破

1. 选项D、E是可能会设置的干扰选项。本考点还可以考核的题目有：

（1）任务委托人所提出的指令性工期称为（B）。

（2）根据要求工期和计算工期所确定的作为实施目标的工期称为（C）。

2. 网络计划时间参数涉及工作持续时间、工期、最早开始时间、最早完成时间、最迟完成时间、最迟开始时间、总时差和自由时差、节点最早时间和最迟时间、相邻两项工作之间的时间间隔。对这几个概念考生需要理解，考试一般会对概念进行考核。比如：

（1）利用施工网络进度计划，分析某项工作的进度偏差对总工期影响的时间参数是（　　）。

A. 总时差　　B. 工作的最早完成时间

C. 间隔时间　　D. 节点的最早时间

【答案】A

（2）下列网络计划的时间参数中，应以计划工期作为约束条件计算确定的有（　　）。

A. 最早完成时间　　B. 总时差

C. 最迟完成时间　　D. 自由时差

E. 间隔时间

【答案】B、C

专项突破6　按工作计算法（六时标注法）计算双代号网络计划时间参数

例题：某双代号网络计划如下图所示，关于工作时间参数的说法，正确的有（　　）。**【2020年真题】**

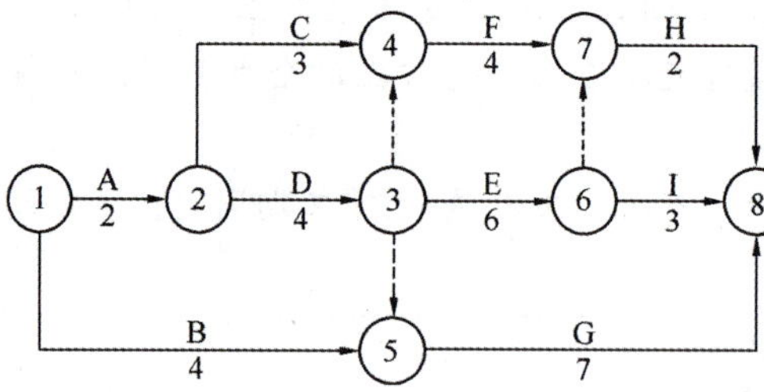

A．工作B的最迟完成时间是第8天

B．工作C的最迟开始时间是第7天

C．工作F的自由时差是1天

D．工作G的总时差是2天

E．工作H的最早开始时间是第13天

【答案】A、D

重点难点专项突破

1. 这部分内容是本章最重要的考点，考生必须完全掌握其知识点。鉴于其重要性，首先将可能会考核到的采分点给大家做下总结。

时间参数	计算
最早开始时间、最早完成时间	（1）工作的最早完成时间：$EF_{i-j}=ES_{i-j}+D_{i-j}$。 （2）其他工作的最早开始时间应等于其紧前工作最早完成时间的最大值，即$ES_{i-j}=\max\{EF_{h-i}\}=\max\{ES_{h-i}+D_{h-i}\}$**【2020年、2023年考过】**

续表

时间参数	计算
计算工期	网络计划的计算工期应等于以网络计划终点节点为箭头节点的工作的最早完成时间的最大值，即 $T_c = \max\{EF_{i-n}\} = \max\{ES_{i-n} + D_{i-n}\}$**【2017年考过】**
最迟完成时间、最迟开始时间	（1）以网络计划终点节点为完成节点的工作，其最迟完成时间等于网络计划的计划工期，即 $LF_{i-n} = T_p$。 （2）工作的最迟开始时间：$LS_{i-j} = LF_{i-j} - D_{i-j}$。**【2019年、2020年、2023年考过】** （3）其他工作的最迟完成时间应等于其紧后工作最迟开始时间的最小值，即 $LF_{i-j} = \min\{LS_{j-k}\} = \min\{LF_{j-k} - D_{j-k}\}$**【2018年、2020年、2023年考过】**
总时差	工作的总时差等于该工作最迟完成时间与最早完成时间之差，或该工作最迟开始时间与最早开始时间之差，即 $TF_{i-j} = LF_{i-j} - EF_{i-j} = LS_{i-j} - ES_{i-j}$**【2009年、2015年、2018年、2019年、2020年、2022年、2023年考过】**
自由时差	（1）对于有紧后工作的工作，其自由时差等于本工作之紧后工作最早开始时间减本工作最早完成时间所得之差的最小值，即 $FF_{i-j} = \min\{ES_{j-k} - EF_{i-j}\} = \min\{ES_{j-k} - ES_{i-j} - D_{i-j}\}$。**【2009年、2013年、2018年、2020年、2023年考过】** （2）对于无紧后工作的工作，也就是以网络计划终点节点为完成节点的工作，其自由时差等于计划工期与本工作最早完成时间之差，即 $FF_{i-n} = T_p - EF_{i-n} = T_p - ES_{i-n} - D_{i-n}$

学习了上述知识点，再来看例题题目的分析过程。例题中关键线路为：A→D→E→I，计算工期为2＋4＋6＋3＝15天。

工作B的紧后工作只有工作G，工作B的最迟完成时间＝工作G的最迟开始时间＝15－7＝8，故选项A正确。

工作C的最迟完成时间＝工作F的最迟开始时间＝15－2－4＝9，所以工作C的最迟开始时间＝9－3＝6，故选项B错误。

工作F的自由时差＝工作H的最早开始时间－工作F的最早完成时间＝（2＋4＋6）－（2＋4＋4）＝2天。工作H的最早开始时间＝2＋4＋6＝12，故选项C、E错误。

工作G的总时差＝工作G的最迟开始时间－工作G的最早开始时间＝（15－7）－（2＋4）＝2天，故选项D正确。

2. 本考点一般会考核三种题型。

第一种题型就是已知某工作和其紧后工作的部分时间参数来求该工作的其他时间参数，下面我们来看一下这类型题目会怎么考。

（1）某工程网络计划中，工作M持续时间2天，自由时差1天，工作M有3项紧后工作，紧后工作的最早开始时间分别为第5天、第6天和第8天，总时差分别为3天、2天、1天。则工作M最迟开始时间是第（　　）天。**【2023年真题】**

A. 3　　B. 4

C. 6　　D. 5

【答案】C

【解析】总时差＝最迟开始时间－最早开始时间，该工作紧后工作的最早开始时间分别是第5天、第6天、第8天，总时差分别为3天、2天、1天，所以3项紧后工作的最迟开始时间分别是第8天、第8天、第9天。工作M的最迟完成时间等于其紧后所有工作最迟开始时间的最小值，故工作M的最迟完成时间是第8天，持续时间为2天，故工作M最迟开始时间是8－2＝6。

（2）某工作有两个紧前工作，最早完成时间分别是第2天和第4天，该工作持续时间是5天，则其最早完成时间是第（　　）天。**【2021年真题】**

A. 7　　B. 11

C. 6　　D. 9

【答案】D

【解析】最早开始时间＝max{2，4}＝4，最早完成时间＝4＋5＝9。

（3）双代号网络计划中，某工作最早第3天开始，工作持续时间2天，有且仅有2个紧后工作，紧后工作最早开始时间分别是第5天和第6天，对应总时差是4天和2天。该工作的总时差和自由时差分别是（　　）。**【2020年真题】**

A. 3天，0天　　B. 0天，0天

C. 4天，1天　　D. 2天，2天

【答案】A

【解析】最迟完成时间各紧后工作的最迟开始间的最小值，则本工作的最迟完成时间＝min{（3＋5)，(3＋6）}＝8。工作的最早完成时间等于最早开始时间加上其持续时间，则本工作的最早完成时间＝3＋2＝5。所以本工作的总时差＝8－5＝3天。当有紧后工作时，自由时差等于紧后工作最早开始时间减本工作的最早完成时间，所以本工作的自由时差＝5－5＝0天。

（4）某工作持续时间2天，有两项紧前工作和三项紧后工作，紧前工作的最早开始时间分别是第3天、第6天（计算坐标系），对应的持续时间分别是5天、1天；紧后工作的最早开始时间分别是第15天、第17天、第19天，对应的总时差分别是3天、2天、0天。该工作的总时差是（　　）天。**【2019年真题】**

A. 8　　B. 9

C. 10　　D. 13

【答案】A

【解析】该工作有紧后工作，所以其总时差等于其最迟开始时间减去最早开始时间，或等于最迟完成时间减去最早完成时间。三项紧后工作中，最早开始时间为第15天的工作，其最迟开始时间为15＋3＝18；最早开始时间为第17天的工作，其最迟开始时间为17＋2＝19；最早开始时间为第19天的工作，其最迟开始时间为19。所以该工作的最迟完成时间为min{18，18，19}＝18，最早开始时间＝max{（3＋5)，(6＋1）}＝8，最早完成时间＝8＋2＝10。所以工作的总时差＝18－10＝8天。

（5）某工作有三项紧后工作，持续时间分别为4天、5天、6天，对应的最迟完成时间分别为第18天、第16天、第14天，则该工作的最迟完成时间是第（　　）天。**【2018年真题】**

A. 6　　B. 8

C. 12　　D. 14

【答案】B

【解析】本工作的最迟完成时间等于紧后工作最迟开始时间的最小值。

（6）某网络计划中，工作Q有两项紧前工作M、N，工作M、N的持续时间分别为4天和5天，工作M、N的最早开始时间分别是第9天和第11天，则工作Q的最早开始时间为第（　　）天。

A. 9　　B. 13

C. 15　　D. 16

【答案】D

【解析】工作M、N的持续时间分别为4天、5天，工作M、N的最早开始时间分别为第9天、第11天，那么工作M、N的最早完成时间分别为第13天、第16天。所以工作Q的最早开始时间是第16天。

第二种题型就是已知双代号网络计划图来求某工作的时间参数，下面我们来看一下这类型题目会怎么考。

（1）某分部工程双代号网络计划如下图所示（时间单位：天）。若计划工期等于计算工期，关于工作时间参数的说法，正确的是（　　）。【2023年真题】

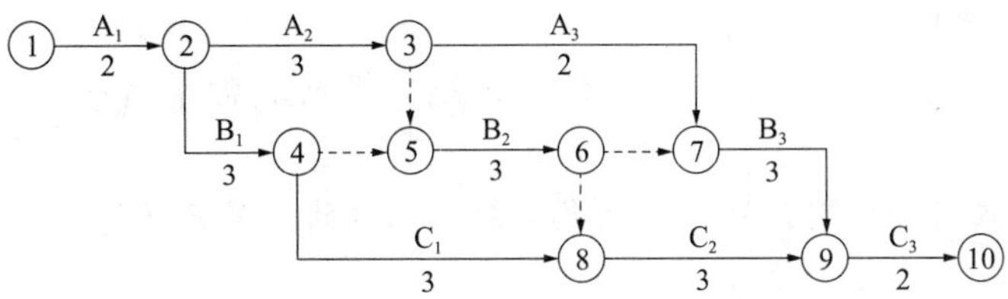

A. 工作A_2的自由时差是1天　　B. 工作B_2的最迟完成时间是第8天

C. 工作C_2的总时差是1天　　D. 工作B_3的最早开始时间是第7天

【答案】B

【解析】工作A_2是关键工作，自由时差是0天，故选项A错误。工作C_2是关键工作，其总时差是0天，故选项C错误。工作B_3的最早开始时间是第8天，故选项D错误。

（2）某双代号网络计划如下图所示（时间单位：天），计算工期是（　　）天。

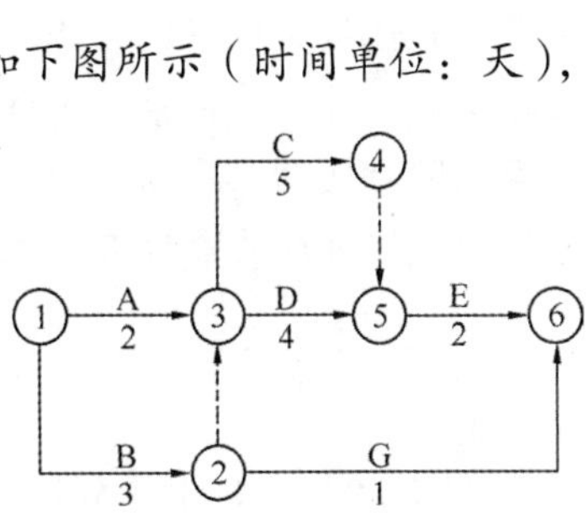

A. 10　　B. 8

C. 9　　D. 11

【答案】A

【解析】本题可以采用找平行线路上持续时间最长的工作相加，则计算工期＝3＋5＋2＝10天。

（3）某双代号网络计划如下图所示（时间单位：天），则工作E的自由时差为（　　）天。**【2018年真题】**

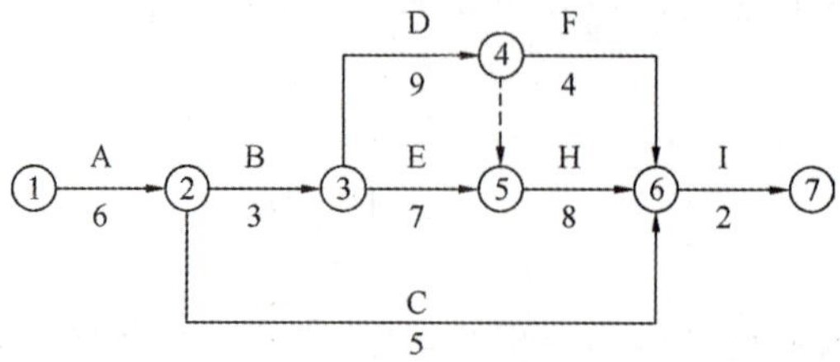

A. 0　　　　B. 4

C. 2　　　　D. 15

【答案】C

【解析】自由时差等于紧后工作的最早开始时间减去本工作的最早完成时间。本题的关键线路为：A→B→D→H→I（或①→②→③→④→⑤→⑥→⑦）。工作H的最早开始时间为6＋3＋9＝18。工作E的最早完成时间等于6＋3＋7＝16。工作E的自由时差为18－16＝2天。

第三种题型就是对时间参数计算的表述题，下面我们来看一下这类型题目会怎么考。

（1）在计算双代号网络计划的时间参数时，工作的最早开始时间应为其所有紧前工作（　　）。

A. 最早完成时间的最小值　　　　B. 最早完成时间的最大值

C. 最迟完成时间的最小值　　　　D. 最迟完成时间的最大值

【答案】B

（2）工程网络计划中，工作N有紧后工作，确定其总时差的方法有（　　）。**【2023年真题】**

A. 工作N紧后工作的最早开始时间减去工作N的最早完成时间

B. 工作N的最迟完成时间减去其最早完成时间

C. 工作N紧后工作的自由时差加工作N与该紧后工作之间时距的最小值

D. 工作N与其紧后工作之间间隔时间的最小值

E. 工作N紧后工作的总时差加工作N与该紧后工作之间间隔时间的最小值

【答案】B、E

专项突破7　按节点法（二时标注法）计算双代号网络计划时间参数

例题：某工程网络计划如下图所示，工作D的最迟开始时间是第（　　）天。**【2019年真题】**

A. 3　　　　B. 5

C. 6　　　　D. 8

【答案】D

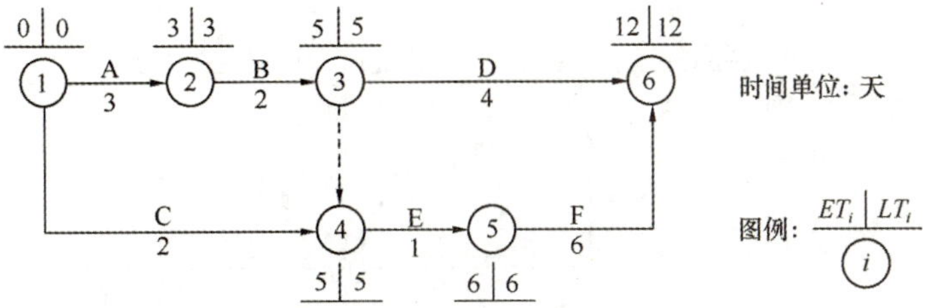

重点难点专项突破

1. 在2012年、2018年、2019年都考核过该知识点的题目。从历年考试情况来看，本考点主要考核题型是根据已知双代号网络计划来求某工作的时间参数，考核最多的是总时差、自由时差的计算，关键线路与关键工作的判断。具体内容见下表。

时间参数	计算
节点最早时间	（1）网络计划起点节点，如未规定最早时间时，其值等于零。 （2）其他节点的最早时间的计算：$ET_j=\max\{ET_i+D_{i-j}\}$。 （3）网络计划的计算工期等于网络计划终点节点的最早时间，即$T_c=ET_n$
计划工期	（1）当已规定了要求工期时，计划工期不应超过要求工期，即$T_p<T_c$。 （2）当未规定要求工期时，可令计划工期等于计算工期，即$T_p=T_c$
节点最迟时间	（1）网络计划终点节点的最迟时间等于网络计划的计划工期，即$LT_n=T_p$。 （2）其他节点的最迟时间的计算：$LT_i=\min\{LT_j-D_{i-j}\}$
最早开始时间	工作的最早开始时间等于该工作开始节点的最早时间，即$ES_{i-j}=ET_i$
最早完成时间	工作的最早完成时间等于该工作开始节点的最早时间与其持续时间之和，即$EF_{i-j}=ET_i+D_{i-j}$
最迟完成时间	工作的最迟完成时间等于该工作完成节点的最迟时间，即$LF_{i-j}=LT_j$
最迟开始时间	工作的最迟开始时间等于该工作完成节点的最迟时间与其持续时间之差，即$LS_{i-j}=LT_j-D_{i-j}$
总时差	工作的总时差等于该工作完成节点的最迟时间减去该工作开始节点的最早时间所得差值再减其持续时间，即$TF_{i-j}=LF_{i-j}-EF_{i-j}=LT_j-(ET_i+D_{i-j})=LT_j-ET_i-D_{i-j}$
自由时差	自由时差等于本工作的紧后工作最早开始时间减本工作最早完成时间所得之差的最小值，即$FF_{i-j}=\min\{ES_{j-k}-ES_{i-j}-D_{i-j}\}=\min\{ES_{j-k}\}-ES_{i-j}-D_{i-j}=\min\{ET_j\}-ET_i-D_{i-j}$。 特别需要注意的是，如果本工作与其各紧后工作之间存在虚工作时，其中的ET应为本工作紧后工作开始节点的最早时间，而不是本工作完成节点的最早时间

例题中，工作D的紧后工作的最迟开始时间为12，即工作D的工作最迟完成时间为12，工作D的最迟开始时间=最迟完成时间−持续时间=12−4=8。

2. 下面再准备一道题目来练习。

某工程双代号网络计划如下图所示，已标明各项工作的最早开始时间（ES_{i-j}）、最迟开始时间（LS_{i-j}）和持续时间（D_{i-j}）。该网络计划表明（　　）。**【2018年真题】**

A. 工作B的总时差和自由时差相等

B. 工作D的总时差和自由时差相等

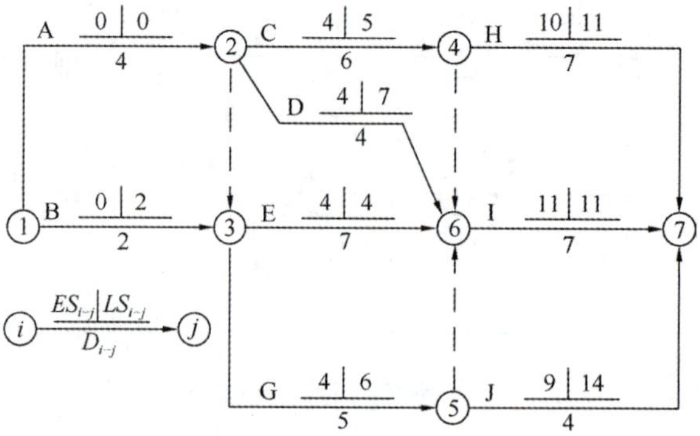

C. 工作C和工作E均为关键工作

D. 工作G的总时差、自由时差分别为2天、0天

E. 工作J的总时差和自由时差相等

【答案】 A、B、D、E

【解析】 工作B的总时差＝4－2－0＝2天，工作B的自由时差＝4－2－0＝2天，两者相等，故选项A正确。本题的关键线路为①→②→③→⑥→⑦，工作C为非关键工作。工作D的总时差＝11－4－4＝3天，工作D的自由时差＝11－4－4＝3天，两者相等，故选项B正确。工作G的总时差＝11－5－4＝2天，工作G的自由时差＝9－5－4＝0天，故选项D正确。工作J的总时差＝18－4－9＝5天，工作J的自由时差＝18－4－9＝5天，故选项E正确。

专项突破8　单代号网络计划时间参数的计算

例题：某单代号网络计划如下图所示（时间单位：天），计算工期是（　　）天。**【2021年真题】**

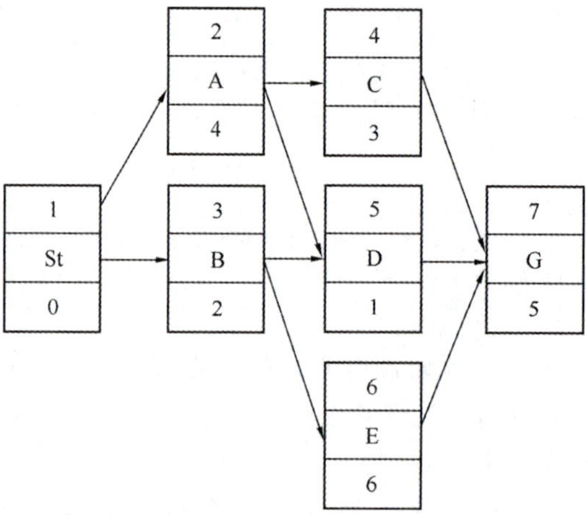

A. 13　　　B. 10

C. 12　　　D. 8

【答案】 A

重点难点专项突破

1. 首先将可能会考核到的采分点给大家做下总结。

时间参数	计算
最早开始时间和最早完成时间	工作最早完成时间等于该工作最早开始时间加上其持续时间，$EF_i=ES_i+D_i$。 工作最早开始时间等于该工作的各个紧前工作的最早完成时间的最大值，如工作j的紧前工作的代号为i，则$ES_j=\max\{EF_i\}=\max\{ES_i+D_i\}$
网络计划的计算工期T_c	T_c等于网络计划的终点节点n的最早完成时间EF_n，即$T_c=EF_n$
相邻两项工作之间的时间间隔$LAG_{i,j}$	相邻两项工作i和j之间的时间间隔$LAG_{i,j}$，等于紧后工作j的最早开始时间ES_j和本工作的最早完成时间EF_i之差，即$LAG_{i,j}=ES_j-EF_i$
工作总时差TF_i	工作i的总时差TF_i应从网络计划的终点节点开始，逆着箭线方向依次逐项计算。 网络计划终点节点的总时差TF_n，如计划工期等于计算工期，其值为零，即$TF_n=0$。 其他工作i的总时差TF_i等于该工作的各个紧后工作j的总时差TF_j加该工作与其紧后工作之间的时间间隔$LAG_{i,j}$之和的最小值，即$TF_i=\min\{TF_j+LAG_{i,j}\}$
工作自由时差	工作i若无紧后工作，其自由时差FF_n等于计划工期T_p减该工作的最早完成时间EF_n，即$FF_n=T_p-EF_n$。 当工作i有紧后工作j时，其自由时差FF_i等于该工作与其紧后工作j之间的时间间隔$LAG_{i,j}$的最小值，即$FF_i=\min\{LAG_{i,j}\}$
工作的最迟开始时间和最迟完成时间	工作i的最迟开始时间LS_i等于该工作的最早开始时间ES_i与其总时差TF_i之和，即$LS_i=ES_i+TF_i$。 工作i的最迟完成时间LF_i等于该工作的最早完成时间EF_i与其总时差TF_i之和，即$LF_i=EF_i+TF_i$

学习了上面知识点，我们来看下例题应该怎么解答。

除起点节点所代表的工作外，其他工作的最早开始时间应等于其紧前工作最早完成时间的最大值。工作的最早完成时间应等于本工作的最早开始时间与其持续时间之和。

工作A：最早开始时间＝0，最早完成时间＝0＋4＝4。

工作B：最早开始时间＝0，最早完成时间＝0＋2＝2。

工作C：最早开始时间＝4，最早完成时间＝4＋3＝7。

工作D：紧前工作包括工作A、B，则最早开始时间＝max{4，2}＝4，最早完成时间＝4＋1＝5。

工作E：最早开始时间＝2，最早完成时间＝2＋6＝8。

工作G：紧前工作包括工作C、D、E，最早开始时间＝max{7，5，8}＝8，最早完成时间＝8＋5＝13。

计算工期＝13天。

2. 本考点大致有三种题型。

第一种就是已知某工作和其紧后工作的部分时间参数来求该工作的其他时间参数，下面我们来看一下这类型题目会怎么考。

（1）某网络计划中，工作F有且仅有两项并行的紧后工作G和H，工作G的最迟开始时间为第12天，最早开始时间为第8天；工作H的最迟完成时间是为第14天，最早完成时间为第12天。工作F与G、H的时间间隔分别为4天和5天，则工作F的总时差为（　　）天。

A. 4　　B. 5

C. 7　　D. 8

【答案】C

【解析】工作F的总时差＝min{（12－8）＋4，（14－12）＋5}＝7天。

（2）某网络计划中，工作M的最早完成时间为第8天，最迟完成时间为第13天，工作的持续时间为4天，与所有紧后工作的间隔时间最小值为2天，则该工作的自由时差为（　　）天。

A. 2　　B. 3

C. 4　　D. 5

【答案】A

【解析】当工作有紧后工作时，其自由时差等于该工作与其紧后工作之间的时间间隔之和的最小值。则该工作的自由时差为2天。

第二种题型就是已知单代号网络计划图来求某工作的时间参数，下面来看一下这类型题目会怎么考。

（1）某分部工程的单代号网络计划如下图所示（时间单位：天），正确的有（　　）。

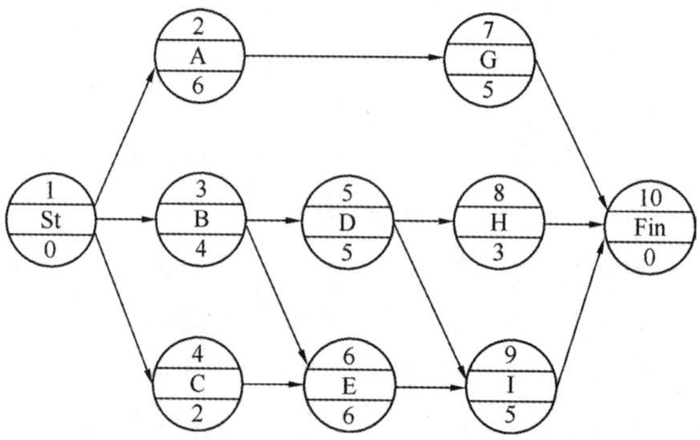

A. 有两条关键线路　　B. 计算工期为15天

C. 工作G的总时差和自由时差均为4天　　D. 工作D和I之间的时间间隔为1天

E. 工作H的自由时差为2天

【答案】B、C、D

【解析】本题的计算过程如下图所示。

由图可知关键线路为B→E→I，只有一条，计算工期为15天，故选项A错误，选项B正确。工作G的总时差＝0＋15－11＝4天，工作G的自由时差＝15－11＝4天，故选项C正确。工作D和I之间的时间间隔＝10－9＝1天，故选项D正确。工作H的自由时差＝15－12＝3天，故选项E错误。

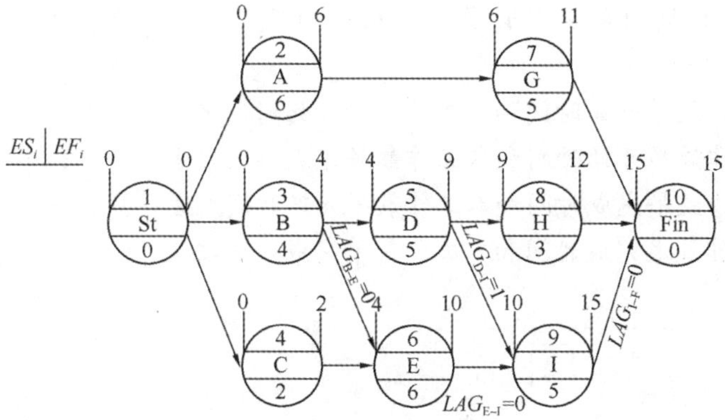

（2）某工程单代号网络计划（时间单位：天）如下图所示，图中节点上下方数字分别表示相应工作代号和持续时间，时间参数计算正确的有（　　）。**【2022年真题】**

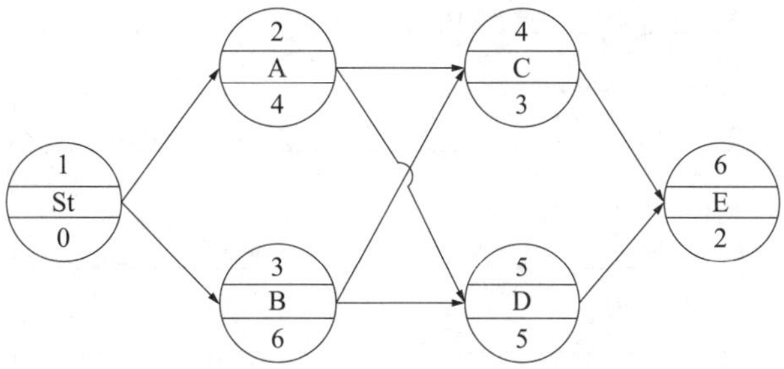

A. $LS_B=0$　　B. $FF_D=0$

C. $LS_A=0$　　D. $TF_C=0$

E. $LF_E=13$

【答案】A、B、E

【解析】解题过程：

（1）本题的关键线路为：B→D→E。

（2）工作B的总时差（TF_B）为0，工作B的最早开始时间为0，工作B的最迟开始时间（LS_B）＝工作B的最早开始时间（ES_B）＋总时差（TF_B）＝0，故选项A正确。

（3）自由时差等于该工作与其紧后工作之间的时间间隔最小值。工作D为关键工作，与其紧后工作的时间间隔为0，则其自由时差$FF_D=0$，故选项B正确。

（4）总时差等于该工作的各个紧后工作的总时差加该工作与其紧后工作之间时间间隔之和的最小值。工作A的紧后工作包括工作C和工作D，工作C的总时差（TF_C）＝0＋2＝2天，工作D的总时差为0，则工作A的总时差＝min{（2＋2），（0＋2）}＝2天。工作A的最早开始时间为0，则工作A的最迟开始时间（LS_A）＝工作A的最早开始时间（ES_A）＋总时差（TF_A）＝0＋2＝2，故选项C、D错误。

（5）最迟完成时间等于该工作的最早完成时间与其总时差之和。工作E为关键工作，总时差为0，其最早开始时间为6＋5＝11，最早完成时间为11＋2＝13，则其最迟完成时间（LF_E）＝13＋0＝13，故选项E正确。

第三种题型就是对时间参数计算的表述题，下面来看一下这类型题目会怎么考。

单代号网络计划时间参数计算中，相邻两项工作之间的时间间隔（$LAG_{i,j}$）是（　　）。

A. 紧后工作最早开始时间和本工作最早开始时间之差

B. 紧后工作最早开始时间和本工作最早完成时间之差

C. 紧后工作最早完成时间和本工作最早开始时间之差

D. 紧后工作最迟完成时间和本工作最早完成时间之差

【答案】B

专项突破9　双代号时标网络计划中时间参数的判定

例题：某工程双代号时标网络计划如下图所示，正确的结论有（　　）。

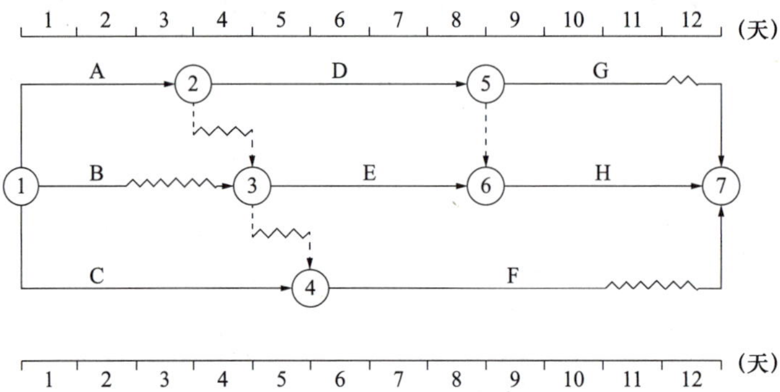

A. 工作A为关键工作

B. 工作B的自由时差为2天

C. 工作C的总时差为零

D. 工作D的最迟完成时间为第8天

E. 工作E的最早开始时间为第2天

【答案】A、B、D

重点难点专项突破

1. 针对本题进行分析：

首先来看选项A，判断关键工作，那么就要找出关键线路，而双代号时标网络计划中关键线路是很好判断的，不出现波形线的线路即为关键线路，本题中关键线路为：A→D→H。工作A、D、H为关键工作。

（1）关于总时差的计算：以终点节点为完成节点的工作，其总时差应等于计划工期与本工作最早完成时间之差。其他工作的总时差等于其紧后工作的总时差加本工作与该紧后工作之间的时间间隔所得之和的最小值。工作C紧后工作只有工作F，计算工作C的总时差，首先要计算工作F的总时差，工作F的总时差＝2＋0＝2天；那么工作C的总时差＝0＋2＝2天。

（2）关于自由时差的计算：以终点节点为完成节点的工作，其自由时差应等于计划工期与本工作最早完成时间之差。事实上，以终点节点为完成节点的工作，其自由时差与总时差必然相等。其他工作的自由时差就是该工作箭线中波形线的水平投影长度。但当工作之后只紧接虚工作时，则该工作箭线上一定不存在波形线，而其紧接的虚箭线中波形线水平投影长度的最短者为该工作的自由时差。工作B的自由时差为2天。

（3）关于最迟完成时间的计算：工作的最迟完成时间等于本工作的最早完成时间与其总时差之和。工作D的最迟完成时间为8＋0＝8。

（4）关于最早开始时间的计算：工作箭线左端节点中心所对应的时标值为该工作的最早开始时间。工作E的紧前工作为工作A、B，其最早开始时间为第4天。

2. 本考点考核的题型主要是根据时标网络计划图，计算时间参数，下面再列举几个题目练习：

（1）某工程双代号时标网络计划如下图所示，图中表明的正确信息是（　　）。

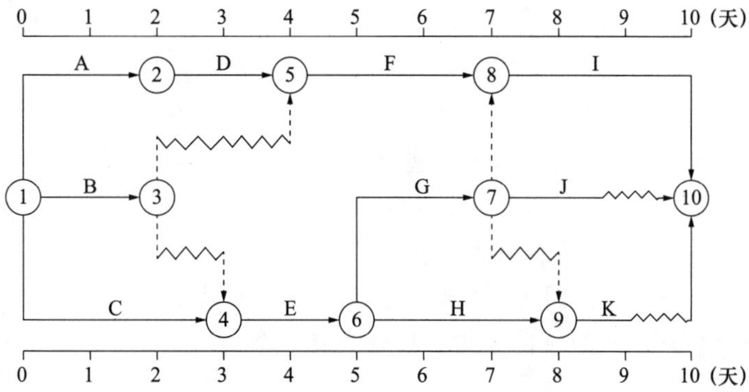

A. 工作B的自由时差为1天　　B. 工作C的自由时差为1天

C. 工作G的总时差为1天　　D. 工作H的总时差为零

【答案】A

【解析】本题关键线路是A→D→F→I和C→E→G→I，工作B的自由时差为1天，故选项A正确，工作C为关键工作，自由时差为0，故选项B错误。工作G在关键线路上，总时差为0，故选项C错误。工作H的总时差是1天，故选项D错误。

（2）某工程双代号时标网络计划如下图所示，图中显示的正确信息有（　　）。

【2024年真题】

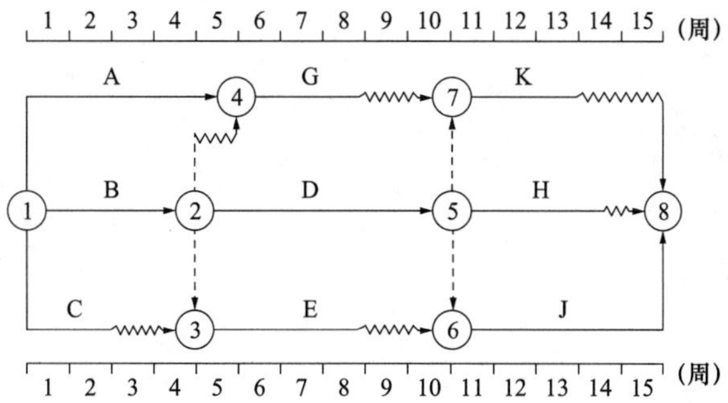

A. 工作A为非关键工作　　B. 工作C的自由时差为2周

C. 工作G的自由时差为4周　　D. 工作E的总时差为2周

E. 工作D的总时差为1周

【答案】A、B、D

【解析】关键工作为B、D、J。工作G的自由时差为2周，故选项C错误。工作D的总时差为0，故选项E错误。

（3）双代号时标网络计划如下图所示，关于时间参数及关键线路的说法，正确的有（　　）。

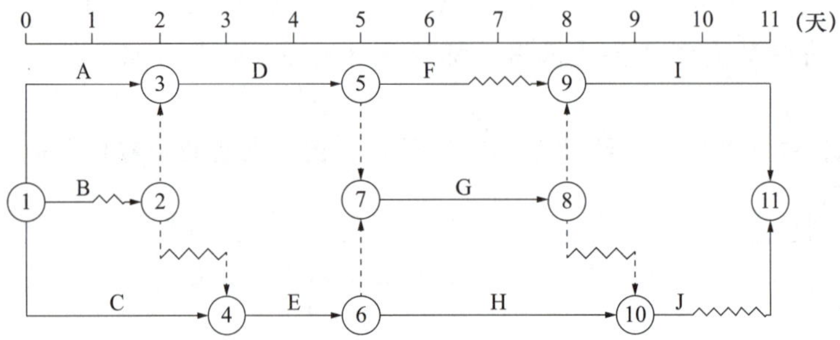

A. 工作A的总时差为1天，自由时差为0

B. 工作C的总时差为0，自由时差为0

C. 工作B的总时差为1天，自由时差为1天

D. 工作H的最早完成时间为第9天，最迟完成时间为第9天

E. ①→②→④→⑥→⑦→⑧→⑨→⑪是关键线路

【答案】B、C

【解析】本题的关键线路为：①→③→⑤→⑦→⑧→⑨→⑪（A→D→G→I）、①→④→⑥→⑦→⑧→⑨→⑪（C→E→G→I），故选项E错误。工作A为关键工作，总时差、自由时差均为0，故选项A错误。工作C为关键工作，总时差、自由时差均为0，所以选项B正确。工作B的总时差＝min{0＋1，0＋2}＝1天，自由时差＝1天，故选项C正确。工作H的最早完成时间＝9，最迟完成时间＝10，故选项D错误。

专项突破10　单代号搭接网络计划时间参数的计算

例题：某工程单代号搭接网络计划如下图所示（时间单位：天），其中工作B的最早开始时间是第（　　）天。

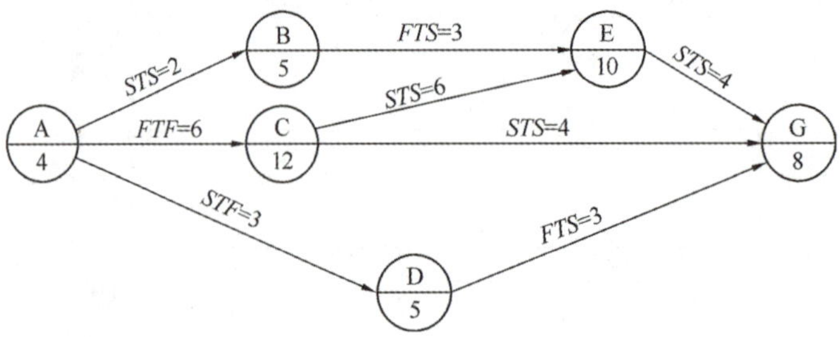

A. 0　　　　B. 2

C. 4　　　　D. 20

【答案】B

重点难点专项突破

1. 本考点还可以考查的题目有：

（1）某工程单代号搭接网络计划如上图所示，其中工作C的总时差是（C）天。

（2）某工程单代号搭接网络计划如上图所示，其中工作C的自由时差是（C）天。

（3）某工程单代号搭接网络计划如上图所示，其中工作C和E的时间间隔是（C）天。

（4）某工程单代号搭接网络计划如上图所示，其中工作E的最早完成时间是第（D）天。

解题过程：

工作B的最早开始时间$ES_B=ES_A+STS_{A,B}=0+2=2$；最早完成时间$EF_B=ES_B+D_B=2+5=7$。

工作A与工作D之间的时距为STF，所以$EF_D=ES_A+STF_{A,D}=0+3=3$，$ES_D=EF_D-D_D=3-5=-2$；工作D的最早开始时间出现负值，显然是不合理的，所以工作D的最早开始时间$ES_D=0$，$EF_D=0+5=5$。

工作A与工作C之间的时距为FTF，所以$ES_C=EF_A+FTF_{A,C}-D_C=4+6-12=-2$，工作C的最早开始时间出现负值，显然是不合理的，所以工作C的最早开始时间$ES_C=0$，$EF_C=0+12=12$。

工作E的紧前工作包括工作B、C，最早开始时间应分别计算后取其最大值。首先根据工作B、E搭接关系FTS计算，$ES_E=EF_B+FTS_{B,E}=7+3=10$；根据工作C、E搭接关系STS计算，$ES_E=ES_B+STS_{C,E}=2+6=8$；取最大值为10，$EF_E=10+10=20$。

工作G的紧前工作包括工作C、D、E，最早开始应分别计算后取其最大值。首先根据工作C、G搭接关系STS计算，$ES_G=ES_C+STS_{C,G}=0+4=4$；根据工作D、G搭接关系FTS计算，$ES_G=EF_D+FTS_{D,G}=5+3=8$；根据工作E、G搭接关系STS计算，$ES_G=ES_E+STS_{E,G}=10+4=14$；取最大值为10，$EF_G=14+8=22$。

本题的计算结果如下图所示。

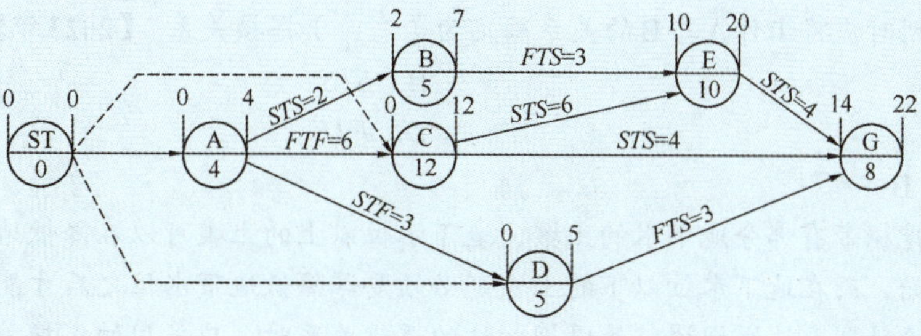

由此可知：

$LAG_{A,B}=ES_B-ES_A-STS_{A,B}=2-0-2=0$。

$LAG_{A,C}=EF_C-EF_A-FTF_{A,C}=12-4-6=2$天。

$LAG_{A,D}=EF_D-ES_A-STF_{A,D}=5-0-3=2$天。

$LAG_{B,E}=ES_E-EF_B-FTS_{B,E}=10-7-3=0$。

$LAG_{C,E}=ES_E-ES_C-STS_{C,E}=10-0-6=4$天。

$LAG_{C,G}=ES_G-ES_C-STS_{C,G}=14-0-4=10$天。

$LAG_{D,G}=ES_G-EF_D-FTS_{D,G}=14-5-3=6$天。

$LAG_{E,G}=ES_G-ES_E-STS_{E,G}=14-10-4=0$。

利用LAG来寻找关键线路，从终点向起点方向，$LAG=0$线路向前连通直到起点，这条线路就是关键线路。由此可知，关键线路为A→B→E→G。

接下来根据上述计算结果来计算总时差和自由时差：

工作C的总时差$=\min\{(TF_E+LAG_{C,E}),(TF_G+LAG_{C,G})\}$，工作E的总时差$=\min\{TF_G+LAG_{E,G}\}$，工作G的总时差$=22-22=0$，故$TF_E=0+0=0$，$TF_C=\min\{0+4,0+14\}=4$天。

工作C的自由时差$=\min\{LAG_{C,E},LAG_{C,G}\}=\min\{4,14\}=4$天。

2. 首先了解有几种搭接关系。

五种搭接关系，分别是：结束到开始（*FTS*）的搭接关系**【2022年考过】**、开始到开始（*STS*）的搭接关系**【2023年考过】**、结束到结束（*FTF*）的搭接关系、开始到结束（*STF*）的搭接关系、混合搭接关系。

（1）修一条堤坝的护坡时，一定要等土堤自然沉降后才能修护坡，用单代号搭接网络计划表达堤坝填筑和堤坝护坡的逻辑关系时，应采用的搭接关系是*FTS*。**【2022年考过】**

（2）相邻两工作，当紧前工作的施工速度小于紧后工作时，则必须考虑为紧后工作留有充分的工作面，用单代号搭接网络计划表达堤坝填筑和堤坝护坡的逻辑关系时，应采用的搭接关系是*FTF*。

（3）道路工程中的铺设路基和浇筑路面，待路基开始工作一定时间为路面工程创造一定工作条件之后，路面工程即可开始进行，用单代号搭接网络计划表达堤坝填筑和堤坝护坡的逻辑关系时，应采用的搭接关系是*STS*。我们学习一下2023年的真题：

某道路工程包括铺设路基工作A和浇筑路面工作B。根据施工组织安排，需待铺设路基工作A开始一段时间为浇筑路面工作B创造施工条件后，工作B才能开始进行。则制定施工计划时应将工作A与B的关系确定为（　　）搭接关系。**【2023年真题】**

A. *FTS*　　B. *STS*

C. *STF*　　D. *FTF*

【答案】B

（4）要挖掘带有部分地下水的土壤，地下水位以上的土壤可以在降低地下水位工作完成之前开始，而在地下水位以下的土壤则必须要等降低地下水位之后才能开始，用单代号搭接网络计划表达堤坝填筑和堤坝护坡的逻辑关系时，应采用的搭接关系是*STF*。

3. 时间参数如何计算？

起点节点的最早开始时间为零，最早完成时间为开始加持续。

其他工作的最早时间按时距算。

（1）时距为STS，$ES_j=ES_i+STS_{i,j}$。

（2）时距为STF，$ES_j=ES_i+STF_{i,j}-D_j$。

记忆技巧：开始加时距，如遇完成减持续。

（3）时距为FTF，$ES_j = EF_i + FTF_{i,j} - D_j$。

（4）时距为FTS，$ES_j = EF_i + FTS_{i,j}$。

记忆技巧：完成加时距，如遇完成减持续。

相邻两项工作之间的时间间隔：

（1）FTS时的时间间隔：$LAG_{i,j} = ES_j - (EF_i + FTS_{i,j}) = ES_j - EF_i - FTS_{i,j}$

（2）STS时的时间间隔：$LAG_{i,j} = ES_j - (ES_i + STS_{i,j}) = ES_j - ES_i - STS_{i,j}$

记忆技巧：开始减时距，遇开减开，遇完减完。

（3）FTF时的时间间隔：$LAG_{i,j} = EF_j - (EF_i + FTF_{i,j}) = EF_j - EF_i - FTF_{i,j}$

（4）STF时的时间间隔：$LAG_{i,j} = EF_j - (ES_i + STF_{i,j}) = EF_j - ES_i - STF_{i,j}$

记忆技巧：完成减时距，遇开减开，遇完减完。

（5）混合搭接关系时的时间间隔。当相邻两项工作之间存在两种时距及以上搭接关系时，应分别计算出时间间隔，然后取其中的最小值。

4. 本考点是一个难理解的考点，考试题目难度较大。考试时有两种考核题型，一种是已知单代号搭接网络计划图求某工作的时间参数；另一种是已知某工作和其紧后工作的部分时间参数求该工作的其他时间参数。下面再做三个题目来巩固这部分知识点。

（1）某工程的单代号搭接网络计划如下图所示（时间单位：天）。该工程的计算工期是（　　）天。**【2023年真题】**

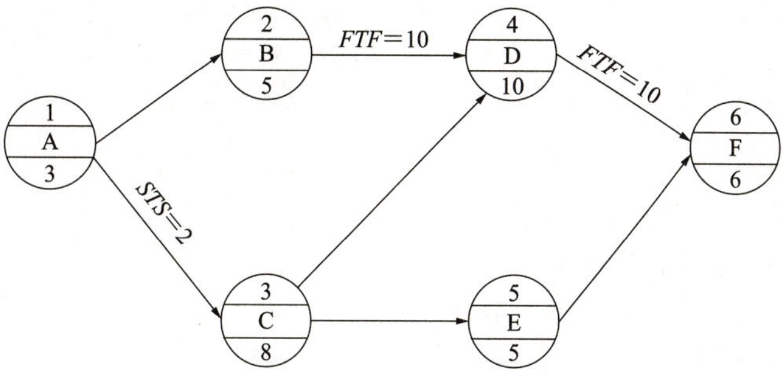

A. 24　　B. 30

C. 26　　D. 27

【答案】B

【解析】本题的计算过程如下：

（1）工作A的最早开始时间＝0，最早完成时间＝0＋3＝3。

（2）相邻时距为STS时，工作C的最早开始时间＝$ES_A + STS_{A,C} = 1 + 2 = 3$，工作C的最早完成时间＝2＋8＝10。

（3）工作B的最早开始时间＝$EF_A = 3$，最早完成时间＝3＋5＝8。

（4）工作D紧前工作有工作B、C，最早开始时间应分别计算后取其最大值。

工作B、D搭接关系为FTF，则工作D最早开始时间＝$EF_B + FTF_{B,D} - D_D = 8 + 10 - 10 = 8$。

工作B、C无搭接关系，则工作D最早开始时间＝$EF_C = 10$。

取其最大值，则工作D的最早开始时间＝10，最早完成时间＝10＋10＝20。

（5）工作E的最早开始时间＝EF_C＝10，最早完成时间＝10＋5＝15。

（6）工作F的紧前工作有工作D、E，最早开始时间应分别计算后取其最大值。

工作D、F搭接关系为FTF，则工作F最早开始时间＝$EF_D + FTF_{D,F} - D_F$＝20＋10－6＝24。

工作E、F无搭接关系，则工作F最早开始时间＝EF_E＝15。

取其最大值，则工作F的最早开始时间＝24，最早完成时间＝24＋6＝30。

搭接网络计划计算工期由于终点相联系的工作的最早完成时间的最大值决定，则该工程的计算工期为30天。

（2）某单代号搭接网络计划如下图所示（时间单位：天），其时间参数正确的有（　　）。**【2021年真题】**

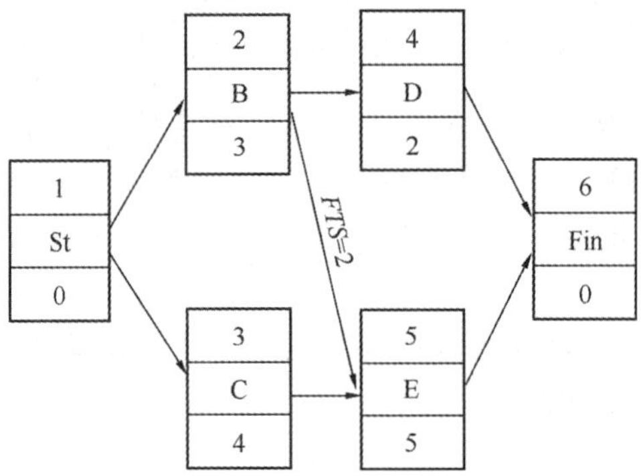

A. LS_D＝第8天　　B. LS_E＝第5天

C. LF_C＝第5天　　D. FF_B＝2天

E. TF_C＝1天

【答案】 A、B、C、E

【解析】 本题计算如下图所示，

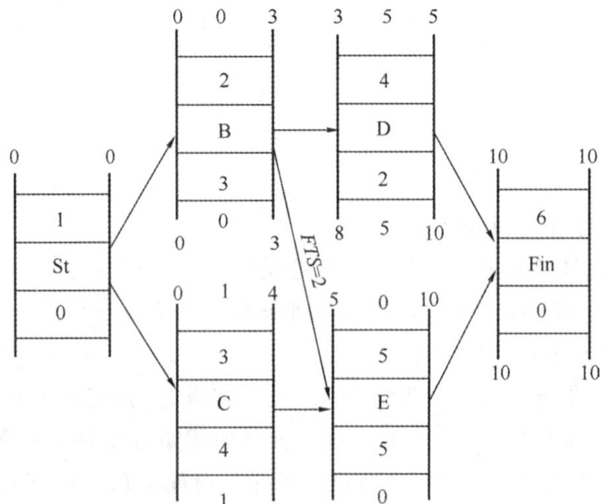

工作B的自由时差＝0，故选项D错误。

（3）单代号搭接网络计划中，某工作持续时间3天，有且仅有一个紧前工作，紧前工作最早第2天开始，工作持续时间5天，该工作与紧前工作间的时距是$FTF=2$天。该工作的最早开始时间是第（　　）天。**【2020年真题】**

A. 6　　B. 0

C. 3　　D. 5

【答案】 A

【解析】 相邻时距为FTF时，该工作的最早开始时间＝紧前工作的最早开始时间＋紧前工作的持续时间＋时距－该工作的持续时间＝2＋5＋2－3＝6天。

专项突破11　关键工作的确定

例题： 某双代号网络计划如下图所示（时间单位：天），其关键工作有（　　）。**【2021年真题】**

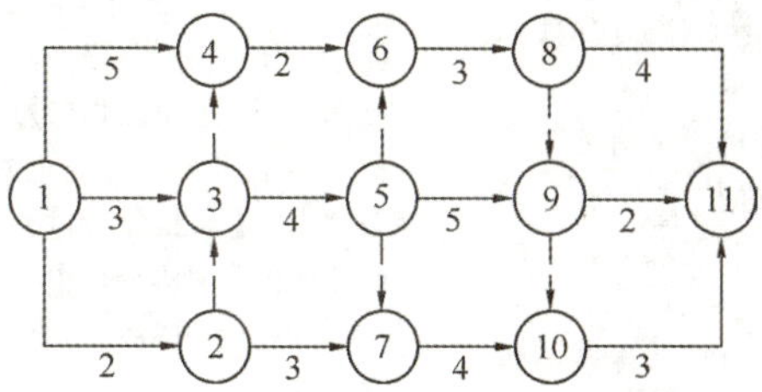

A. 工作⑧→⑪　　B. 工作⑦→⑩

C. 工作③→⑤　　D. 工作①→④

E. 工作⑤→⑨

【答案】 C、E

重点难点专项突破

1. 本考点考试时会根据网络计划图，判断备选项中的工作是否为关键工作，也就是例题题目的考法；也会与时间参数计算、关键线路判断等综合考核，看下面这道题目：

某钢筋混凝土基础工程，包括支模板、绑扎钢筋、浇筑混凝土三道工序，每道工序安排一个专业施工队进行，分三段施工，各工序在一个施工段上的作业时间分别3天、2天、1天，关于其施工网络计划的说法，正确的有（　　）。

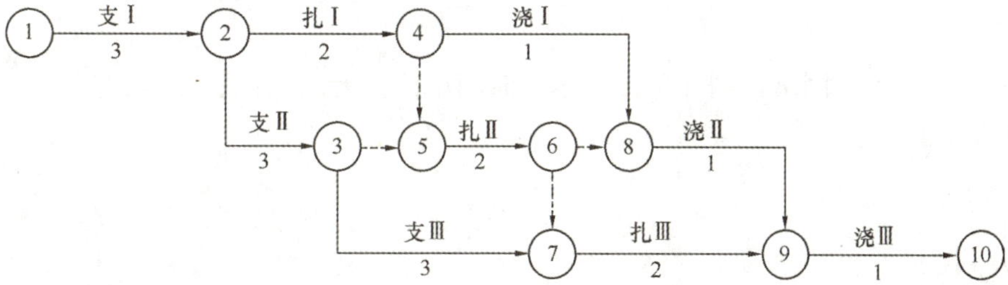

A. 工作①—②是关键工作　　B. 只有1条关键路线

C. 工作⑤—⑥是非关键工作　　D. 节点⑤的最早时间是5

E. 虚工作③—⑤是多余的

【答案】A、B、C

【解析】该施工网络计划的关键线路是①→②→③→⑦→⑨→⑩，由此可知选项A、B、C正确。节点5的最早时间＝max{3＋2，3＋3}＝6，故选项D错误。判断是否为虚工作的方法是：如某一虚工作的紧前工作只有虚工作，那么该虚工作是多余的；如果某两个节点之间既有虚工作，又有实工作，那么该虚工作也是多余的。由此可以判断虚工作③—⑤不是多余的。

2. 关键工作的确定还会考核判断正确与错误说法的综合题目。下面对关键工作的正确与错误说法进行总结。

正确说法	错误说法
（1）总时差最小的工作是关键工作。**【2011年、2022年、2023年考过】** （2）当计划工期等于计算工期时，总时差为零的工作就是关键工作。**【2009年考过】** （3）最迟开始时间与最早开始时间相差最小的工作是关键工作。**【2009年考过】** （4）最迟完成时间与最早完成时间相差最小的工作是关键工作。**【2022年考过】** （5）关键线路上的工作均为关键工作。**【2010年考过】** （6）关键工作可以在非关键线路上**【2023年考过】**	（1）关键工作的自由时差全部为零。 （2）双代号时标网络计划中工作箭线上无波形线的工作是关键工作。**【2022年考过】** （3）双代号网络计划中两端节点均为关键节点的工作的关键工作。**【2022年考过】** （4）双代号网络计划中持续时间最长的工作是关键工作。 （5）单代号网络计划中与紧后工作之间时间为零的工作是关键工作。 （6）单代号搭接网络计划中时间间隔为零的工作是关键工作。 （7）单代号搭接网络计划中与紧后工作之间时距最小的工作是关键工作

我们一起来学习一下2022年真题：

工程网络计划中，关键工作是指（　　）的工作。**【2022年真题】**

A. 时标网络计划中无波形线

B. 与紧后工作之间间隔时间为零

C. 最迟开始时间与最早开始时间相差最小

D. 总时差最小

E. 双代号网络计划中两端节点均为关键节点

【答案】C、D

专项突破12　关键线路的确定

例题：某双代号网络计划如下图所示（时间单位：天），其关键线路有（　　）条。**【2016年真题】**

A. 2　　B. 3

C. 4　　D. 5

【答案】C

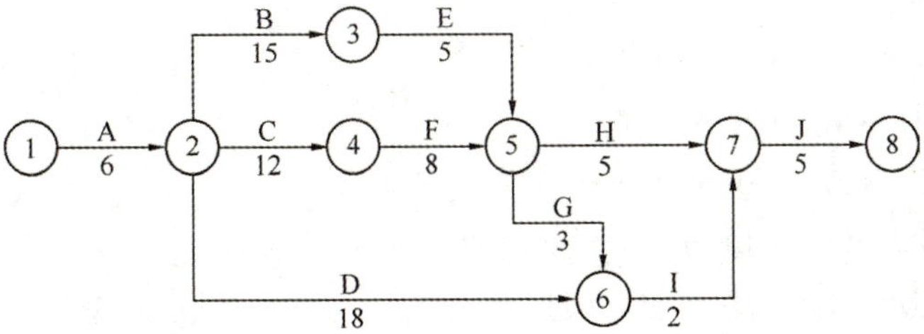

重点难点专项突破

1. 本考点还可以考核的题目有：

（1）某工程双代号网络计划如下图所示（时间单位：周）。其关键线路有（　　）条。**【2023年真题】**

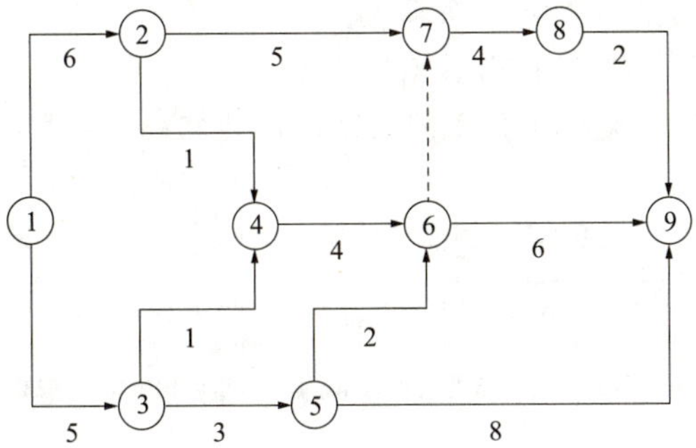

【答案】B

（2）下列双代号时标网络计划中，关键线路有（　　）条。

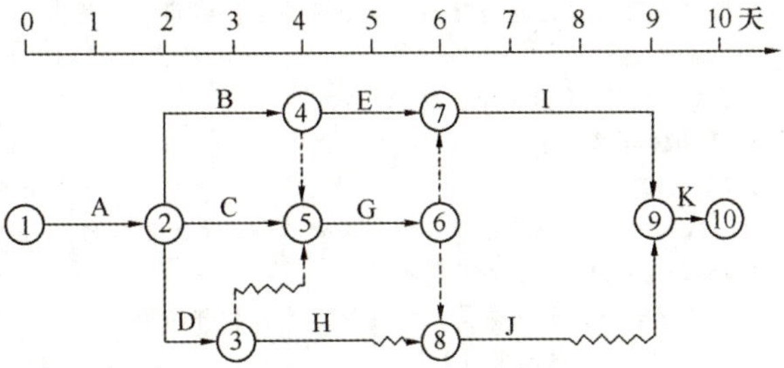

【答案】B

命题总结：

考试时还会将各线路作为备选项，判断哪一条线路属于关键线路，看下面这道题目：

某建设工程网络计划如下图所示（时间单位：月），该网络计划的关键线路有（　　）。

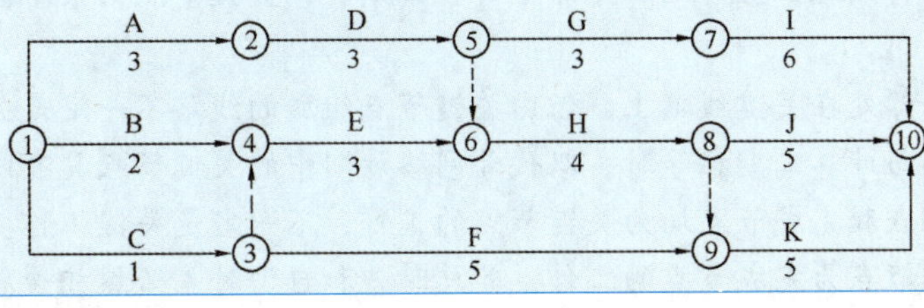

A. ①→②→⑤→⑦→⑩

B. ①→④→⑥→⑧→⑩

C. ①→②→⑤→⑥→⑧→⑩

D. ①→②→⑤→⑥→⑧→⑨→⑩

E. ①→④→⑥→⑧→⑨→⑩

【答案】A、C、D

2. 上述题型都是根据网络计划图，判断关键线路；也会这样考：

工程网络计划中，关键线路是指（　　）的线路。**【2022年真题】**

A. 双代号时标网络计划中无波形线

B. 双代号网络计划中无虚箭线

C. 双代号网络计划中由关键节点组成

D. 单代号网络计划中工作自由时差均为零

E. 单代号网络计划中关键工作之间时间间隔为零

【答案】A、E

3. 下面对关键线路的正确与错误说法进行总结。

正确说法	错误说法
（1）线路上所有工作持续时间之和最长的线路是关键线路。**【2010年、2016年、2023年考过】** （2）双代号网络计划中，当 $T_p = T_c$ 时，自始至终由总时差为0的工作组成的线路是关键线路。 （3）双代号网络计划中，自始至终由关键工作组成的线路是关键线路。 （4）在时标网络计划中，相邻两项工作之间的时间间隔全部为零的线路就是关键线路。 （5）时标网络计划中无波形线的线路。**【2016年、2022年考过】** （6）关键线路可能有多条。**【2010年考过】** （7）关键线路上可能有虚工作存在。 （8）在单代号网络计划中，从起点节点到终点节点均为关键工作，且所有工作的时间间隔为零的线路为关键线路。**【2022年、2023年考过】** （9）在搭接网络计划中，从终点节点开始逆着箭线方向依次找出相邻两项工作之间时间间隔为零的线路为关键线路**【2024年考过】**	（1）由总时差为零的工作组成的线路是关键线路。 （2）关键线路只有一条。 （3）关键线路一经确定不可转移。 （4）时标网络计划中，自始至终不出现虚线的线路是关键线路**【2022年考过】**

4. 最后补充一个知识点——关键节点与关键工作、关键线路的关系。

在双代号网络计划中，关键线路上的节点称为关键节点。关键工作两端的节点必为关键节点，但两端为关键节点的工作不一定是关键工作。关键节点的最迟时间与最早时间的差值最小。特别地，当计划工期等于计算工期时，关键节点的最早时间与最迟时间必然相等。

关键节点必然处在关键线路上，但由关键节点组成的线路不一定是关键线路。

当计划工期与计算工期相等时，双代号网络计划中的关键节点具有以下特性：

（1）开始节点和完成节点均为关键节点的工作，不一定是关键工作。

（2）以关键节点为完成节点的工作，其总时差和自由时差必然相等。

这部分内容可能会这样考核：

关于双代号网络计划中关键节点的说法，正确的是（　　）。

A. 以关键节点开始的工作总时差和自由时差相等

B. 两端为关键节点的工作必然是关键工作

C. 关键节点组成的线路为关键线路

D. 关键工作两端的节点必为关键节点

【答案】D

4.4 施工进度控制

专项突破1 施工进度监测和调整的系统过程

例题：下列施工进度控制工作中，属于调整系统过程的有（　　）。

A. 收集整理实际进度数据

B. 实际进度与计划进度比较分析

C. 分析进度偏差产生的原因

D. 分析进度偏差对后续工作和总工期的影响

E. 确定后续工作和总工期的限制条件

F. 调整施工进度计划

【答案】C、D、E、F

重点难点专项突破

1. 本考点还可以考核的题目有：

（1）下列施工进度控制工作中，属于监测系统过程的有（A、B）。

（2）施工进度调整系统过程中，首先应进行的工作是（C）。

2. 进度监测系统过程中工作内容与进度调整系统过程的工作内容会相互作为干扰选项出现。

3. 选项A，收集实际进度数据的方式有：通过施工进度报表和现场实地检查；施工进度协调会议。这也可能会考核多项选择题。

4. 考生可根据下图理解施工进度监测和调整的系统过程。

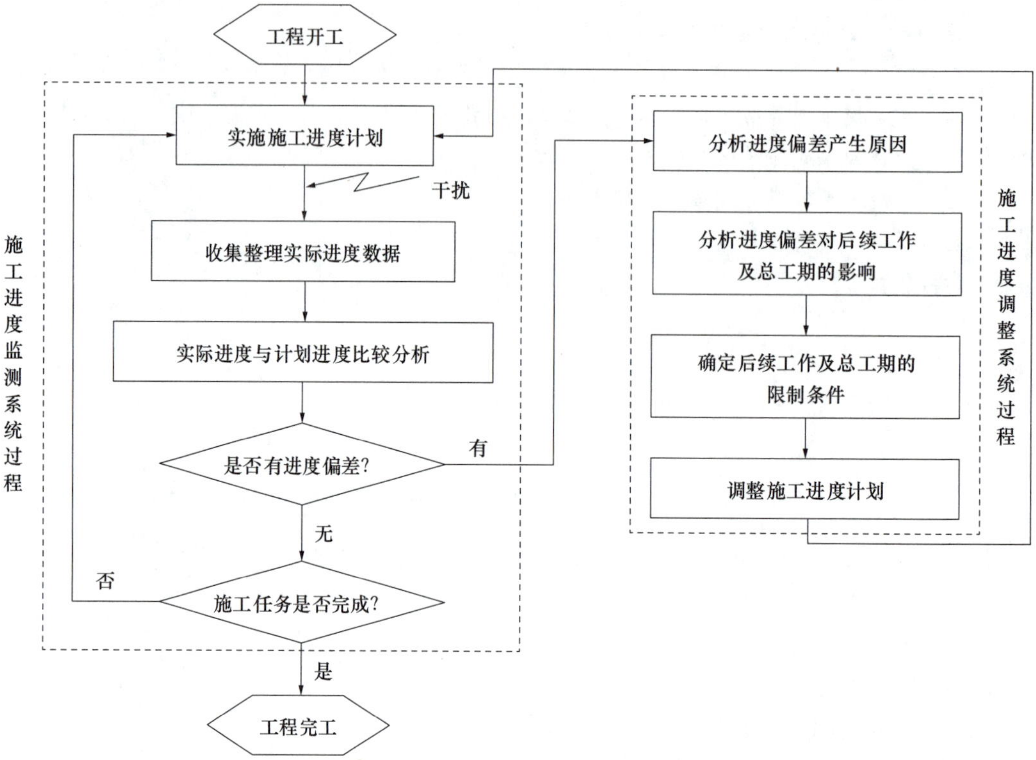

5. 分析进度偏差对后续工作及总工期的影响可以这样记忆：

偏差	是否影响后续工作	是否影响总工期
＞总时差	是	是
＜总时差	—	否
＞自由时差	是	—
＜自由时差	否	否

对于同一项工作而言，自由时差不会超过总时差。当工作的总时差为零时，其自由时差必然为零。

当偏差小于总时差时，不能判断是否影响后续工作，需要通过与自由时差比较后，才能确定是否影响。

当偏差大于自由时差时，不能判断是否影响总工期，需要通过与总时差比较后，才能确定是否影响。

我们看一下2024年真题：

某工程网络计划执行过程中，经检查发现仅有工作D的实际进度拖后4天。该工作原计划总时差和自由时差分别为5天和2天，则工作D实际进度拖后造成的影响是(　　)。**【2024年真题】**

A. 影响后续工作最迟开始时间，但不影响总工期

B. 使紧后工作最早开始时间推迟2天，但不影响总工期

C. 使紧后工作最早开始时间推迟1天，总工期延长2天

D. 不影响后续工作最早开始时间，但会影响总工期

【答案】B

专项突破2　S曲线比较法

分析	图例	图上直接看	获得信息	
			表明	通过计算得到数值
实际进度（横向比较）	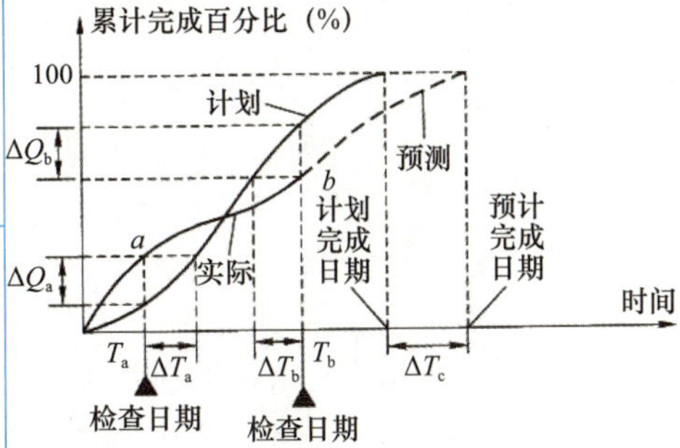	实际进展点落在计划S曲线左侧，如图中的*a*点	实际进度比计划进度超前	ΔT_a表示T_a时刻实际进度超前的时间
		如果实际进展点落在S计划曲线右侧，如图中的*b*点	实际比计划进度拖后	ΔT_b表示T_b时刻实际进度拖后的时间
		如果实际进展点正好落在计划S曲线上	实际进度与计划进度一致	0
实际任务量（纵向比较）		如果实际进展点落在计划S曲线上方，如图中的*a*点	实际任务量超额	ΔQ_a表示T_a时刻超额完成的任务量
		如果实际进展点落在S计划曲线下方，如图中的*b*点	实际任务量拖欠	ΔQ_b表示T_b时刻拖欠的任务量
		如果实际进展点正好落在计划S曲线上	实际任务量与计划一致	0
总结	左侧及上方，超前与超额；右侧及下方，拖后与拖欠			

重点难点专项突破

1. 对于S曲线法掌握上述内容即可。

2. 本考点可能会这样命题：

（1）某工作实施过程中的S曲线如下图所示，图中a和b两点的进度偏差状态是（　　）。

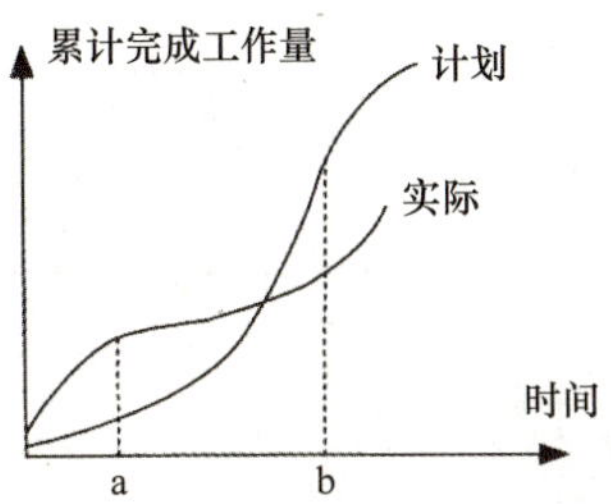

A. a点进度拖后和b点进度拖后　　B. a点进度拖后和b点进度超前

C. a点进度超前和b点进度拖后　　D. a点进度超前和b点进度超前

【答案】C

（2）某钢筋工程计划进度和实际进度S曲线如下图所示，从图中可以看出（　　）。

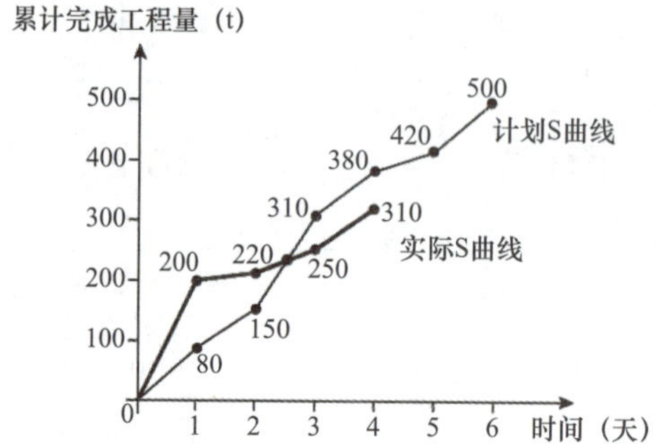

A. 第1天末该工程实际拖欠的工程量为120t

B. 第2天末实际进度比计划进度超前1天

C. 第3天末实际拖欠的工程量60t

D. 第4天末实际进度比计划进度拖后1天

E. 第4天末实际拖欠工程量70t

【答案】C、D、E

【解析】第1天末该工程实际超额完成的工程量为200－80＝120t；第2天末实际进度比计划进度超前，但不能确定是1天；第3天末实际拖欠的工程量为310－250＝60t；第4天末实际进度与计划进度第3天的工程量相同，因此进度拖后1天；第4天末实际拖欠的工程量为380－310＝70t。

专项突破3　前锋线比较法

例题：某项目时标网络计划第2、4周末实际进度前锋线如下图所示，关于该项目进度情况的说法，正确的有（　　）。【2020年真题】

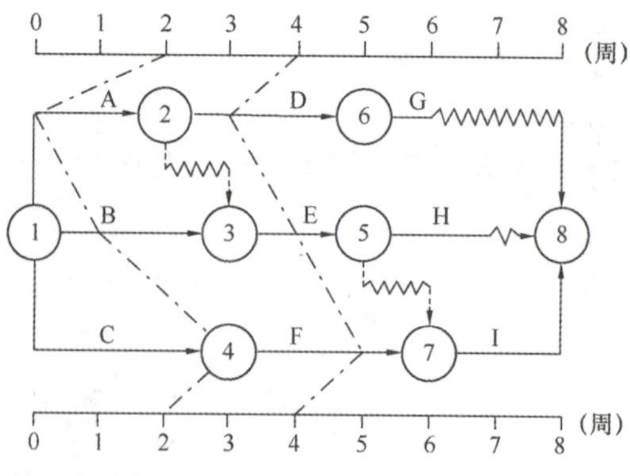

A. 第2周末，工作C提前1周，工期提前1周

B. 第2周末，工作A拖后2周，但不影响工期

C. 第2周末，工作B拖后1周，但不影响工期

D. 第4周末，工作D拖后1周，但不影响工期

E. 第4周末，工作F提前1周，工期提前1周

【答案】B、C、D、E

重点难点专项突破

1. 当采用时标网络计划时，可采用实际进度前锋线记录计划实际执行状况，进行实际进度与计划进度的比较。根据时标网络图，判断检查日期时，工作是拖后还是提前，是否影响总工期及后续工作。这部分内容的考试题目难度较大，不仅需要掌握本考点，还需要根据掌握总时差和自由时差计算，由此来判断是否影响工期及后续工作。在2011年、2012年、2014年、2015年、2020年、2023年都是以多项选择题考核了前锋线法检查计划执行情况。

2. 前锋线比较法比较实际进度与计划进度：

直观反映	表明关系		预测影响	
实际进展位置点	实际进度	拖后或超前时间	对后续工作影响	对总工期影响
落在检查日左侧	拖后	检查时刻－位置点时刻	超过自由时差就影响，超几天就影响几天	超过总时差就影响，超几天就影响几天
与检查日重合	一致	0	不影响	不影响
落在检查日右侧	超前	位置点时刻－检查时刻	需结合其他工作分析	需结合其他工作分析

学习了上述内容，再来分析上述例题。

第2周末检查时，工作A拖后2周，因为工作A有2周的总时差，所以不影响工期。工作B拖后1周，工作B有1周的总时差，所以不影响工期。工作C虽然提前1周，但是也不能使得工期提前1周。第4周末检查时，工作D拖后1周，因为有2周的总时差，不影响工期。工作F提前1周，即使工作D拖后1周，工作D仍剩余1周的总时差，工作E进度正常，工作E也存在1周的总时差，所以工期提前1周。

3. 下面准备两道题目来练习。

（1）某工程双代号时标网络计划执行至第6周末和第10周末检查进度时，实际进度前锋线如下图所示。下列分析结论中，正确的有（　　）。【2023年真题】

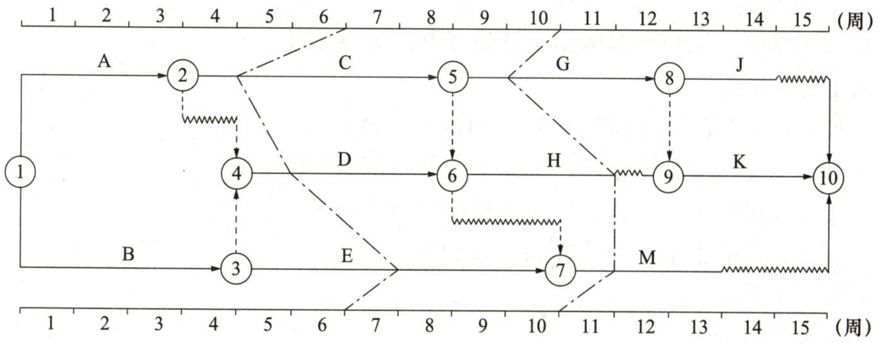

A. 第6周末检查进度时，工作C拖后2周，影响工期2周

B. 第6周末检查进度时，工作D拖后1周，影响工期1周

C. 第6周末检查进度时，工作E提前1周，不影响工期

D. 第10周末检查进度时，工作G拖后1周，不影响工期

E. 第10周末检查进度时，工作H已提前完成，不影响工期

【答案】 A、C、E

【解析】 第6周末检查进度时，工作C为关键工作，拖后2周，影响工期2周，故选项A正确；工作D的总时差为1周，拖后1周不影响总工期，故选项B错误；工作E为非关键工作，提前1周，不影响工期，故选项C正确。第10周末检查进度时，工作G为关键工作，拖后1周，影响总工期1周，故选项D错误；工作H为非关键工作，提前完成，不影响工期，故选项E正确。

（2）某网络计划执行情况的检查结果分析见下表，对工作M的判断分析，正确的是（　　）。**【2021年真题】**

工作编号	工作名称	尚需工作天数（天）	总时差（天）		自由时差（天）	
			原有	目前尚有	原有	目前尚有
…						
i–j	M	3	5	1	2	0
…						

A. 比计划提前4天，不影响工期

B. 比计划延迟4天，不影响紧后工作，不影响工期

C. 比计划延迟4天，影响紧后工作2天，不影响工期

D. 比计划延迟4天，影响工期1天

【答案】 C

【解析】 选项A错误，应当是“比计划延迟4天”。选项B错误，应当是“影响紧后工作2天”。选项D错误，应当是“不影响工期”。

专项突破4　施工进度计划的调整方法及措施

例题： 调整施工进度计划时，为了缩短某些工作的持续时间，可采取的组织措施有（　　）。

A. 增加工作面，组织更多的施工队伍**【2024年考过】**

B. 增加每天的施工时间

C. 增加劳动力和施工机械的数量**【2024年考过】**

D. 改进施工工艺和施工技术，缩短工艺技术间歇时间

E. 采用更先进的施工方式，以减少施工过程的数量

F. 采用更先进的施工机械**【2024年考过】**

G. 实行包干奖励

H. 提高奖金数额

I. 对所采取的技术措施给予相应的经济补偿

J. 改善外部配合条件

K. 改善施工作业环境【**2024年考过**】

L. 实施强有力的调度

【**答案**】A、B、C

重点难点专项突破

1. 本考点还可以考核的题目有：

（1）调整施工进度计划时，为了缩短某些工作的持续时间，可采取的技术措施有（D、E、F）。【**2024年考过**】

（2）调整施工进度计划时，为了缩短某些工作的持续时间，可采取的经济措施有（G、H、I）。

（3）调整施工进度计划时，为了缩短某些工作的持续时间，可采取的其他配套措施有（J、K、L）。

2. 施工进度计划的调整措施，考核题型只有两种：

一是题干中给出某项具体的调整措施，判断属于哪个类型的措施。一般会这样命题："调整施工进度计划时，通过增加劳动力和施工机械的数量缩短某些工作持续时间的措施属于（　　）。"

二是选项中给出某项具体的调整措施，判断属于哪个类型的措施。比如例题题型。

3. 施工进度计划的调整方法主要有两种：一是通过缩短某些工作的持续时间来缩短工期；二是通过改变某些工作间的逻辑关系来缩短工期。通过下面这道题目学习：

当实际进度偏差影响到总工期时，通过改变某些工作的逻辑关系来调整进度计划的具体做法有（　　）。

A. 顺序进行的工作改为平行作业

B. 顺序进行的工作改为搭接作业

C. 分段组织流水作业

D. 增加资源投入

E. 提高劳动效率

【**答案**】A、B、C

当实际进度偏差影响到总工期时，通过缩短某些工作的持续时间来调整进度计划的具体做法有（D、E）。

第5章　建设工程质量管理

5.1　工程质量影响因素及管理体系

专项突破1　建设工程固有特性

例题：建设工程固有特性中，“工程满足采光、通风、隔声、隔热等功能”是指工程的（　　）。

A. 实用性　　　　B. 安全性

C. 可靠性　　　　D. 经济性

E. 美观性　　　　F. 环境协调性

【答案】 A

重点难点专项突破

1. 本考点还可以考核的题目有：

（1）建设工程固有特性中，“工程平面、空间布置合理、工艺流程合理、技术先进”是指工程的（A）。

（2）建设工程固有特性中，“工程满足强度、刚度、稳定性要求”是指工程的（B）。

（3）建设工程固有特性中，“工程防灾、抗灾能力强”是指工程的（B）。

（4）建设工程固有特性中，“工程使用有效性、使用耐久性、维修方便”体现了工程的（C）。

（5）建设工程固有特性中，“造型新颖，具有时代特色、民族风格”体现了工程的（E）。

（6）建设工程固有特性包括（A、B、C、D、E、F）。

2. 如果逆向命题，会这样考核：

下列建设工程固有特性中，属于安全特性的是（　　）。

A. 使用耐久性　　　　B. 平面、空间布置合理

C. 采光、通风、隔声、隔热性能良好　　　　D. 满足强度、刚度、稳定性要求

【答案】 D

3. 注意选项F，环境协调性包括生产环境协调、生活环境协调、社会环境协调、生态环境协调。

考试可能会这样命题：建设工程质量特性中的“与环境的协调性”是指工程与（　　）协调。

专项突破2　工程质量形成过程

例题：工程质量形成过程中，形成工程实体质量的阶段是（　　）阶段。

A. 工程投资决策　　B. 工程勘察设计

C. 工程施工　　D. 工程竣工验收

E. 工程保修

【答案】C

重点难点专项突破

1. 本考点还可以考核的题目有：

（1）工程质量形成过程中，（A）阶段主要是确定建设工程应达到的质量目标及水平。

（2）工程质量形成过程中，（B）阶段是影响工程质量的决定性阶段。**【2024年考过】**

（3）工程质量形成过程中，（C）阶段是工程质量控制的关键阶段。

（4）工程质量形成过程中，（D）阶段工程建设向生产使用转移的必要环节，影响工程能否最终形成生产能力，体现了工程质量水平的最终结果。

2. 工程质量保修制度对于促进工程建设各方加强质量管理，保护用户及消费者的合法权益起到重要的保障作用。

专项突破3　工程质量影响因素

例题：影响工程质量的主要因素有（　　）。

A. 人　　B. 材料

C. 机械　　D. 方法

E. 环境

【答案】A、B、C、D、E

重点难点专项突破

1. 本考点还可以考核的题目有：

（1）施工质量影响因素主要有“4M1E”，其中“4M”是指（A、B、C、D）。

（2）我国实行的执业资格制度和管理及作业人员持证上岗制度以及培育建筑产业工人队伍。这属于影响建设工程质量（A）的因素。

（3）下列影响建设工程施工质量的因素中，作为施工质量控制基本出发点的因素是（A）。

（4）在工程项目施工质量管理中，起决定性作用的影响因素是（A）。

2. 这里讲的“人”，包括工程建设的决策者、管理者和操作者。

3. 材料的因素包括工程实体的原材料、半成品、成品、构配件。

4. 机械设备可分为两类：一类是构成工程实体及配套的工艺设备和各类机具，另一类是指施工机具。考生应能区分。

工艺设备和各类机具：用于生产产品的设备、电梯、智能控制及暖通设备。

施工机具：垂直运输设备，各类操作工具、测量仪器和计量器具，各种施工安全设施等。

5. 环境的因素主要包括自然环境因素、技术环境和管理环境。就该采分点而言，通过下面题目进行说明。

下列工程质量的影响因素中，属于质量管理环境因素的有（　　）。

A. 工程地质、水文、气象条件

B. 周边建筑、地下障碍物

C. 不可抗力

D. 施工所依据的规范、规程

E. 设计图纸

F. 质量评价标准

G. 质量检验制度

H. 监控制度

I. 质量管理制度

【答案】G、H、I

下列工程质量的影响因素中，属于自然环境因素的有（A、B、C）。

下列工程质量的影响因素中，属于技术环境因素的有（D、E、F）。

专项突破4　全面质量管理的思想及特点

例题：全面质量管理的基本特点包括（　　）。

A．管理内容的全面性

B．管理范围的全面性

C．参加管理人员的全面性

D．管理方法的多样性

【答案】A、B、C、D

重点难点专项突破

1. 本考点还可以考核的题目有：

对产品质量、工程质量、工作质量和服务质量进行管理，而不单纯是产品质量的单项管理，体现了全面质量管理（A）的基本特点。

2. 全面质量管理的基本特点概括为“三全一多样”。

3. 全面质量管理（TQM）是一个组织以质量为中心，以全员参与为基础，目的在于通过让顾客满意和组织所有成员及社会受益而达到长期成功的管理途径。

专项突破5　全面质量管理的基础工作

基础工作	内容
标准化工作	技术标准包括产品标准、基础标准、方法标准、安全卫生与环境保护标准。 管理标准包括管理业务标准、质量管理标准、程序标准。 工作标准包括专用工作标准、通用工作标准、干部工作标准、工作程序等

续表

基础工作	内容
计量和理化工作	（1）正确、合理地使用计量器具。 （2）严格执行计量器具的检定。主要包括：入库检定、入室检定、周期检定、返还检定。 （3）计量器具的及时修理和报废。 （4）计量器具的存放保管。 （5）逐步实现检测手段和计量技术的现代化
质量信息工作	企业的质量信息必须准确、及时、全面、系统和完整
质量教育工作与质量责任制	企业推行全面质量管理和贯彻ISO 9000族标准，是涉及企业各部门和全体员工的一项综合性的管理工作。为了保证和提高产品质量，企业各级领导、各个管理部门以及每位员工，都必须明确自己应该承担的质量责任

重点难点专项突破

对本考点应熟悉，考试时可能会这样命题：

为了充分发挥质量信息的作用，企业的质量信息必须（　　）。

A. 准确　　B. 及时

C. 多样　　D. 系统

E. 完整

【答案】A、B、D、E

专项突破6　工程质量管理体系的特点和构成

项目			内容
特点【2024年考过】	建立目的不同		只用于特定的项目质量控制，而不是用于建筑企业或组织的质量管理
	服务范围不同		涉及项目实施过程所有的质量责任主体，而不只是针对某一个承包企业或组织机构**【2014年、2018年考过】**
	管理目标不同		是项目的质量目标，并非某一具体建筑企业或组织的质量管理目标
	作用时效不同		是一次性的质量工作体系，并非永久性的质量管理体系**【2010年考过】**
	评价方式不同		一般由项目管理的总组织者进行自我评价与诊断，不需进行第三方认证**【2020年考过】**
结构	多层次结构	第一层次	应由建设单位的工程项目管理机构负责建立；在委托项目管理或实行交钥匙式工程总承包的情况下，应由相应的代建方项目管理机构、工程总承包企业项目管理机构负责建立**【2009年、2015年考过】**
		第二层次	分别由项目的设计总负责单位、施工总承包单位等建立的相应管理范围内的质量控制体系**【2016年、2023年、2024年考过】**
		第三层次及其以下	承担工程设计、施工安装、材料设备供应等各承包单位的现场质量自控体系，或称各自的施工质量保证体系
	多单元结构		在项目质量管理总体系下，第二层次的质量管理体系及其以下的质量自控或保证体系可能有多个

重点难点专项突破

1. 在历年的考试中，项目质量管理体系的特点多数以判断正确与错误说法的题目考核，在考核时会设置的干扰选项有：

（1）目的是用于建筑企业或组织的质量管理。

（2）是针对某一个承包企业或组织机构的服务。

（3）控制目标是建筑业企业的质量管理目标。

（4）是永久性的质量管理体系。

（5）有效性需进行第三方审核认证。

2. 本考点可能会这样命题：

（1）关于建设工程项目质量管理系统特点的说法，正确的是（　　）。

A. 项目质量管理体系的目标就是某一建筑业企业的质量管理的目标

B. 项目质量管理体系仅服务于某一个承包企业或组织机构

C. 项目质量管理体系是一次性的质量工作系统

D. 项目质量管理体系建立的目的是为了建筑业企业的质量管理

【答案】C

（2）在群体工程项目中，第一层次的质量管理体系应由（　　）的工程项目管理机构负责建立。

A. 建设单位　　B. 设计单位

C. 施工单位　　D. 监理单位

【答案】A

专项突破7　工程质量管理体系的建立

例题：建立工程质量控制体系时，首先开展的工作是（　　）。**【2015年、2022年考过】**

A. 确立工程质量责任的网络架构　　B. 制定工程质量管理制度

C. 分析工程质量管理界面　　D. 编制工程质量计划

【答案】A

重点难点专项突破

1. 本考点还可以考核的题目有：

工程质量管理体系的建立过程包括（A、B、C、D）。

2. 工程质量管理体系的建立，需要掌握建立的原则和程序。在历年考试中都是以单项选择题考核的。

3. 建立的原则包括三方面：分层次规划原则、目标分解原则、质量责任制原则。

4. 建立程序在考核时会有两种命题形式：一是上述例题题目，考核首先开展的工作；二是给出四项工作内容，判断正确的顺序，2016年、2021年、2023年考核了这类型题目。

专项突破8　工程质量管理体系的运行

例题：工程质量管理体系运行的核心机制是(　　)。**【2010年、2011年、2015年考过】**

A. 动力机制　　B. 约束机制

C. 反馈机制　　D. 持续改进机制

【答案】A

重点难点专项突破

1. 本考点还可以考核的题目有：

在系统内部的管理制度设计时，必须予以高度的重视，防止重要管理制度的缺失、制度本身的缺陷、制度之间的矛盾等现象出现，才能为系统的运行注入(A、B、C、D)。

2. 本考点内容不多，主要掌握以下几点内容：

(1)工程质量管理体系的运行环境主要是指项目的合同结构、质量管理的资源配置和质量管理的组织制度。**【2021年、2023年考过】**

(2)质量管理体系得以运行的基础条件：人员的资源的合理配置。**【2017年考过】**

(3)质量管理体系运行的核心机制：动力机制。

(4)约束机制取决于各质量责任主体内部的自我约束能力和外部的监控效力。**【2013年考过】**

5.2　施工质量抽样检验和统计分析方法

专项突破1　抽样检验缘由

从理想角度考虑，为获得100%合格品，只有采用全数检验才有可能达到目的。但是，由于下列原因，工程实践中必须采用抽样检验方式：

(1)破坏性检验，无法采取全数检验方式。

(2)全数检验有时会耗时长，在经济上也未必合算。

(3)采取全数检验方式，未必能绝对保证100%的合格品。

重点难点专项突破

本考点只需要掌握以上内容即可，可能会这样命题：

关于全数检测和抽样检测的说法，正确的是(　　)。

A. 只有全数检验在时间上不允许时，才采用抽样检验

B. 只有全数检验在经济上不允许时，才采用抽样检验

C. 能够进行全数检验的，就不要采用抽样检验

D. 破坏性检验，不能采用全数检验

【答案】D

专项突破2 检验批质量衡量方法

例题：衡量一批产品质量的方法主要有计数方法和计量方法。计数方法以（　　）为质量指标。

A. 批不合格品率

B. 批中每百单位产品的平均不合格数

C. 批中单位产品某个质量特性的平均值

D. 批中单位产品某个质量特性的标准差

【答案】A、B

重点难点专项突破

1. 本考点还可以考核的题目有：

采用计量方法衡量一批产品质量以（C、D）为质量指标。

2. 计数方法的计算公式为：

$$批不合格率=\frac{批中不合格个数}{批量}\times100\%$$

$$每百单位产品平均不合格数=\frac{批中不合格数}{批量}\times100\%$$

专项突破3 随机抽样方法

例题：常借助于随机数骰子或随机数表来进行，广泛用于原材料、构配件进货检验和分项工程、分部工程、单位工程完工后检验的方法是（　　）。

A. 简单随机抽样

B. 系统随机抽样

C. 分层随机抽样

D. 分级随机抽样

E. 整群随机检验

【答案】A

重点难点专项突破

本考点还可以考核的题目有：

（1）将总体中的抽样单元按某种次序排列，在规定范围内随机抽取一个或一组初始单元，然后按一套规则确定其他样本单元的抽样方法是（B）。

（2）将总体分割成互不重叠的子总体（层），在每层中独立地按给定的样本量进行简单随机抽样的方法是（C）。

（3）某工程承包商从一生产厂家购买了一批相同规格的预制构件，并将其整齐码放在现场。对这批构件进行进场检验时，宜采用的抽样方法是（C）。

（4）第一级抽样从总体中抽取初级抽样单元，以后每一级抽样是在上一级抽样单元中抽取一级抽样单元的抽样方法是（D）。

（5）工程施工中进行工序质量检验时，宜采用的随机抽样方法是（B）。**【2024年真题题干】**

（6）工程施工中进行不同班组生产的同一种产品的质量检验时，宜采用的随机抽样方法是（C）。

（7）随机抽样可以分为（A、B、C、D、E）。

专项突破4　抽样检验分类

例题：按产品质量特征不同，抽样检验方法可划分的种类有（　　）。**【2024年真题题干】**

A．监督检验

B．验收检验

C．计数抽样检验

D．计量抽样检验

E．一次抽样检验

F．二次抽样检验

G．多次抽样检验

H．调整型抽样检验

I．非调整型抽样检验

J．逐批检验

K．连续抽样检验

【答案】C、D

重点难点专项突破

1. 本考点还可以考核的题目有：

（1）按检验目的的不同，抽样检验可分为（A、B）。

（2）按抽取样本次数不同，抽样检验可分为（E、F、G）。

（3）按抽样方案是否可调整，抽样检验可分为（H、I）。

（4）按是否可组成批，抽样检验可分为（J、K）。

（5）下列抽样检验方式中，（C）具有使用简便、运用范围广泛，但所需要的样本量较大，样本信息利用也不充分的特点。

（6）下列抽样检验方式中，（D）具有信息利用充分、需要的样本量较小，但使用程序较繁琐，适用范围较窄的特点。

2. 一次抽样检验与二次抽样检验需要掌握满足什么条件产品判定为合格。

一次抽样检验程序如下图所示。

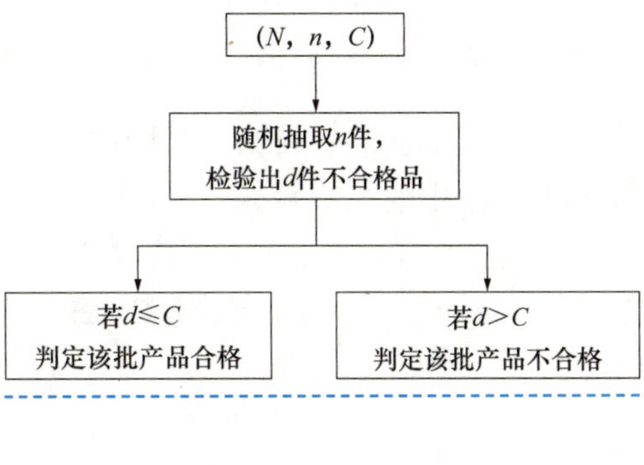

二次抽样检验程序如下图所示。

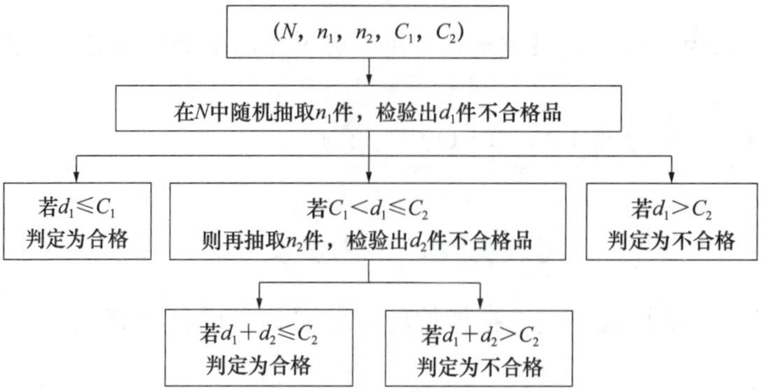

这部分内容会这样命题：

（1）计数型一次抽样检验方案为（N，n，C），其中N为送检批的大小，n为抽样的样本数大小，C为合格判定数，若发现n中有d件不合格品，当（　　）时，该送检批合格。

A. $d = C + 1$　　B. $d < C + 1$

C. $d > C$　　D. $d \leqslant C$

【答案】 D

（2）某产品质量检验采用计数型二次抽样检验方案，已知：$N = 1000$，$n_1 = 40$，$n_2 = 60$，$C_1 = 1$，$C_2 = 4$；经二次抽样检得：$d_1 = 2$，$d_2 = 3$，则正常的结论是（　　）。

A. 经第一次抽样检验即可判定该批产品质量合格

B. 经第一次抽样检验即可判定该批产品质量不合格

C. 经第二次抽样检验即可判定该批产品质量合格

D. 经第二次抽样检验即可判定该批产品质量不合格

【答案】 D

【解析】 当二次抽样方案设为：$N = 1000$，$n_1 = 40$，$n_2 = 60$，$C_1 = 1$，$C_2 = 4$时，则需随机抽取第一个样本$n_1 = 40$件产品进行检验，若所发现的不合格品数$d_1 \leqslant 1$，则判定该批产品合格；若$d_1 > 4$，则判定该批产品不合格；若$1 < d_1 \leqslant 4$（即在$n_1 = 40$件产品中发现1件、2件或3件不合格），本题中$d_1 = 2$，则需继续抽取第二个样本$n_2 = 60$件产品进行检验，得到n_2中不合格品数。若$d_1 + d_2 \leqslant 4$，则判定该批产品合格；若$d_1 + d_2 > 4$，则判定该批产品不合格。本题中$d_1 + d_2 = 2 + 3 = 5 > 4$，则判定该批产品不合格。

专项突破5　施工质量检验方法

例题：对装饰工程中的水磨石、面砖、石材饰面等检查时，均应进行敲击检查其铺贴质量。该方法属于施工质量检验方法中的（　　）。

A. 感观检验法　　B. 物理检验法

C. 化学检验法　　D. 现场试验法

【答案】 A

重点难点专项突破

1. 本考点还可以考核的题目有：

（1）对结构表面是否有裂缝、混凝土振捣是否符合要求，根据质量标准要求进行外观检查的方法属于（A）。

（2）通过触摸手感对油漆的光滑度，浆活是否牢固、不掉粉等检查、鉴别，该方法属于质量检验方法中的（A）。

（3）通过人工光源或反射光照射，仔细检查难以看清的部位，该方法属于质量检验方法中的（A）。

（4）常用来检测水泥、钢材的化学成分的质量检验方法是（C）。

（5）直接在施工现场对工程构件、设备等进行试验的方法称为（D）。

（6）桩基的静载试验、小应变试验属于施工质量方法中的（D）。

（7）给水工程、供暖工程中的压力试验属于施工质量方法中的（D）。

（8）设备安装工程中的设备试运行属于施工质量方法中的（D）。

（9）电器安装工程中的电器设备动作试验施工质量方法中的（D）。

2. 物理检验法包括度量检测、电性能检测、机械性能检测和无损检测等。考试时可能会这样命题：

（1）利用工具和设备通过检测材料、构件、工程等的长度、质量、体积、密度等来判定工程质量情况，该方法属于（度量检测法）。

（2）利用电工电子仪器和适当的测量方法来检测避雷接地和保护接地的电阻值，该方法属于（电性能检测法）。

（3）利用物理力学专用仪器对钢材的抗拉、抗弯、抗剪和焊接性能进行检验，该方法属于（机械性能检测法）。

（4）常用来检测混凝土内部质量（如桩基）和钢材焊接质量的检测方法是（无损检测法）。**【2024年考过】**

常用的无损检测方法是射线探伤法、超声波探伤法等。**【2013年、2024年考过】**

专项突破6　施工质量统计分析方法的概念及用途

例题：施工质量统计分析方法中，根据不同的目的和要求将调查收集的原始数据，按某一性质进行分组整理分析，发现和认识质量问题及其产生原因的方法是（　　）。

A．分层法　　B．调查表法

C．因果分析图法　　D．排列图法

E．相关图法　　F．直方图法

G．控制图法

【答案】A

重点难点专项突破

1. 本考点还可以考核的题目有：

（1）施工质量统计分析方法中最基本的方法是（A）。

（2）某钢结构厂房在结构安装过程中，发现构件焊接出现不合格，施工项目部采用逐层深入排查的方法分析确定构件焊接不合格的主次原因。这种施工质量统计方法是（C）。**【2010年真题题干】**

（3）利用专门设计的统计表对质量数据进行收集、整理和粗略分析质量状态的方法是（B）。

（4）施工质量统计分析方法中，（C）反映质量特性与质量缺陷产生原因之间关系的图形工具，可用来分析、追溯质量缺陷产生的最根本原因。

（5）施工质量统计分析方法中，寻找影响质量主次因素的有效方法是（D）。

（6）下列施工质量统计分析方法中，采用ABC分类管理法的是（D）。

（7）施工质量统计分析方法中，用来观察分析两种质量数据之间相关关系的图形方法是（E）。

（8）施工质量统计分析方法中，是用来反映产品质量数据分布状态和波动规律的统计分析方法是（F）。

（9）施工质量统计分析方法中，利用（G）分析质量波动原因，判明生产过程是否处于稳定状态。

> 助记：
>
> 因果分析图法：分析原因论因果，鱼刺指出重因素。
>
> 排列图法：分清主次靠排列，先排序来再累加；数量从高到低排，累计八成为主因，八九之间为次因，剩下一成为一般。
>
> 直方图法：分布状态看直方，分段计数挨个排，天生顺序不累加，类正态分布才正常。

2. 本考点是本章一个重要考点，考核频率非常高，各统计方法的用途不要混淆。考生应能区分各方法的基本原理，考核以单项选择题为主。

3. 分层法在考核时，还可能会给出分层调查统计数据表，判断质量水平，2016年考核了这样一道题目：

某焊接作业由甲、乙、丙、丁四名工人操作，为评定各工人的焊接质量，共抽检100个焊点，抽检结果见下表。根据表中数据，各工人焊接质量由好至差的排序是（　　）。**【2016年真题】**

作业工人	抽检点数	不合格点数
甲	10	2
乙	40	4
丙	20	10
丁	30	8

A. 甲→乙→丙→丁　　B. 乙→甲→丁→丙

C. 乙→甲→丙→丁　　D. 丁→乙→甲→丙

【答案】B

【解析】作业工人的个体不合格率及其占不合格点总数百分率计算见下表：

作业工人	抽检点数	不合格点数	个体不合格率	占不合格点总数百分率
甲	10	2	2/10＝20%	2/24＝8%
乙	40	4	4/40＝10%	4/24＝17%
丙	20	10	10/20＝50%	10/24＝42%
丁	30	8	8/30＝27%	8/24＝33%
合计	100	24		100%

根据个体不合格率判断出各工人焊接质量由好至差的排序是：乙→甲→丁→丙。

4. 工程施工过程中，发生质量缺陷的原因不外乎人、材料、机械、方法、环境等五大方面。在进行因果分析时，是从大原因中追出中原、小原因，直至追出关键的具体因素。

这部分内容会这样考核：

在采用因果分析图法进行质量问题原因分析时，“混凝土振捣器损坏”属于（　　）的因素。

A. 人　　B. 材料

C. 机械　　D. 环境

【答案】C

5. 应用因果分析图法进行质量特性因果分析时，应注意以下几点：

（1）一个质量特性或一个质量问题使用一张图分析。

（2）通常采用QC小组活动的方式进行，集思广益，共同分析。**【2011年、2012年、2013年考过】**

（3）必要时可邀请QC小组以外的有关人员参与，广泛听取意见。

（4）分析时要充分发表意见，层层深入，列出所有可能的原因。**【2013年考过】**

（5）在充分分析的基础上，由各参与人员采用投票或其他方式，从中选择1～5项多数人达成共识的最主要原因。**【2015年考过】**

这部分内容会这样考核：

关于因果分析图法应用的说法，正确的有（　　）。

A. 一张分析图可以解决多个质量问题

B. 通常采用QC小组活动的方式进行，有利于集思广益

C. 因果分析图法专业性很强，QC小组以外的人员不能参加

D. 通过因果分析图可以了解统计数据的分布特征，从而掌握质量能力状态

E. 分析时要充分发表意见，层层深入，列出所有可能的原因

【答案】 B、E

6. 排列图一般按累计频率划分为三部分：A类（0～80%），主要因素；B类（80%～90%），次要因素；C类（90%～100%），一般因素。

这部分内容会这样考核：

（1）采用排列图法划分质量影响因素时，累计频率达到75%对应的影响因素是（　　）。

A. 主要因素　　B. 次要因素

C. 一般因素　　D. 基本因素

【答案】 A

（2）采用排列图法分析施工质量影响因素时，可将影响因素分为（　　）。

A. 偶然因素　　B. 主要因素

C. 系统因素　　D. 次要因素

E. 一般因素

【答案】 B、D、E

7. 直方图法的主要用途可能会考核多项选择题。包括：判断工序的稳定性；推断工序质量规格标准的满足程度；分析不同因素对质量的影响；计算工序能力等。

专项突破7　相关图的观察与分析

例题：采用相关图法分析施工质量时，散布点基本形成由左至右向上变化的一条直线带，说明两变量之间的关系为（　　）。

A. 正相关　　B. 弱正相关

C. 不相关　　D. 负相关

E. 弱负相关　　F. 非线性相关

【答案】 A

重点难点专项突破

1. 本考点还可以考核的题目有：

（1）采用相关图法分析施工质量时，散布点形成向上较分散的直线带，说明两变量之间的关系为（B）。

（2）采用相关图法分析施工质量时，散布点形成一团或平行于x轴的直线带，说明两变量之间的关系为（C）。

（3）采用相关图法分析施工质量时，散布点形成由左向右向下的一条直线带，说明两变量之间的关系为（D）。

(4) 采用相关图法分析施工质量时，散布点形成由左至右向下分布的较分散的直线带，说明两变量之间的关系为（E）。

(5) 采用相关图法分析施工质量时，散布点呈一曲线带，说明两变量之间的关系为（F）。

2. 该考点命题除了上述题型外，还可能会给出变量之间的关系，判断散布点的形成图形，比如："采用相关图法分析工程质量时，出现正相关，说明散布点形成（　　）。"

3. 六种相关图形简单了解，可能会给出图形判断类型。

专项突破8　直方图观察分析——观察形状

例题：进行施工质量统计分析时，因分组组数不当绘制的直方图可能会形成（　　）直方图。

A. 正常型　　B. 折齿型

C. 左（或右）缓坡型　　D. 孤岛型

E. 双峰型　　F. 峭壁型

【答案】 B

重点难点专项突破

本考点还可以考核的题目有：

(1) 下列直方图中，形状特征为中间高、两侧低，左右接近对称，表示工序处于稳定状态，只存在随机误差的是（A）。

(2) 由于操作中对上限（或下限）控制太严，将形成（C）直方图。

(3) 由于原材料发生变化，或者短时间内工人操作不熟练，将形成（D）直方图。**【2024年考过】**

(4) 将两种不同方法或两台设备或两组工人进行生产的质量特性统计数据混在一起整理，将形成（E）直方图。

(5) 由于数据收集不正常，可能有意识地去掉下限以下的数据，或是在检测过程中存在某种人为因素，将形成（F）直方图。

上述题目还可能会进行逆向命题："采用直方图法分析施工质量时，出现孤岛型直方图的原因是（　　）。"**【2024年考过】**

专项突破9　直方图观察分析——与质量标准比较

例题：下列直方图中，表明工序质量稳定，不会出现废品的是（　　）。

A.

B.

C.

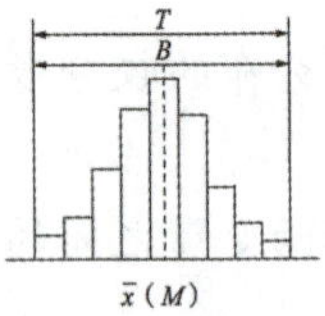

D.

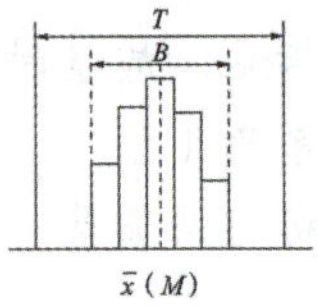

E.

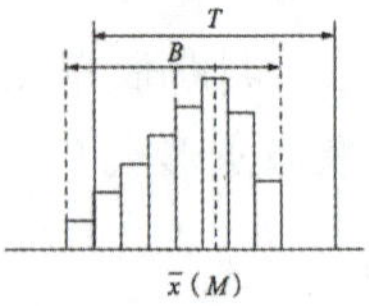

F.

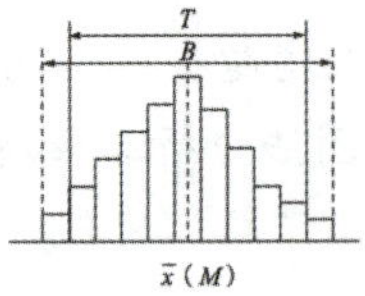

【答案】A

重点难点专项突破

1. 本考点还可以考核的题目有：

（1）下列直方图中，如果生产状态一旦发生变化，就可能超出质量标准下限而出现不合格品的是（B）。

（2）下列直方图中，生产过程一旦发生小的变化，产品的质量特性就可能超出质量标准的是（C）。

（3）下列直方图中，表明工序稳定，但工序能力过于宽裕，经济性差的是（D）。

（4）下列直方图中，表示实际质量分布过于偏离质量标准中心，已经单边超限，出现不合格品的是（E）。

（5）下列直方图中，表示质量分布范围已超出质量标准的上、下界限，表明工序能力太小，必然出现不合格品的是（F）。

2. 本考点需要考生能根据直方图的分布位置与质量标准上下限范围，分析质量特性数据的分布情况、产生原因及可能出现的问题。

3. 本考点在考试时会考核三种题型：

第一种题型是题干中给出质量数据分布位置、状态，判断备选项中哪个图形符合，也就是上述题目题型。

第二种题型是根据观察分析情况判断生产过程状态，比如：

在直方图的位置观察分析中，若质量分布范围已超出质量标准的上、下界限，表明（　　）。

A. 质量能力不足

B. 易出现质量不合格

C. 工序能力太小，必然出现不合格品

D. 质量能力偏大

【答案】C

第三种题型是根据直方图位置分布，判断备选项中对各直方图分析是否正确，比如：

根据下列直方图的分布位置与质量控制标准的上下限范围的比较分析，正确的有（　　）。**【2016年真题】**

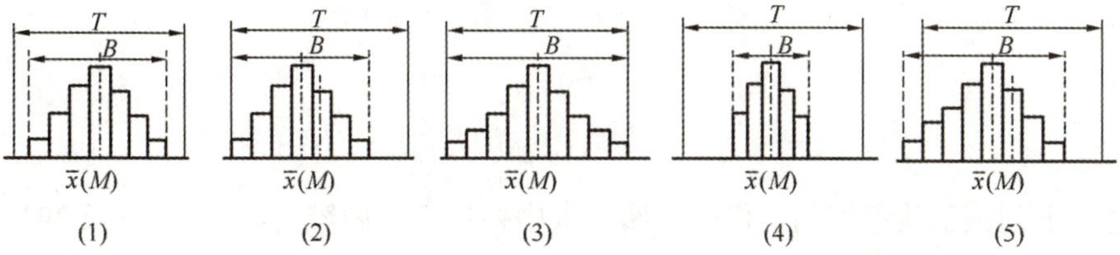

A. 图（1）显示生产过程的质量正常、稳定、不会出废品

B. 图（2）显示质量特性数据分布偏上限，易出现不合格

C. 图（3）显示质量特性数据与质量标准范围重合，没有余地

D. 图（4）显示质量特性数据的分布居中，工序能力过于宽裕，经济性差

E. 图（5）显示质量特性数据与质量标准偏离较大，出现不合格品

【答案】A、C、D、E

专项突破10　控制图的观察分析

例题：在施工质量统计分析时，应用控制图观察分析生产状态，应判定为生产过程异常的有（　　）。

A．连续25点中没有一点在界限外

B．连续35点中最多一点在界限外

C．连续100点中最多2点在界限外

D．控制界限内的点子随机排列且没有缺陷

E．连续7点或更多点在中心线同一侧

F．连续7点或更多点在呈上升或下降趋势

G．在连续11点中至少有10点在中心线同一侧

H．在连续14点中至少有12点在中心线同一侧

I．在连续17点中至少有14点在中心线同一侧

J．在连续20点中至少有16点在中心线同一侧

K．连续3点至少有2点落在二倍标准差与三倍标准差控制界限之间

L．连续7点至少有3点落在二倍标准差与三倍标准差控制界限之间

M．点子呈周期性变化

【答案】E、F、G、H、I、J、K、L、M

重点难点专项突破

1. 本考点还可以考核的题目有：

在施工质量统计分析时，应用控制图观察分析生产状态，可以认为生产过程基本处于稳定状态的条件有（A、B、C、D）。

2. 如果生产过程处于稳定状态，则把分析用控制图转为管理用控制图。分析用控制图是静态的，而管理用控制图是动态的。

5.3 施工质量控制

专项突破1 事前控制、事中控制、事后控制

例题：下列施工质量控制工作中，属于事中控制工作内容的有（　　）。**【2024年考过】**

A．编制和审查施工组织设计

B．编制和审查施工方案**【2024年考过】**

C．施工现场准备和施工部署

D．约束质量活动的行为

E．监控质量活动过程和结果**【2024年考过】**

F．评价质量活动结果**【2024年考过】**

G．纠正质量偏差**【2024年考过】**

【答案】D、E

重点难点专项突破

本考点还可以考核的题目有：

（1）下列施工质量控制工作中，属于事前控制工作内容的有（A、B、C）。

（2）下列施工质量控制工作中，属于事后控制工作内容的有（F、G）。

专项突破2 施工准备质量控制与施工过程质量控制内容

例题：施工准备不仅要在施工前进行，而且贯穿于整个施工过程。下列质量控制内容中，属于施工准备质量控制的有（　　）。

A．施工技术准备质量控制

B．测量控制网的控制

C．施工平面布置的控制

D．材料、构配件质量控制

E．施工机械配置的控制

F．质量控制点的设置

G．作业技术交底控制

H．进场材料、构配件质量控制

I．作业环境状态控制

J．进场施工机械设备性能及工作状态控制

K．施工测量及计量器具性能、精度的控制

L．施工现场劳动组织及作业人员上岗资格的控制

M．作业技术活动过程质量控制

N．作业技术活动结果控制

【答案】A、B、C、D、E

重点难点专项突破

1. 本考点还可以考核的题目有：

（1）施工过程质量控制是指对工程实体质量形成过程的控制。下列质量控制内容中，属于施工过程质量控制的有（F、G、H、I、J、K、L、M、N）。

（2）施工现场准备质量控制内容包括（B、C）。

2. 选项A，施工技术准备质量控制包括：熟悉与会审图纸；编制和报审施工组织设计。需要掌握的采分点有：

（1）施工图会审会议由建设单位主持，设计单位和施工单位、工程监理单位参加。

（2）施工单位在完成施工组织设计的编制及内部审批工作后，报请项目监理机构审查，由总监理工程师审核签认。

3. 选项D，材料、构配件质量控制包括：材料、构配件需要量计划；材料、构配件采购订货；进场材料、构配件检验；材料、构配件的现场储存和使用。需要掌握的采分点有：

（1）对涉及结构安全、节能、环境保护和主要使用功能的试块、试件及材料，应按规定进行见证检验。

（2）见证检验应在建设单位或者项目监理机构的监督下现场取样、封样、送检，检测试样应具有真实性和代表性。

（3）装配式建筑混凝土预制件的原材料质量、钢筋加工和连接的力学性能、混凝土强度、构件结构性能、装饰材料、保温材料及拉结件的质量等均应根据国家现行有关标准进行检查和检验，并应严格遵守操作规程和做好质量检验记录。混凝土预制构件出厂时的混凝土强度不得低于设计混凝土强度等级值的75%。**【2019年、2023年考过】**

> 上述画线部分均可作为采分点考核单项选择题。

4. 选项E，施工机械配置的控制主要围绕施工机械设备的选型、机械设备性能参数的确定、机械设备数量、使用操作等方面进行。

5. 选项G，有两个采分点：

（1）由项目技术人员编制技术交底书，并经项目技术负责人批准。

（2）技术交底书的内容主要包括：施工方法、质量要求和验收标准、施工过程中需注意的问题、可能出现意外情况的应急方案等。**【2024年考过】**

6. 选项M，作业技术活动过程质量控制包括：施工单位“三检”制度（自检、交接检查、专检）**【2024年考过】**；技术复核工作；见证取样、送检；工程变更控制；质量记录资料。

7. 选项N，作业技术活动结果控制包括：工序质量检验；隐蔽工程验收；工序交接验收。

专项突破3　质量控制点的设置

项目	内容
设置原则	可作为质量控制点的对象涉及面广，可能是技术要求高、施工难度大的结构部位，也可能是影响质量的关键工序、操作或某一环节**【2012年考过】**。质量控制点的设置应遵循以下原则： （1）施工过程中的关键工序或环节及隐蔽工程。 （2）施工中的薄弱环节或质量不稳定的工序、部位或对象。 （3）对后续工程施工或对后续工序质量或安全有重大影响的工序、部位或对象。 （4）采用新技术、新工艺、新材料的部位或环节。 （5）施工无足够把握、施工条件困难或技术难度大的工序或环节
质量控制点的重点控制对象	人的行为，材料的质量与性能，施工方法与关键操作，施工技术参数，技术间歇，施工顺序，易发生质量通病的施工过程，新技术、新材料及新工艺的应用，产品质量不稳定和不合格率较高的工序，特殊地基或特种结构

重点难点专项突破

1. 本考点主要记住上述内容即可。

2. 本考点可能会这样命题：

（1）可作为质量控制点的对象涉及面广，可能是技术要求高、施工难度大的结构部位和（　　）。

A. 重点流程

B. 重点结果

C. 重点质检手段

D. 影响质量的关键工序、操作或某一环节

【答案】D

（2）根据施工质量控制点的要求，混凝土冬期施工应重点控制的技术参数是（　　）。**【2018年真题】**

A. 养护标准　　B. 内外温差

C. 保温系数　　D. 受冻临界强度

【答案】D

（3）下列质量控制点的重点控制对象中，属于施工技术参数类的是（　　）。

A. 水泥的安定性　　B. 预应力钢筋的张拉

C. 混凝土的外加剂掺量　　D. 混凝土浇筑后的拆模时间

【答案】C

专项突破4　工程变更控制

例题：在施工过程中，施工单位在不改变原设计图纸和技术文件的前提下，提出对设计图纸和技术文件进行某些技术上的修改。对于修改问题通常由（　　）组织，施工单位和现场设计代表参加，经各方同意后签字并形成纪要，作为工程变更单附件。

A．专业监理工程师　　B．总监理工程师
C．建设单位代表　　D．监理员

【答案】A

重点难点专项突破

1. 本考点还可以考核的题目有：

（1）对施工单位提出技术修改问题经（B）批准后实施。

（2）工程变更单由（B）根据施工单位的申请，经与设计、建设、施工单位研究并作出变更决定后签发。

2. 选项C、D是可能会设置的干扰选项。

3. 如果工程变更涉及结构主体及安全，该工程变更还要按有关规定报送施工图原审查单位进行审查，否则变更不能实施。

4. 设计单位提出的变更按以下程序处理：

（1）设计单位首先将“设计变更通知”及有关附件报送建设单位。

（2）建设单位会同项目监理机构、施工单位对设计单位提交的“设计变更通知”进行研究。必要时，设计单位尚需进一步提供资料，以便对变更作出决定。

（3）总监理工程师签发《工程变更单》，并将设计单位提交的“设计变更通知”作为工程变更单附件。

5. 建设单位（项目监理机构）要求变更的处理。建设单位或项目监理机构提出的变更按以下程序处理：

（1）建设单位将变更要求及建议通知设计单位。

（2）设计单位对工程变更要求进行研究，并分析建设单位或项目监理机构提出的建议或解决方案（如果有的话），并将工程变更方案提交建设单位。

（3）项目监理机构对工程变更费用及工期影响进行评估，并在此基础上组织建设单位、施工单位等共同协商确定工程变更费用及工期变化，会签《工程变更单》。

（4）施工单位按《工程变更单》要求组织施工。

专项突破5　施工质量验收层次

例题：施工质量验收应划分为单位工程、分部工程、分项工程和检验批施工质量验收。分部工程的划分一般按（　　）确定。

A．专业性质　　B．工程部位
C．工种　　D．材料
E．施工工艺　　F．设备类别
G．工程量　　H．楼层
I．施工段

【答案】A、B

重点难点专项突破

1. 本考点还可以考核的题目有：

（1）分项工程应按（C、D、E、F）等进行划分。**【2017年考过】**

（2）检验批可根据施工质量控制和专业验收需要，按（G、H、I）等进行划分。

2. 例题题干中施工质量验收划分的层次在2011年考核过。

3. 工程施工前，应由施工单位制定单位工程、分部工程、分项工程和检验批的划分方案，并应由项目监理机构审核、建设单位确认后实施。**【2024年考过】**

专项突破6　施工质量验收组织与要求

例题：分项工程质量验收的组织者是（　　）。**【2014年、2017年、2019年、2021年考过】**

A. 专业监理工程师　　B. 总监理工程师

C. 项目专业质量检查员　　D. 专业工长

E. 施工单位项目专业技术负责人　　F. 施工单位项目负责人

G. 施工单位项目技术负责人　　H. 勘察单位项目负责人

I. 设计单位项目负责人　　J. 施工单位技术部门负责人

K. 施工单位质量部门负责人

【答案】A

重点难点专项突破

1. 本考点还可以考核的题目有：

（1）检验批质量验收的组织者是（A）。**【2015年、2017年考过】**

（2）检验批应由专业监理工程师组织施工单位（C、D）进行验收。

（3）分项工程应由专业监理工程师组织（E）等进行验收。

（4）分部工程应由（B）组织验收。**【2023年考过】**

（5）分部工程应由总监理工程师组织（F、G）等进行验收。

（6）验收建筑工程地基与基础分部工程质量时，应由（B、F、G、H、I、J、K）参加。

（7）参加主体结构工程质量验收的人员有（B、F、G、I、J、K）。

（8）参加节能分部工程质量验收的人员有（B、F、G、I、J、K）。

2. 本考点采分点较多，单项选择题、多项选择题都有涉及，都会怎么考，我们总结下：

考试怎么考	采分点
施工质量验收中，检验批质量验收的内容包括（　　）	主控项目、一般项目、施工操作依据和质量验收记录**【2012年考过】**

续表

考试怎么考	采分点
检验批质量验收合格应符合的要求有（　　）	（1）主控项目和一般项目的确定应符合国家现行强制性工程建设标准和现行相关标准的规定。 （2）主控项目的质量经抽样检验应全部合格。**【2010年、2012年、2015年考过】** （3）一般项目的质量应符合国家现行相关标准的规定。**【2010年、2012年、2015年考过】** （4）施工操作依据、质量检查记录完整**【2010年、2012年、2015年考过】**
由专业监理工程师组织验收的工程有（　　）	检验批、分项工程**【2017年考过】**
分项工程质量验收合格应符合的要求有（　　）	（1）所含检验批的质量均应验收合格。 （2）所含检验批的质量验收记录应完整、真实
工程质量验收时，设计单位项目负责人应参加验收的分部工程有（　　）	地基与基础工程、主体结构工程、节能工程**【2016年考过】**
工程质量验收时，勘察、设计单位项目负责人应参加验收的分部工程是（　　）	地基与基础工程**【2016年考过】**
分部工程质量验收合格应符合的要求有（　　）	（1）所含分项工程的质量应验收合格。 （2）质量控制资料应完整、真实。 （3）有关安全、节能、环境保护和主要使用功能的检验结果应符合要求。 （4）观感质量应符合要求
单位工程质量验收合格应符合的要求有（　　）	（1）所含分部工程的质量应全部验收合格。 （2）质量控制资料应完整、真实。 （3）所含分部工程中有关安全、节能、环境保护和主要使用功能的检验资料应完整。 （4）主要使用功能的抽查结果应符合国家现行强制性工程建设标准规定。 （5）观感质量应符合要求
工程施工质量验收环节中，需要进行观感质量验收的有（　　）**【2023年真题题干】**	分部工程质量验收、单位工程质量验收

专项突破7　工程质量验收中发现质量不符合要求的处理方法

例题：对于通过返工可以解决工程缺陷的检验批，应（　　）。

A．按验收程序重新组织验收

B．予以验收

C．按技术处理方案和协商文件的要求予以验收

D．严禁验收

【答案】A

重点难点专项突破

1. 本考点还可以考核的题目有：

（1）经有资质的检测机构检测能够达到设计要求的检验批，应（B）。

（2）某检验批质量验收时，抽样送检资料显示其质量不合格，经有资质的法定检测单位实体检测后，仍不满足设计要求，但经原设计单位核算后认为能满足结构安全与使用功能要求，则该检验批的质量（B）。

（3）经返修或加固处理的分项工程、分部工程，确认能够满足安全及使用功能要求时，应（C）。

（4）如工程质量不符合要求，经过加固处理后外形尺寸改变，但能满足安全使用要求，其处理方法是（C）。**【2015年考过】**

（5）某工程进行检验批验收时，发现某框架梁截面尺寸与原设计图纸尺寸不符，但经原设计单位核算，仍能满足结构安全性及使用功能要求，则该检验批（C）。**【2013年真题题干】**

（6）经返修或加固处理仍不能满足安全或重要使用功能要求的分部工程及单位工程（D）。

2. 本考点除上述考核题型，还会这样命题："下列施工检验批验收的方法中，正确的是（　　）。"

5.4　施工质量事故预防与调查处理

专项突破1　施工质量事故按事故责任分类

例题：某工程因工期紧，项目部采用了标准要求低但可缩短工期的施工工艺，造成了质量事故。按照事故责任分类，该事故属于（　　）。

A. 指导责任事故　　B. 操作责任事故

C. 技术责任事故　　D. 一般责任事故

E. 管理责任事故

【答案】A

重点难点专项突破

1. 本考点还可以考核的题目有：

（1）根据事故责任划分，"由于工程负责人不按质量标准进行控制和检验，降低施工质量标准而造成的质量事故"属于（A）。

（2）由于工程负责人不按规范指导施工，随意压缩工期造成的质量事故，按事故责任分类，属于（A）。

（3）由于工程负责人强令他人违章作业造成的质量事故，按事故责任分类，属于（A）。

（4）由于工程负责人盲目赶工造成的质量事故，按事故责任分类，属于（A）。

（5）某工程施工中，操作工人不听从指导，在浇筑混凝土时随意加水造成混凝土质量事故，按事故责任分类，该事故属于（B）。

（6）某工程项目施工工期紧迫，楼面混凝土刚浇筑完毕即上人作业，造成混凝土表面不平并出现楼板裂缝，按事故责任分此质量事故属于（B）。

（7）某钢筋混凝土工程施工过程中，由于工人不按施工操作规程进行振捣导致混凝土密实度达不到验收规范规定的合格要求，该事故属于（B）。

（8）某土方工程施工过程中，操作人员不按规定的填土含水率和碾压遍数施工，按事故责任分类，该事故属于（B）。

（9）某工程混凝土浇筑过程中，因工人直接浇筑高度超出施工方案要求造成质量事故，该事故按照事故责任分类属于（B）。**【2021年真题题干】**

（10）按事故责任分类，工程质量事故可分为（A、B）。**【2014年真题题干】**

2. 选项C、D、E是可能会出现的干扰选项。

3. 除上述题型外，本考点还这样命题：

按事故责任分类，下列工程质量事故中属于指导责任事故的有（　　）。

A. 项目负责人不按规范指导施工造成的质量事故

B. 项目管理人员强令他人违章作业造成质量事故

C. 施工人员在浇筑混凝土时随意加水造成质量事故

D. 项目技术负责人降低施工质量标准造成质量事故

E. 盲目赶工造成质量事故

【答案】A、B、D、E

专项突破2　施工质量事故按事故产生的原因分类

例题：下列引发工程质量事故的原因中，属于管理原因的有（　　）。**【2011年、2017年考过】**

A. 结构设计计算错误**【2019年、2020年、2022年考过】**

B. 地质情况估计错误

C. 采用了不适宜的施工方法**【2011年、2020年、2022年考过】**

D. 采用了不适宜的施工工艺**【2011年、2019年、2020年、2022年考过】**

E. 盲目采用技术上未成熟、实际应用中未充分实践检验其可靠的新技术

F. 质量管理体系不完善

G. 质量检验制度不严密

H. 质量控制不严**【2017年考过】**

I. 质量管理措施落实不力

J. 检测仪器设备管理不善而失准

K. 进料检验不严格**【2011年、2017年、2023年考过】**

【答案】F、G、H、I、J、K

重点难点专项突破

1. 本考点还可以考核的题目有：

下列引发工程质量事故的原因中，属于技术原因的有（A、B、C、D、E）。**【2019年、2020年、2022年考过】**

2. 按事故产生原因分类中还包括社会、经济原因引发的质量事故，是由于社会、经济因素及社会上存在的弊端和不良风气引起建设中的错误行为，导致出现质量事故。

3. 本考点还会进行逆向命题，2023年考过此类型题目，比如：

施工单位检测仪器未经校准导致质量检测错误，并由此引发质量事故，按生产原因分类，该事故属于（　　）引发的质量事故。

A. 技术原因　　B. 管理原因

C. 社会原因　　D. 经济原因

【答案】B

专项突破3　施工质量事故按事故严重程度分类

例题：某工程在浇筑楼板混凝土时，发生支模架坍塌，造成6人重伤。该工程质量事故应判定为（　　）。

A．一般事故　　B．较大事故

C．重大事故**【2024年考过】**　　D．特别重大事故

【答案】A

重点难点专项突破

1. 本考点还可以考核的题目有：

（1）某工程发生质量事故导致12人重伤，按照事故损失的程度分级，该质量事故属于（B）。**【2019年真题题干】**

（2）根据《关于做好房屋建筑和市政基础设施施工质量事故报告和调查处理工作的通知》（建质〔2010〕111号），某工程发生一起事故造成80人重伤，该工程事故属于（C）。

（3）根据《关于做好房屋建筑和市政基础设施施工质量事故报告和调查处理工作的通知》（建质〔2010〕111号），某工程发生一起事故造成110人重伤，该工程事故属于（D）。

（4）根据《关于做好房屋建筑和市政基础设施施工质量事故报告和调查处理工作的通知》（建质〔2010〕111号），造成2人死亡的工程事故属于（A）。

（5）根据《关于做好房屋建筑和市政基础设施施工质量事故报告和调查处理工作的通知》（建质〔2010〕111号），造成5人死亡的工程事故属于（B）。

（6）根据《关于做好房屋建筑和市政基础设施施工质量事故报告和调查处理工作的通知》（建质〔2010〕111号），造成15人死亡的工程事故属于（C）。

（7）根据《关于做好房屋建筑和市政基础设施施工质量事故报告和调查处理工作的通知》（建质〔2010〕111号），造成35人死亡的工程事故属于（D）。

（8）某工程发生一起事故造成直接经济损失500万元，根据《关于做好房屋建筑和市政基础设施施工质量事故报告和调查处理工作的通知》（建质〔2010〕111号），该工程事故属于（A）。

（9）某工程发生一起事故造成直接经济损失2000万元，根据《关于做好房屋建筑和市政基础设施施工质量事故报告和调查处理工作的通知》（建质〔2010〕111号），该工程事故属于（B）。

（10）某工程发生一起事故造成直接经济损失8000万元，根据《生产安全事故报告和调查处理条例》，该工程事故属于（C）。

（11）某工程发生一起事故造成直接经济损失1.5亿元，根据《关于做好房屋建筑和市政基础设施施工质量事故报告和调查处理工作的通知》（建质〔2010〕111号），该工程事故属于（D）。

（12）根据《关于做好房屋建筑和市政基础设施施工质量事故报告和调查处理工作的通知》（建质〔2010〕111号），根据事故造成的人员伤亡或者直接经济损失，将工程质量事故分为（A、B、C、D）四个等级。**【2012年考过】**

2. 在考试中，也可能会这样来考核我们：题干中给出某事故的等级，选择备选项中哪个的说法属于该等级。比如：

根据事故造成损失的程度，下列工程质量事故中，属于重大事故的是（　　）。**【2016年真题】**

A. 造成1亿元以上直接经济损失的事故

B. 造成1000万元以上5000万元以下直接经济损失的事故

C. 造成100万元以上1000万元以下直接经济损失的事故

D. 造成5000万元以上1亿元以下直接经济损失的事故

【答案】D

3. 继续看一个题目：某工程发生质量事故导致12人重伤、10人死亡，按照事故损失的程度分级，该质量事故属于（　　）。**【2022年考过】**

正确答案是重大事故。对于这类型的题目，应分别判断每个条件所对应的事故等级，最后选择等级最高的作为正确答案。

4. 为了方便考生更好地掌握本考点，通过表格的方式总结一下具体的划分标准：

事故等级	造成死亡人数	造成重伤人数	造成直接经济损失
特别重大事故	30人以上	100人以上	1亿元以上
重大事故	10人以上30人以下	50人以上100人以下	5000万元以上1亿元以下
较大事故	3人以上10人以下	10人以上50人以下	1000万元以上5000万元以下
一般事故	3人以下死亡	10人以下	100万元以上1000万元以下

重点提示：

每一事故等级所对应的3个条件是独立成立的，只要符合其中一条就可以判定。

这里一定要记住："该等级标准中所称的以上包括本数，所称的以下不包括本数"。

5. 本考点还会结合按事故责任分类或按事故产生原因分类一起考核，比如：

某工程因片面追求施工进度，放松质量监控，在浇筑楼面混凝土时脚手架坍塌，造成10人死亡，15人受伤。按照事故造成的损失及事故责任分类，则该工程质量事故应判定为（　　）。

A. 重大质量事故

B. 特别重大事故

C. 较大质量事故

D. 指导责任事故

E. 操作责任事故

【答案】A、D

专项突破4　施工质量事故成因分析

例题：下列施工质量事故发生的原因中，属于施工与管理失控的有（　　）。

A. 未经可行性研究、不做调查分析就拍板定案

B. 未搞清工程地质、水文情况等条件就仓促开工

C. 边设计、边施工

D. 任意修改设计，不按图纸施工

E. 工程竣工不进行试车运行

F. 未经验收就交付使用

G. 无证设计、无证施工

H. 越级设计、越级施工

I. 工程招标投标中不公平竞争，超低价中标

J. 违法转包或分包

K. 擅自修改设计

L. 地质勘察报告不详细、不准确、不能全面反映地基实际情况

M. 不均匀地基未进行处理或处理不当

N. 盲目套用图纸，采用不正确的结构方案

O. 计算简图与实际受力情况不符

P. 荷载取值过小，内力分析有误

Q. 沉降缝或变形缝设置不当，悬挑结构未进行抗倾覆验算

R. 不按图施工或未经设计单位同意擅自修改设计

S. 施工组织管理混乱，不熟悉图纸，盲目施工

T. 施工方案考虑不周，施工顺序颠倒

U. 图纸未经会审，仓促施工

V. 技术交底不清，违章作业

W. 疏于检查、验收

X. 不按有关施工规范和操作规程施工

Y. 不懂装懂，蛮干施工

【答案】R、S、T、U、V、W、X、Y

重点难点专项突破

1. 本考点还可以考核的题目有：

（1）下列施工质量事故发生的原因中，属于违反工程建设程序的有（A、B、C、D、E、F）。

（2）下列施工质量事故发生的原因中，属于违反有关法规和工程合同规定的有（G、H、I、J、K）。

（3）下列施工质量事故发生的原因中，属于工程地质勘察失误或地基处理失误的有（L、M）。

（4）下列施工质量事故发生的原因中，属于设计计算失误的有（N、O、P、Q）。

2. 施工质量事故成因中还包括材料构配件不合格；自然条件影响因素。钢筋物理力学性能不良会导致钢筋混凝土结构产生裂缝或脆性破坏；集料中活性氧化硅会导致碱集料反应，使混凝土产生裂缝；水泥安定性不良，会造成混凝土爆裂；预制构件断面尺寸不足，支承锚固长度不足，未可靠地建立预应力值，漏放或少放钢筋，板面开裂等，均可能出现断裂、坍塌事故。

这部分内容可能这样命题：

水泥安定性不合格会造成的质量缺陷是（　　）。

A. 混凝土蜂窝麻面　　B. 混凝土不密实

C. 混凝土碱集料反应　　D. 混凝土爆裂

【答案】D

3. 本考点还会逆向命题，比如：

因天然地基不均匀沉降、结构失稳而导致工程质量事故时，可归结的主要原因是（　　）。

A. 施工失误　　B. 违规分包

C. 不可抗力　　D. 勘察设计失误

【答案】D

专项突破5　施工质量事故预防措施

（1）坚持按工程建设程序办事。**【2015年、2023年考过】**

（2）做好必要的技术复核、技术核定工作。**【2015年考过】**

（3）严格把好建筑材料及制品的质量关。**【2020年考过】**

（4）加强质量培训教育，提高全员质量意识。

（5）加强施工过程组织管理。**【2015年、2020年考过】**

（6）做好应对不利施工条件和各种灾害的预案。

（7）加强施工安全与环境管理。**【2015年、2020年考过】**

重点难点专项突破

1. 施工质量事故预防措施共七项内容，对具体的措施也应熟悉。单项选择题、多项选择题都会考核到。

2. 本考点可能会这样命题：

（1）下列施工质量事故预防措施中，属于严格按照基本建设程序办事的是（　　）。**【2023年真题】**

A. 严格控制建筑材料质量　　B. 禁止任意修改设计和不按图纸施工

C. 严禁脚手架超载堆放材料　　D. 推行终身职业技能培训制度

【答案】B

（2）下列属于施工质量事故预防措施的有（　　）。

A. 坚持按照工程建设程序办事　　B. 加强施工过程组织管理

C. 加强施工安全与环境管理　　D. 做好必要的技术复核、技术核定

E. 做好质量事故的观测记录

【答案】A、B、C、D

专项突破6　施工质量事故处理的基本要求和处理依据

项目	内容
基本要求	（1）事故处理要达到安全可靠、不留隐患、满足生产和使用要求、施工方便、经济合理的目的。 （2）要重视消除造成质量事故的原因，注意综合治理。**【2018年考过】** （3）要合理确定处理范围和正确选择处理的时机和方法。**【2018年考过】** （4）要加强事故处理的检查验收工作，认真复查事故处理的实际情况。**【2018年考过】** （5）要确保事故处理期间的安全**【2018年考过】**
处理依据	（1）法律法规及政策。 （2）合同文件。 （3）工程建设标准。 （4）企业内部管理制度

重点难点专项突破

1. 上述内容一般会考核多项选择题。

2. 本考点可能会这样命题：

（1）施工质量事故处理的基本要求有（　　）。

A. 正确选择处理的人数和处罚方式　　B. 确保事故处理期间的安全

C. 加强事故处理的检查验收工作　　D. 重视消除造成质量事故的原因

E. 优先采用节约成本的技术措施

【答案】B、C、D

（2）下列建设工程资料中，可以作为施工质量事故处理依据的有（　　）。

A. 相关法律法规　　B. 合同文件

C. 工程建设标准　　　　D. 企业内部管理制度

E. 工程竣工报告

【答案】A、B、C、D

专项突破7　施工质量事故调查处理程序

例题：工程质量事故发生后，由国务院或国务院授权有关部门组织事故调查组进行调查的事故是（　　）。

A. 一般事故　　　　B. 较大事故

C. 重大事故　　　　D. 特别重大事故

【答案】D

重点难点专项突破

1. 本考点还可以考核的题目有：

（1）工程质量事故发生后，由事故发生地省级人民政府负责调查的事故是（C）。

（2）工程质量事故发生后，由事故发生地设区的市级人民政府负责调查的事故是（B）。

（3）工程质量事故发生后，由事故发生地县级人民政府负责调查的事故是（A）。

> 注意：未造成人员伤亡的一般事故，县级人民政府也可以委托事故发生单位组织事故调查组进行调查。

（4）工程质量事故发生后，逐级上报至国务院住房和城乡建设主管部门的事故包括（B、C、D）。

（5）工程质量事故发生后，一般情况下应逐级上报至省级人民政府住房和城乡建设主管部门的事故是（A）。

> 注意：
>
> 工程质量事故发生后，事故现场有关人员应当立即向本单位负责人报告。
>
> 单位负责人接到报告后，应于1h内向事故发生地县级以上人民政府住房和城乡建设主管部门及有关部门报告。
>
> 情况紧急时，事故现场有关人员可直接向事故发生地县级以上人民政府住房和城乡建设主管部门报告。
>
> 住房和城乡建设主管部门逐级上报事故情况时，每级上报时间不得超过2h。
>
> “1h”“2h”会作为一个采分点考核单项选择题，在判断正确与错误说法题目中可能会设置陷阱。

2. 质量事故调查处理程序有两种考核题型：

（1）判断几项工作的正确顺序，在2012年、2014年、2018年、2021年、2022年都考核的这类型题目。

工程施工质量事故调查处理工作包括：①事故调查；②事故报告；③事故处理的鉴定验收；④事故处理；⑤提交事故处理报告。其正确的程序为（　　）。

A. ①②③④⑤　　B. ②①④③⑤

C. ②①③④⑤　　D. ①②⑤③④

【答案】B

（2）判断某一工作前或后应进行的工作，比如：

根据质量事故调查处理的一般程序，经事故调查及原因分析后，则下一步应进行的工作是（　　）。

A. 制定事故处理技术方案　　B. 事故报告

C. 事故处理的鉴定验收　　D. 提交处理报告

【答案】A

（3）判断事故调查处理第一步或最后一步工作，比如：

事故调查处理的最后一步工作是（　　）。

A. 提出事故鉴定结论　　B. 提交事故处理结果

C. 提交事故处理报告　　D. 提出事故处理方案

【答案】C

注意：质量事故的调查处理程序中，事故调查包括事故原因分析；施工处理包括事故责任者处理和事故处理的技术方案。

3. 区分事故报告、事故调查报告、事故处理报告的内容，可能会考核多项选择题。

事故报告的内容	事故调查报告的内容	事故处理报告
（1）事故发生单位概况。 （2）事故发生的时间、地点以及事故现场情况。 （3）事故的简要经过。 （4）事故已经造成或者可能造成的伤亡人数（包括下落不明的人数）和初步估计的直接经济损失。 （5）已经采取的措施。 （6）其他应当报告的情况	（1）事故发生单位概况。 （2）事故发生经过和事故救援情况。 （3）事故造成的人员伤亡和直接经济损失。 （4）事故发生的原因和事故性质。 （5）事故责任的认定和事故责任者的处理建议。 （6）事故防范和整改措施	（1）事故调查报告。 （2）事故原因分析。 （3）事故处理依据。 （4）事故处理方案、方法及技术措施。 （5）处理过程中的各种原始记录资料。 （6）检查验收记录。 （7）事故处理结论等

4. 事故调查组的组成也是一个多项选择题采分点。事故调查组由有关人民政府、应急管理部门、负有安全生产监督管理职责的有关部门、监察机关、公安机关以及工会派人组成，并应当邀请人民检察院派人参加。可以聘请有关专家参与调查。

5. 质量事故的处理是否达到预期目的，是否仍留有隐患，应通过检查鉴定和验收作出确认。**【2018年考过】**

专项突破8　工程质量缺陷及事故处理的基本方法

例题：某砖混结构住宅墙体砌筑时，由于施工放线的错误，导致山墙上窗户的位置偏离30cm，应采用的处理方法是（　　）。**【2018年真题题干】**

A．返修处理　　B．加固处理
C．返工处理　　D．限制使用
E．不作处理　　F．报废处理

【答案】C

重点难点专项突破

1. 本考点还可以考查的题目有：

（1）当项目的某些部分的质量虽未达到规范、标准或设计规定的要求，存在一定的缺陷，但经过采取整修等措施后可以达到要求的质量标准，又不影响使用功能或外观的要求时，可采取（A）的方法。

（2）对混凝土结构局部出现的损伤，如结构受撞击、局部未振实、冻害、火灾、酸类腐蚀、碱集料反应等，当这些损伤仅仅在结构的表面或局部，不影响其使用和外观，应采用的处理方法是（A）。

（3）某混凝土结构工程的框架柱表面出现局部蜂窝麻面，经调查分析，其承载力满足设计要求，则对该框架柱表面质量问题的恰当处理方式是（A）。

（4）某工程的混凝土结构出现裂缝，但经分析判定其不影响结构的安全和使用，正确的处理方法是（A）。

（5）某工程项目的基础混凝土结构出现了宽度大于0.3mm的裂缝，但经分析其不影响结构的安全和使用，则可采取的处理措施是（A）。

（6）针对危及承载力的质量缺陷，正确的处理方法是（B）。

（7）某防洪堤坝填筑压实后，其压实土的干密度未达到规定值，经核算将影响土体的稳定且不满足抗渗能力的要求，正确的处理方法是（C）。

（8）某公路桥梁工程预应力按规定张拉系数为1.3，而实际仅为0.8，属严重的质量缺陷，则应采取的处理措施是（C）。

（9）某高层住宅施工中，有几层的混凝土结构误用了安定性不合格的水泥，无法采用其他补救办法，应采用的正确处理方法是（C）。

（10）当工程质量缺陷经加固、返工处理后仍无法保证达到规定的安全要求，但没有完全丧失使用功能时，适宜采用的处理方法是（D）。

（11）某工业建筑物出现放线定位的偏差，且严重超过规范标准规定，若要纠正会造成重大经济损失，但经过分析、论证其偏差不影响生产工艺和正常使用，在外观上也无明显影响，适宜采用的处理方法是（E）。

（12）某些部位的混凝土表面的裂缝，经检查分析，属于表面养护不够的干缩微裂，不影响使用和外观，适宜采用的处理方法是（E）。

（13）某工程第三层混凝土现浇楼面的平整偏差达到10mm，其后续作业为找平层和面层的施工，这时应该（E）。**【2013年真题题干、2023年考过】**

（14）某基础混凝土试块强度值不满足设计要求，但经法定检测单位对混凝土实体强度进行实际检测后，其实际强度达到规范允许和设计要求值。正确的处理方式是（E）。**【2012年真题题干】**

（15）某一结构构件截面尺寸不足，或材料强度不足，影响结构承载力，但按实际情况进行复核验算后仍能满足设计要求的承载力时，适宜采用的处理方法是（E）。

2. 可不作专门处理的4种情况应掌握。① 不影响结构安全、生产工艺和使用要求的。② 下一道工序可以弥补的质量缺陷。③ 法定检测单位鉴定合格的。④ 出现的质量缺陷，经检测鉴定达不到设计要求，但经原设计单位核算，仍能满足结构安全和使用功能的。

考试时还会以判断正确与错误说法的题目考核，比如：

下列工程质量问题中，可不作专门处理的是（　　）。**【2016年真题】**

A. 某高层住宅施工中，底部二层的混凝土结构误用安定性不合格的水泥

B. 某防洪堤坝填筑压实后，压实土的干密度未达到规定值

C. 某检验批混凝土试块强度不满足规范要求，但混凝土实体强度检测后满足设计要求

D. 某工程主体结构混凝土表面裂缝大于0.5mm

【答案】C

3. 报废处理是采取其他几项处理方法仍不能满足规定的质量要求或标准时采用的方法。

第6章　建设工程成本管理

6.1　工程成本影响因素及管理流程

专项突破1　工程成本分类

例题：按工程成本对象的范围分，工程成本分为（　　）。

A．建设工程项目总成本　　B．单项工程成本
C．单位工程成本　　D．分部工程成本
E．分项工程成本　　F．投标成本
G．勘察设计成本　　H．采购成本
I．施工成本　　J．竣工验收成本
K．直接成本　　L．间接成本
M．固定成本　　N．变动成本
O．预算成本　　P．计划成本
Q．实际成本　　R．可控成本
S．不可控成本　　T．工期成本
U．质量成本　　V．安全成本
W．绿色成本

【答案】A、B、C、D、E

重点难点专项突破

1. 本考点还可以考核的题目有：

（1）按工程成本发生的阶段分类，工程成本分为（F、G、H、I、J）。

（2）按生产费用计入工程成本的方法分类，工程成本分为（K、L）。

直接成本：包括人工费、材料费、机械使用费和其他直接费。**【2015年、2020年、2022年考过】**

间接成本：包括勘察设计费、采购成本、现场管理人员的人工费、资产使用费、工具用具使用费、保险费、检验试验费、工程保修费以及其他费用等。**【2021年考过】**

（3）工程施工过程中耗费的人工费、材料费、施工机具使用费和措施费属于（K）。

（4）施工项目管理机构为准备工程施工、组织和管理施工生产所发生的办公费、差旅费、财产保险费、检验试验费等属于（L）。

（5）按工程成本与工程量的关系分类，工程成本分为（M、N）。**【2024年真题题干】**

（6）按成本形成的时间分类，工程成本分为（O、P、Q）。

（7）按工程成本的可控性分类，工程成本分为（R、S）。

（8）按工程成本要素构成分类，工程成本分为（T、U、V、W）。

2. 我们看一下2024年真题：

根据工程特点和成本管理要求不同，工程成本可分为不同类别。构成工程实体的材料费可归入的工程成本类别有（　　）。**【2024年真题】**

A. 变动成本　　B. 直接成本

C. 采购成本　　D. 措施成本

E. 质量成本

【答案】A、B

3. 选项U，质量成本可分为控制成本和损失成本两部分。

控制成本又可分为预防成本和鉴定成本。预防成本包括质量规划费、工序控制费、新工艺鉴定费、质量培训费、质量信息费等；鉴定成本包括施工图纸审查费，施工文件审查费，原材料、外购件检验试验费，工序检验费，工程质量验收费等。

损失成本又分为内部损失成本和外部损失成本。内部损失成本包括返工损失、返修损失、停工损失、质量事故处理费用等；外部损失成本包括工程保修费、损失赔偿费。

这部分内容可能会这样命题：

下列质量成本中，属于预防成本的有（　　）。

A. 工序检验费　　B. 工序控制费

C. 工程质量验收费　　D. 新工艺鉴定费

E. 外购件检验试验费

【答案】B、D

专项突破2　工程成本影响因素

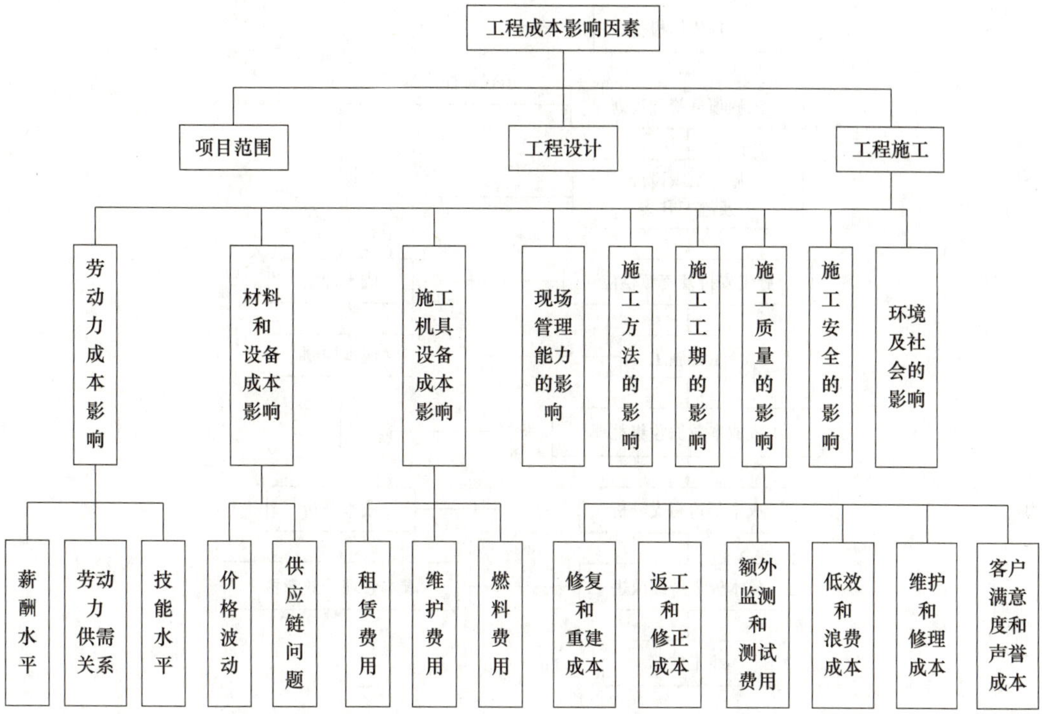

重点难点专项突破

1. 本考点内容不多，可能会考核多项选择题。

2. 本考点可能会这样命题：

（1）工程设计是决策之后影响工程成本最重要的阶段，对于技术上复杂而又缺乏设计经验的项目，可按（　　）阶段进行。

A. 初步设计　　B. 技术设计

C. 方案设计　　D. 施工图设计

E. 总体设计

【答案】A、B、D

（2）下列影响施工成本因素中，属于施工质量因素的有（　　）。

A. 劳动力供需关系　　B. 价格波动

C. 维护费用　　D. 修复和重建成本

E. 客户满意度和声誉成本

【答案】D、E

专项突破3　工程成本管理流程

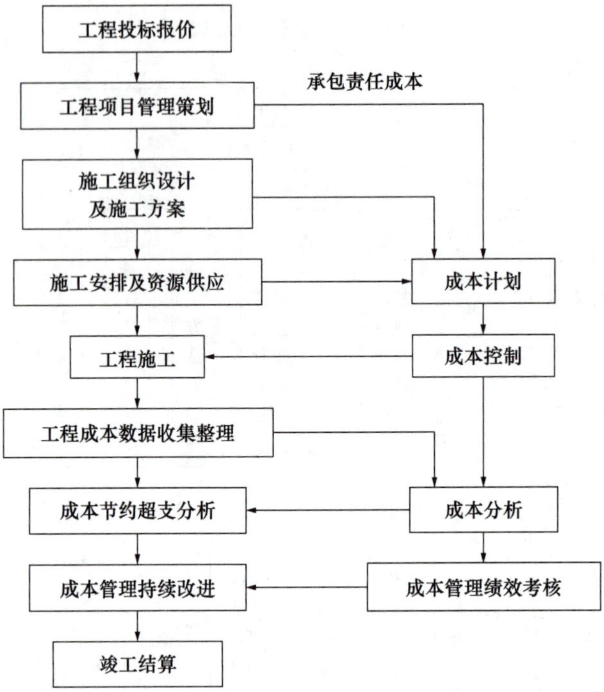

重点难点专项突破

1. 熟悉工程成本管理流程，各个环节是一个有机联系与相互制约的系统过程。

2. 本考点可能会这样命题：

（1）工程成本管理是指施工项目管理机构以（　　）为主线，对工程成本进行计划、控制、分析，并进行工程成本管理绩效考核的过程。

A. 实际成本　　B. 责任成本

C. 计划成本　　D. 目标成本

【答案】 B

（2）工程成本管理环节中，（　　）是开展成本控制和分析的基础。

A. 成本核算　　B. 成本考核

C. 成本计划　　D. 成本预算

【答案】 C

6.2 施工成本计划

专项突破1 施工责任成本

项目	内容
责任成本具有的条件	施工责任成本是以责任中心为对象来进行归集的可控成本【2024年考过】。具有四个条件：可考核性、可预计性、可计量性、可控制性
责任成本的构成	施工责任成本由人工费、材料费、施工机具使用费、专业分包费、措施费、间接费、其他费用组成。 施工责任成本＝预计结算收入－税金－项目目标利润 施工责任成本降低额＝施工责任成本－项目实际成本 施工责任成本降低率＝施工责任成本降低额/施工责任成本

重点难点专项突破

1. 区分责任成本与预算成本：

施工责任成本：是以履行施工合同为前提，依据施工项目预算成本，经过施工单位和项目管理机构协商确定的由项目管理机构控制的成本总额。

预算成本：是在既定的市场环境下，根据企业管理水平和管理特点，按企业费用支出标准、资源市场价格信息和工程实际情况，测算的项目各项费用总和。

这部分内容可能会这样命题：

（1）以履行施工合同为前提，经过施工单位和项目管理机构协商确定的由项目管理机构控制的成本总额是（　　）。

A. 预算成本　　B. 施工责任成本

C. 竞争性成本　　D. 项目实际成本

【答案】 B

（2）施工企业在既定的市场环境下，根据自身的管理水平和管理特点，按照企业费用支出标准、资源市场价格信息和工程实际情况，测算出的项目各项费用总和。该费用可作为施工项目的（　　）。

A. 施工责任成本　　B. 预算成本

C. 指导性成本　　D. 竞争性成本

【答案】 B

2. 本考点可能会这样命题：

（1）关于施工责任成本计算式的表述，错误的是（　　）。

A. 施工责任成本＝预计结算收入－税金－企业管理费－目标利润

B. 施工责任成本降低额＝施工责任成本－项目实际成本

C. 施工责任成本降低率＝施工责任成本降低额/施工责任成本

D. 施工责任成本＝人工费＋材料费＋施工机具使用费＋企业管理费＋利润＋税金

【答案】D

（2）按照现代企业管理理念，施工责任成本具有的条件包括（　　）。

A. 可考核性　　B. 可预计性

C. 可变动性　　D. 可计量性

E. 可控制性

【答案】A、B、D、E

专项突破2　施工成本计划的类型

例题：施工企业在工程投标及签订合同阶段编制的估算成本计划，属于（　　）成本计划。**【2016年真题题干】**

A. 竞争性　　B. 指导性

C. 实施性　　D. 作业性

【答案】A

重点难点专项突破

1. 本考点还可以考核的题目有：

（1）下列施工成本计划中，（A）成本计划以招标文件中的合同条件、投标者须知、技术规范、设计图纸和工程量清单等为依据，以有关价格条件说明为基础，结合调研和现场踏勘、答疑等情况，根据本企业自身的工料消耗标准、水平、价格资料和费用指标，对本企业完成招标工程所需要支出的全部费用的估算。

（2）下列成本计划中，总体上较为粗略的是（A）成本计划。

（3）某施工企业经过投标获得了某工程的施工任务，合同签订后，公司有关部门开始选派项目经理并编制成本计划，该阶段所编制的成本计划属于（B）成本计划。

（4）以合同价为依据，按照企业定额标准制定的成本计划，属于（B）成本计划。

（5）下列成本计划中，用于确定施工责任成本的是（B）成本计划。**【2020年考过】**

（6）以项目实施方案为依据，以落实项目经理责任目标为出发点，根据施工定额编制的施工成本计划是一种（C）成本计划。

> 注意：
> 题目（6）中的"施工定额"在2014年作为采分点考核了单项选择题。

（7）项目施工准备阶段的施工预算成本计划属于（C）成本计划。

2. 选项D是考试时常会出现的干扰选项。

3. 本考点还会以判断正确与错误说法的形式综合考核，比如：

关于竞争性成本计划、指导性成本计划和实施性成本计划三者区别的说法，正确的是（　　）。

A. 指导性成本计划是项目施工准备阶段的施工预算成本计划，比较详细
B. 实施性成本计划是选派项目经理阶段的预算成本计划
C. 指导性成本计划是以项目实施方案为依据编制的
D. 竞争性成本计划是项目投标和签订合同阶段的估算成本计划，比较粗略
【答案】D

专项突破3　施工成本计划的编制依据和程序

项目	内容
编制依据	合同文件；项目管理实施规划；相关设计文件；价格信息；相关定额；类似项目成本资料等
编制程序	施工成本计划的编制应以成本预测为基础，关键是确定目标成本**【2010年、2011年、2012年、2013年、2014年考过】**。施工成本计划应按下列程序编制： （1）预测项目成本。 （2）确定项目总体成本目标。 （3）编制项目总体成本计划。 （4）项目管理机构与企业职能部门根据其责任成本范围，分别确定各自成本目标，并编制相应的成本计划。 （5）针对成本计划制定相应的控制措施。 （6）由项目管理机构与企业职能部门负责人分别审批相应的成本计划

重点难点专项突破

1. 本考点有三个采分点：
（1）编制依据，可能会考核多项选择题。
（2）成本计划编制的关键，会考核单项选择题。
（3）编制程序，会考核单项选择题。
2. 本考点可能会这样命题：
（1）编制施工成本计划时，在确定项目总成本目标前应进行工作是（　　）。
A. 预测项目成本
B. 编制项目总体成本计划
C. 确定成本目标
D. 针对成本计划制定相应的控制措施
【答案】A
（2）下列作为成本计划编制依据的有（　　）。
A. 合同文件
B. 设计文件
C. 施工组织设计
D. 合同计价方式
E. 价格信息
【答案】A、B、E

专项突破4　按成本组成和项目结构编制成本计划的方法

例题：施工承包企业将其承接的高速公路项目的目标总成本，分解为桥梁工程成本、隧道工程成本、道路工程成本等子项，并编制相应的成本计划。这是按（　　）编制成本计划。**【2012年真题题干】**

A．项目结构　　　　B．成本组成

C．工程实施阶段　　D．工程性质

【答案】A

重点难点专项突破

1. 本考点还可以考核的题目有：

（1）施工成本分解为人工费、材料费、施工机具使用费、企业管理费等，在此基础上编制成本计划，这是按（B）编制成本计划。**【2011年考过】**

（2）某工程按照基础、主体、安装、装修等进行编制成本计划，这是按（C）编制成本计划。

2. 选项D是干扰选项，成本计划的编制方法包括三种：按成本组成、按项目结构、按工程实施阶段。

3. 对于大中型工程项目，首先要把项目总成本分解到单项工程和单位工程中，再进一步分解为分部工程和分项工程。

4. 在完成施工项目成本目标分解之后，接下来就要具体地分配成本，编制分项工程的成本支出计划。在编制成本支出计划时，要在项目总体层面上考虑总的预备费，也要在主要的分项工程中安排适当的不可预见费。**【2009年、2010年考过】**

专项突破5　按工程实施阶段编制成本计划的方法

例题：某工程按月编制的成本计划如下图所示，若6月、7月实际完成的成本为700万元和1000万元，其余月份的实际成本与计划相同，则关于成本偏差的说法，正确的有（　　）。

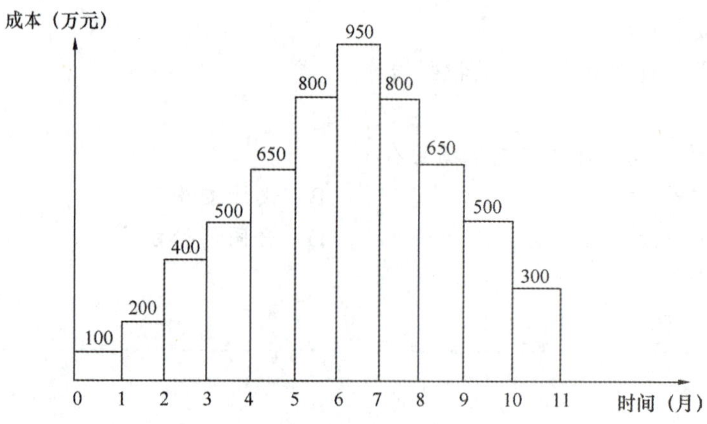

A．第6个月末的计划成本累计值为2650万元
B．第6个月末的实际成本累计值为2550万元
C．第7个月末的计划成本累计值为3600万元
D．第7个月末的实际成本累计值为3550万元

【答案】A、B、C、D

重点难点专项突破

1. 按工程实施阶段编制成本计划的方法这部分内容中，应掌握两种表示形式：一种是在时标网络图上按月编制的成本计划；另一种是利用时间一成本累积曲线（S形曲线）表示。**【2022年考过】**

上述例题是第一种表示形式，下面对这道题进行分析：

选项A：第6个月末的计划成本累计值＝100＋200＋400＋500＋650＋800＝2650万元。

选项B：第6个月末的实际成本累计值＝100＋200＋400＋500＋650＋700＝2550万元。

选项C：第7个月末的计划成本累计值＝100＋200＋400＋500＋650＋800＋950＝3600万元。

选项D：第7个月末的实际成本累计值＝100＋200＋400＋500＋650＋700＋1000＝3550万元。

第二种表示形式在2022年是这样考核的：成本计划编制过程中，可按（　　）编制"时间一成本累积曲线"成本计划。

A．工程实施阶段　　B．成本组成

C．项目结构　　D．工程量清单

【答案】A

2. 时间一成本累积曲线的绘制步骤如下：

（1）编制工程项目施工进度时标网络计划。

（2）根据每项工作在单位时间内完成的实物工程量或投入的人力、物力和财力，计算单位时间（月或旬）施工成本，在时标网络图上按时间（月或旬）编制成本支出计划。

（3）计算规定时间t计划累计支出的成本额。其计算方法为：将各单位时间计划完成的成本额累加求和。

（4）按各规定时间的Q_t值，绘制S形曲线。

重点提示：

S形曲线必然包络在由全部工作都按最早开始时间开始和全部工作都按最迟开始时间开始的曲线所组成的"香蕉图"内。**【2019年考过】**

对施工单位而言，施工进度网络计划中的所有工作均按最早开始时间开始、按最早完成时间完成，可以尽早获得工程进度款支付，同时也能提高工程按期竣工的保证率，但同时也会占用建设单位大量资金。**【2012年、2024年考过】**

命题总结：

时间—成本累积曲线的绘制会有三种考核题型：

第一种：题干中给出绘制工作，要求判断正确的步骤，2017年考核了这种题型。

第二种：判断某项工作紧前或者紧接着应进行的工作，2021年考核了这种题型。

第三种：给出成本计划时间—成本累积曲线，要求计算某月份的成本计划值，2015年考核了这种题型。

3. 本考点可能会这样命题：

（1）某施工项目的进度和成本数据见下表。关于该项目成本计划的说法，正确的有（　　）。**【2022年真题】**

编码	工作名称	最早开始时间（月份）	持续时间（月）	成本强度（万元/月）
11	场地平整	1	1	25
12	基础施工	2	3	20
13	主体工程施工	4	6	40
14	砌筑工程施工	8	3	25
15	屋面工程施工	10	2	30

A. 项目总计划成本是460万元

B. 第4月内计划成本是60万元

C. 8月末计划成本累计310万元

D. 第4、5月两个月的计划成本相同

E. 第8、9月两个月的计划成本相同

【答案】A、B、C、E

【解析】解答本题，根据题干绘制施工成本计划表：

项目	单位	月份										
		1	2	3	4	5	6	7	8	9	10	11
场地平整	万元	25										
基础施工	万元		20	20	20							
主体工程施工	万元				40	40	40	40	40	40		
砌筑工程施工	万元								25	25	25	
屋面工程施工	万元										30	30
每月合计	万元	25	20	20	60	40	40	40	65	65	55	30
逐月累计	万元	25	45	65	125	165	205	245	310	375	430	460

绘制好表格后，对照选项逐一判断是否正确。

（2）某项目施工成本计划如下图所示，则5月末计划累积成本支出为（　　）万元。**【2018年真题】**

A. 75

B. 180

C. 270

D. 325

项目名称	成本强度（万元/月）	工程进度（月）				
		1	2	3	4	5
A	10	━━	━━	━━		
B	20		━━	━━	━━	━━
C	15			━━	━━	━━
D	30			━━	━━	━━
E	25					━━

【答案】 C

【解析】 5月末计划累计成本支出＝（10×3）＋（20×4）＋（15×3）＋（30×3）＋25＝270万元。

（3）某项目按施工进度编制的施工成本计划如下图所示，则4月份计划成本是（　　）万元。**【2015年真题】**

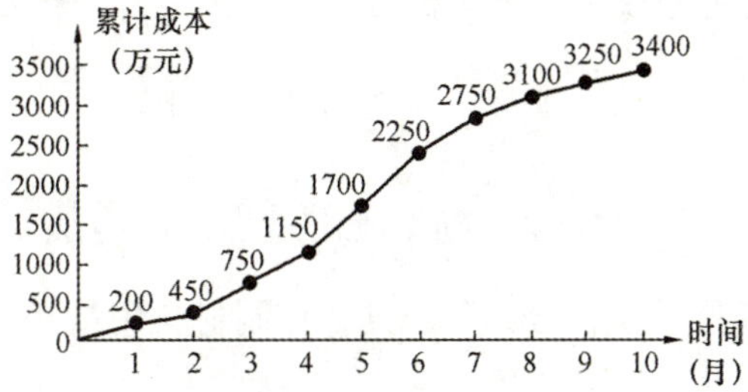

A. 300　　　　B. 400

C. 750　　　　D. 1150

【答案】 B

【解析】 4月份计划成本＝1150－750＝400万元。

6.3 施工成本控制

专项突破1 施工成本控制过程

例题： 施工成本过程控制包括管理行为控制过程和指标控制过程。下列内容属于管理行为控制过程的有（　　）。

A. 建立项目成本管理体系的评审组织和评审程序

B. 建立成本管理体系运行的评审组织和评审程序

C. 目标考核，定期检查

D. 制定对策，纠正偏差

E. 确定成本管理分层次目标

F. 采集成本数据，监测成本形成过程

G．找出偏差，分析原因

H．调整改进成本管理方法

【答案】A、B、C、D

重点难点专项突破

1. 本考点还可以考核的题目有：

下列内容属于指标控制过程的有（D、E、F、G、H）。

2. 本考点需要掌握两个采分点，一个是管理行为控制过程与指标控制过程的关系；一个是管理行为控制与指标控制的过程。

3. 通过上述例题，我们学习了控制过程的内容，考试还会有一种考核方式就是，给出几项工作内容，判断正确的顺序。2018年以这种题型考核了指标控制过程。

4. 管理行为控制过程与指标控制过程有怎样的关系，我们来看下：

管理行为控制过程是对成本全过程控制的基础，指标控制过程则是成本进行过程控制的重点。两个过程既相对独立又相互联系，既相互补充又相互制约。**【2014年、2016年、2017年考过】**

专项突破2　施工成本过程控制方法

例题：材料费控制按照“量价分离”原则，控制材料用量和材料价格。材料用量的控制方法有（　　）。

A．定额控制　　B．指标控制

C．计量控制　　D．包干控制

【答案】A、B、C、D

重点难点专项突破

1. 本考点还可以考核的题目有：

（1）某施工项目部根据以往项目的材料实际耗用情况，结合具体施工项目要求，制定领用材料标准控制发料。这种材料用量控制方法是（B）。**【2015年真题题干】**

（2）在材料使用过程中，对部分小型及零星材料根据工程量计算出所需材料量，将其折算成费用，由作业者采取（D）。

2. 施工阶段是成本发生的主要阶段，这个阶段的成本控制包括人工费控制、材料费的控制、施工机具使用费的控制、施工分包费用的控制。

3. 人工费的控制实行“量价分离”的方法**【2022年考过】**。控制人工费的方法可能会考核多项选择题，主要包括：

（1）加强劳动定额管理。

（2）提高劳动生产率。

（3）加快自有建筑工人队伍建设。

（4）完善职业技能培训体系。

（5）建立技能导向的激励机制。

（6）规范劳动用工制度。

4. 例题题干部分内容，在2023年考核了这样一个题目：

关于施工材料费控制的说法，正确的是（　　）。**【2023年真题】**

A. 主要是控制材料的采购价格　　B. 应遵循“量价分离”原则

C. 应由施工作业者包干控制　　D. 主要是定额控制

【答案】B

5. 控制施工机具使用费支出，应主要从台班数量和台班单价两个方面进行控制。2014年考核了台班单价控制方法，2020年考核了台班数量的控制方法。

6. 对分包费用的控制，主要是要做好分包工程的询价、订立平等互利的分包合同、建立稳定的分包关系网络、加强施工验收和分包结算等工作。**【2014年考过】**

专项突破3　挣值法

例题：某分项工程月计划完成工程量为3200m^2，预算单价为15元/m^2。月底承包商实际完成工程量为2800m^2，实际单价为20元/m^2，则该工程当月的拟完工程预算费用（*BCWS*）为（　　）元。**【2019年考过】**

A. 42000　　B. 48000

C. 56000　　D. −14000

E. −6000

【答案】B

重点难点专项突破

1. 本考点还可以考核的题目有：

（1）若上述已知条件不变，则该工程当月的已完工程预算费用（*BCWP*）为（A）。

（2）若上述已知条件不变，则该工程当月的已完工程实际费用（*ACWP*）为（C）。

（3）若上述已知条件不变，则该工程的费用偏差为（D）。**【2022年考过】**

（4）若上述已知条件不变，则该工程的进度偏差为（E）。

（5）若上述已知条件不变，则该工程的费用绩效指数为（0.75）。

（6）若上述已知条件不变，则该工程的进度绩效指数为（0.875）。

2. 本考点是每年的必考考点，内容涉及计算3个基本参数和4个评价指标，而且计算公式都很相似，靠记忆容易混淆，可以按下列方法记忆。

（1）3个基本参数

参数	计算	说明	理想状态
已完工程预算费用（*BCWP*）	∑（已完工程量×预算单价）	实际希望支付的钱（执行预算）	*ACWP*、*BCWS*、*BCWP* 三条曲线靠得很近、平稳上升，表示项目按预定计划目标进行。如果三条曲线离散度不断增加，则可能出现较大的费用偏差
拟完工程预算费用（*BCWS*）	∑（计划工程量×预算单价）	希望支付的钱（计划预算）	
已完工程实际费用（*ACWP*）	∑（已完成工程量×实际单价）	实际支付的钱（执行成本）	

（2）4个评价指标

指标	计算	记忆	评价	记忆	说明	意义
费用偏差（*CV*）	*BCWP*－*ACWP*	两“已完”相减，预算减实际	＜0，超支；＞0，节支	得负不利，得正有利	反映的是相对偏差，在同一项目和不同项目比较中均可采用	在项目费用、进度综合控制中引入挣值法，可以克服过去进度、费用分开控制的缺点。挣值法即可定量地判断进度、费用的执行效果
进度偏差（*SV*）	*BCWP*－*BCWS*	两“预算”相减，已完减拟完	＜0，拖后；＞0，提前			
费用绩效指数（*CPI*）	*BCWP*/*ACWP*	—	＜1，超支；＞1，节支	大于1有利；小于1不利	反映的是绝对偏差，仅适合于对同一项目作偏差分析	
进度绩效指数（*SPI*）	*BCWP*/*BCWS*	—	＜1，拖后；＞1，提前			

3. 如何来记忆我们都总结了一些规律，接下来就以常考的题目来掌握一下这个必考点吧。

（1）某工程开工后至第4月末，累计已完工程实际费用300万元，已完工程预算费用350万元，拟完工程预算费用330万元，则该工程第4月末实际进展和费用支出状况，正确的是（　　）。**【2024年真题】**

A. 费用绩效指数为0.86，实际费用超支

B. 进度偏差为20万元，实际进度拖后

C. 费用偏差为－50万元，实际费用节约

D. 进度绩效指数为1.06，实际进度超前

【答案】D

【解析】费用绩效指数（*CPI*）＝350/300＝1.17＞1，表示费用节约，故选项A错误。进度偏差（*SV*）＝350－330＝20万元＞0，表示进度提前，故选项B错误。费用偏差（*CV*）＝350－300＝50万元＞0，表示费用节约，故选项C错误。进度绩效指数（*SPI*）＝350/330＝1.06＞1，表明实际进度提前，故选项D正确。

（2）某工程中期检查时，已完工程预算费用为820万元，拟完工程预算费用为800万元，已完工程实际费用为860万元。则中期检查时，该工程的费用绩效指数为（　　）。**【2023年真题】**

A. 0.953　　　　B. 1.025

C. 0.930　　D. 1.075

【答案】A

【解析】费用绩效指数＝已完工程预算费用/已完工程实际费用＝820/860＝0.953。

（3）某分项工程某月计划工程量为3200m^2，预算单价为15元/m^2，月末核定实际完成工程量为2800m^2，实际单价为20元/m^2。则该分项工程的已完工程预算费用（*BCWP*）是（　　）元。**【2021年真题】**

A. 56000　　B. 64000

C. 42000　　D. 48000

【答案】C

【解析】已完工程预算费用（*BCWP*）＝2800×15＝42000元。

（4）某分项工程采用挣值法分析得到：已完工程预算费用（*BCWP*）＞拟完工程预算费用（*BCWS*）＞已完工程实际费用（*ACWP*），则该工程（　　）。**【2019年真题】**

A. 费用超支　　B. 费用节余

C. 进度延误　　D. 进度提前

E. 费用绩效指数大于1

【答案】B、D、E

【解析】当费用偏差*CV*为正值时，表示项目运行节支，实际费用没有超出预算费用，故选项B正确。当进度偏差*SV*为正值时，表示进度提前，即实际进度快于计划进度，故选项D正确。费用绩效指数＝已完工程预算费用/已完工程实际费用，故选项E正确。

（5）某工程每月所需混凝土量相同，混凝土用量为3200m^3，计划4个月完成，混凝土综合价格为1000元/m^3；实际混凝土用量为5000m^3，用时5个月，第1个月至第5个月各月混凝土价格指数（%）为100、115、110、105、115。则根据挣值法，前3个月的费用偏差为（　　）万元。**【2015年真题】**

A. −30　　B. −25

C. −22　　D. −20

【答案】B

【解析】已完成工程量＝5000/5＝1000m^3。费用偏差＝（1000×1000×3）－（1000×1000×100%＋1000×1000×115%＋1000×1000×110%）＝−250000元＝−25万元。

（6）某施工企业进行土方开挖工程，按合同约定3月份的计划工程量为2400m^3，预算单价是12元/m^3；到月底检查时，确认承包商实际完成的工程量为2000m^3，实际单价为15元/m^3。则该工程的进度偏差（*SV*）和进度绩效指数（*SPI*）分别为（　　）。**【2010年真题】**

A. −0.6万元，0.83　　B. −0.48万元，0.83

C. 0.6万元，0.80　　D. 0.48万元，0.80

【答案】B

【解析】已完工程预算费用＝2000×12＝2.4万元，拟完工程预算费用＝2400×12＝2.88万元，进度偏差＝2.4－2.88＝−0.48万元，进度绩效指数＝2.4/2.88＝0.83。

（7）某分部分项工程的已完工程预算费用为2650万元，拟完工程预算费用为2780万元，用挣值法对其成本分析得到的结论是（　　）。

A. 实际进度拖后　　　　B. 实际进度提前

C. 实际费用超支　　　　D. 实际费用节约

【答案】A

【解析】进度偏差（SV）＝2650－2780＝－130万元。进度偏差（SV）＜0，表明实际进度拖后，本题不能判断实际费用是节约还是超支。

专项突破4　成本偏差的表达方法

例题：某混凝土工程的清单综合单价1000元/m^3，按月结算，其工程量和施工进度数据见下表。按挣值法计算，3月末已完工程实际费用（$ACWP$）是9790千元。该工程3月末参数或指标正确的有（　　）。**【2018年真题】**

工作名称	计划工程量（m^3/月）	实际工程量（m^3/月）	工程进度（月）			
			1	2	3	4
工作A	4500	4500				
工作B	2500	2300				
工作C	1200	1250				

图例：实际进度　　计划进度

A. 已完工程预算费用（$BCWP$）是9100千元

B. 费用偏差（CV）是690千元

C. 进度偏差（SV）是−1600千元

D. 费用绩效指数（CPI）是0.93

E. 拟完工程预算费用（$BCWS$）是10700千元

【答案】A、C、D、E

重点难点专项突破

1. 偏差分析方法常用的有横道图法、表格法、曲线法。上述例题就是考核的横道图法，解答本题也是需要应用挣值法的几个公式的，解题过程如下：

（1）已完工程预算费用（$BCWP$）＝∑（已完成工程量×预算单价）＝1000×（4500＋2300×2）＝910万元＝9100千元。

（2）拟完工程预算费用（$BCWS$）＝∑（计划工程量×预算单价）＝1000×（4500＋2500×2＋1200）＝1070万元＝10700千元。

（3）已完工程实际费用（*ACWP*）＝979万元＝9790千元。

（4）费用偏差（*CV*）＝*BCWP*－*ACWP*＝9100－9790＝-690千元。

（5）进度偏差（*SV*）＝*BCWP*－*BCWS*＝9100－10700＝-1600千元。

（6）费用绩效指数（*CPI*）＝*BCWP*/*ACWP*＝9100/9790＝0.93。

2. 横道图法的特点也需要掌握，两者的特点如下图所示，2011年、2016年、2021年考试是以判断正确说法的题型考查的。

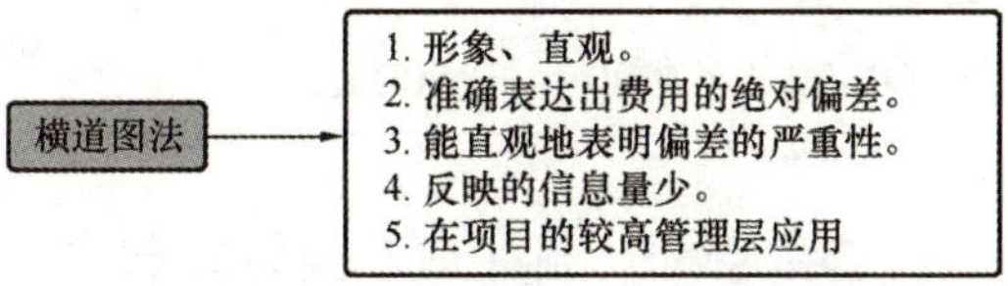

3. 再来看本考点中的另一采分点——曲线法（如下图所示）。

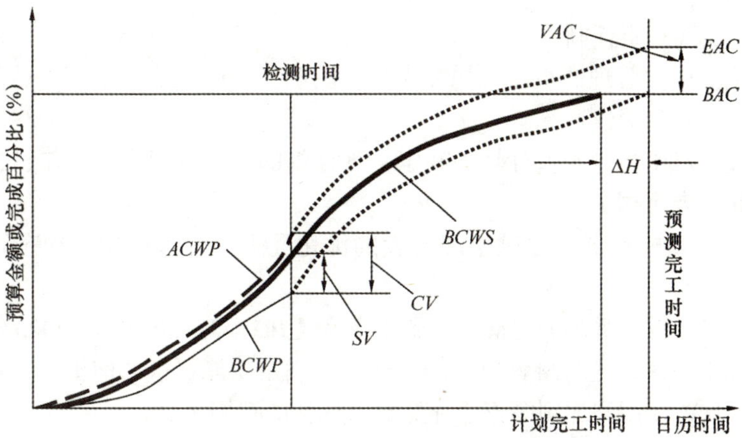

BAC——项目完工预算，指编制计划时预计的项目完工费用。

EAC——预测的项目完工估算，指计划执行过程中根据当前的进度、费用偏差情况预测的项目完工总费用。

VAC——预测项目完工时的费用偏差。

VAC＝*BAC*－*EAC*。

重点提示：

已完工程实际成本曲线与已完工作预算成本曲线的竖向距离表示成本累计偏差。**【2011年、2016年、2019年、2023年考过】**

曲线法在考试时可能会这样命题：

某项目地面铺贴的清单工程量为1000m^2，预算费用单价60元/m^2，计划每天施工100m^2。第6天检查时发现，实际完成800m^2，实际费用为5万元。根据上述情况，预计项目完工时的费用偏差（*VAC*）是（　　）元。**【2019年考过】**

A. −2000　　B. −2500

C．2000　　　　　　　　　　　　　　　　　D．2500

【答案】B

【解析】

BAC＝完工的计划工程量×预算价＝1000×60＝60000元。

EAC＝工程量×预测的价格（实际单价）。

实际的价格＝50000/800＝62.5元/m^2。

EAC＝1000×62.5＝62500元。

VAC＝BAC－EAC＝60000－62500＝－2500元。

专项突破5　施工成本纠偏措施

例题：下列施工成本纠偏措施中，属于组织措施的有（　　）。**【2011年、2012年、2014年、2023年考过】**

A．实行项目经理责任制

B．落实施工成本管理的组织机构和人员，明确各级施工成本管理人员的任务和职能分工、权利和责任

C．编制施工成本控制工作计划，确定合理详细的工作流程**【2011年、2013年、2014年、2023年考过】**

D．做好施工采购计划，通过生产要素的优化配置、合理使用、动态管理控制实际成本

E．进行技术经济分析，确定最佳的施工方案**【2011年、2012年、2023年考过】**

F．结合施工方法，进行材料使用的比选，在满足功能要求的前提下，通过代用、改变配合比、使用添加剂等方法降低材料消耗的费用

G．确定合适的施工机械、设备使用方案

H．结合项目的施工组织设计及自然地理条件，降低材料的库存成本和运输成本**【2018年考过】**

I．应用先进的施工技术，运用新材料，使用先进的机械设备

J．对施工成本管理目标进行风险分析，并制定防范性对策**【2011年、2012年、2014年、2017年、2022年、2023年考过】**

K．施工中严格控制各项开支，及时准确地记录、收集、整理、核算实际支出的费用**【2011年考过】**

L．对各种变更，及时做好增减账，及时落实业主签证，及时结算工程款**【2017年考过】**

M．通过偏差原因分析和未完工工程成本预测，发现一些潜在的可能引起未完工程成本增加的问题，及时采取预防措施

N．仔细分析合同中的索赔条款

O．在合同执行中寻求索赔的机会**【2022年考过】**

P．密切关注己方履行合同的情况，以防被对方索赔

【答案】A、B、C、D

重点难点专项突破

1. 本考点还可以考核的题目有：

（1）下列施工成本纠偏措施中，属于技术措施的有（E、F、G、H、I）。

（2）下列施工成本纠偏措施中，属于经济措施的有（J、K、L、M）。

（3）下列施工成本纠偏措施中，属于合同措施的有（N、O、P）。

2. 成本纠偏措施包括组织措施、技术措施、经济措施和合同措施，这也会作为一个采分点考核多项选择题。在这四个措施中，组织措施是其他各类措施的前提和保障。

3. 上述题型是考试的常考题型，还会有另外一种命题形式，就是题干中给出采取的具体措施，判断属于哪种类型，2018年考过此类型题目，比如：

项目经理部通过在混凝土拌合物中加入添加剂以降低水泥消耗量，属于成本纠偏措施中的（　　）。

A. 组织措施　　B. 技术措施

C. 经济措施　　D. 合同措施

【答案】B

6.4　施工成本分析与管理绩效考核

专项突破1　施工成本分析的依据、内容和步骤

例题：在施工成本分析的依据中，既可对已经发生的经济活动进行核算，又可对尚未发生的经济活动进行核算的方式是（　　）。**【2019年真题题干】**

A. 会计核算　　B. 业务核算

C. 统计核算　　D. 成本核算

【答案】B

重点难点专项突破

1. 本考点还可以考核的题目有：

（1）通过设置账户、复式记账、填制和审核凭证、登记账簿、成本计算、财产清查和编制会计报表等一系列有组织有系统的方法，来记录企业的一切生产经营活动，然后据此提出一些用货币来反映有关各种综合性经济指标数据的核算方式是（A）。

（2）在项目成本分析的依据中，一般是对已经发生的经济活动进行核算的是（A、C）。

（3）在施工成本分析的依据中，通过全面调查和抽样调查等特有的方法，不仅能提供绝对数指标，还能提供相对数和平均数指标，可以计算当前的实际水平，还可以确定变动速度以预测发展趋势的核算是（C）。**【2020年考过】**

2. 选项D是可能会设置的干扰选项。

3. 该考点还应掌握以下采分点：

（1）会计核算主要是价值核算。**【2017年考过】**

（2）业务核算的范围比会计、统计核算要广。

（3）业务核算的目的在于迅速取得资料，以便在经济活动中及时采取措施进行调整。**【2009年考过】**

（4）统计核算的计量尺度比会计宽，可以用货币计算，也可以用实物或劳动量计量。**【2017年考过】**

命题总结：

上述采分点一般不会单独成题，多在判断正确与错误说法的综合题目中以备选项出现。

4. 成本分析的内容可能会考核多项选择题，包括：① 时间节点成本分析；② 工作任务分解单元成本分析；③ 组织单元成本分析；④ 单项指标成本分析；⑤ 综合项目成本分析。

5. 成本分析的步骤可能会考核判断正确顺序的题目，除了这种题型，还可能会给出某项工作，判断其前面的工作或紧接着应进行的工作。我们学习一下2022年的真题：

成本分析的步骤包括：① 选择成本分析方法；② 进行成本数据处理；③ 分析成本形成原因；④ 收集成本信息；⑤ 确定成本结果。正确的编制程序是（　　）。**【2022年真题】**

A. ①—④—②—③—⑤　　B. ①—⑤—④—②—③

C. ④—①—③—②—⑤　　D. ④—⑤—①—②—③

【答案】A

专项突破2　施工成本分析的基本方法

例题：下列施工成本分析方法中，可以用来分析各种因素对成本影响程度的是（　　）。**【2012年、2014年、2016年真题题干】**

A. 比较法　　B. 连环置换法

C. 差额计算法　　D. 相关比率法

E. 构成比率法　　F. 动态比率法

【答案】B

重点难点专项突破

1. 本考点还可以考核的题目有：

（1）下列施工成本分析方法中，通过技术经济指标的对比，检查目标的完成情况，分析产生差异的原因，进而挖掘成本降低潜力的方法是（A）。

（2）下列施工成本的分析方法中，最适用于分析各因素对成本影响程度的是（B）。**【2023年真题题干】**

（3）某施工项目经理对商品混凝土的施工成本进行分析，发现其目标成本是44万元，实际成本是48万元，因此要分析产量、单价、损耗率等因素对混凝土成本的影响程度，最适宜采用的分析方法是（B）。

（4）下列施工成本分析方法中，利用各个因素的目标值与实际值的差额来计算其对成本影响程度的方法是（C）。

（5）比率法是用两个以上的指标的比例进行分析的方法，常用的比率法有（D、E、F）。

2. 成本分析的基本方法包括4种，单项选择题、多项选择题都可能会考核。如果考核多项选择题，干扰选项会设置成本核算的方法，也可能会是偏差分析的方法。

命题总结：

比较法又称指标对比分析法；因素分析法又称连环置换法。在2012年、2014年、2016年考试时都是以连环置换法作为备选项考核。

3. 在本考点中还会考核一个非常重要的计算题——利用因素分析法分析各因素对成本影响程度的分析。通过下面这道题目来讲解：

某单位产品1月份成本相关参数见下表，用因素分析法计算，单位产品人工消耗量变动对成本的影响是（　　）元。**【2022年、2024年考过】**

项目	单位	计划值	实际值
产品产量	件	180	200
单位产品人工消耗量	工日/件	12	11
人工单价	元/工日	100	110

A. −18000　　B. −19800

C. −20000　　D. −22000

【答案】C

【解析】首先应掌握因素分析法的计算步骤：

（1）确定分析对象，并计算出实际与目标数的差异。

（2）确定该指标是由哪几个因素组成的，并按其相互关系进行排序（排序规则是：先实物量，后价值量；先绝对值，后相对值）。

（3）以目标数为基础，将各因素的目标数相乘，作为分析替代的基数。

（4）将各个因素的实际数按照上面的排列顺序进行替换计算，并将替换后的实际数保留下来。

（5）将每次替换计算所得的结果，与前一次的计算结果相比较，两者的差异即为该因素对成本的影响程度。

（6）各个因素的影响程度之和，应与分析对象的总差异相等。

本题的解题过程如下：

顺序	连环替代计算	差异（元）	因素分析
目标数	180×12×100＝216000		
第一次替代	200×12×100＝240000	24000	由于产量增加20件，成本增加24000元
第二次替代	200×11×100＝220000	−20000	由于产品人工消耗量减少1工日/件，成本减少20000元
第三次替代	200×11×110＝242000	22000	由于人工单价每工日提高10元，成本增加22000元
合计		24000－20000＋22000＝26000	

4. 在本考点中还会考核一个计算题——利用差额计算法分析各因素对成本的影响程度。2014年、2015年、2023年都有考核过，我们一起来看下2023年这个题目：

某项目施工成本数据见下表。应用差额计算法分析，该项目成本降低率提高对成本降低额的影响是（　　）万元。**【2023年真题】**

项目	单位	计划	实际
成本	万元	220	240
成本降低率	%	3	3.5
成本降低额	万元	6.6	8.4

A. 0.6　　B. 1.1

C. 1.2　　D. 1.8

【答案】C

【解析】该项目成本降低率提高对成本降低额的影响是：240×（3.5%－3%）＝1.2万元。

5. 比率法包括相关比率法、构成比率法、动态比率法，第一，可以考核一个多项选择题；第二，考核这三个比率法的作用；第三，还会给出一个成本分析表，利用相关比率法考核经营成本的好坏，或者利用动态比率法计算基期指数。考生可通过以下题目学习：

（1）某工程各门窗安装班组的相关经济指标见下表，按照成本分析的比率法，人均效益最好的班组是（　　）。**【2018年真题】**

项目	班组甲	班组乙	班组丙	班组丁
工程量（m^2）	5400	5000	4800	5200
班组人数（人）	50	45	42	43
班组人工费（元）	150000	126000	147000	129000

A. 甲　　B. 乙

C. 丙　　D. 丁

【答案】A

【解析】在一般情况下，都希望以最少的工资支出完成最大的产值。因此，用产值工资率指标来考查人工费的支出水平，可以很好地分析人工成本。经对比甲的人均效益最优。

（2）某项目成本及成本构成比例数据见下表，正确的有（　　）。**【2015年真题】**

（单位：万元）

成本项目	预算成本		实际成本		降低成本		
	金额	比重	金额	比重	金额	占本项	占总量
一、直接成本	1263.79	93.20%	1200.31	92.38%	63.48	5.02%	4.68%
1.人工费	113.36	8.36%	119.28	9.18%	−5.92	−5.22%	−0.44%
2.材料费	1006.56	74.23%	939.67	72.32%	66.89	6.65%	4.93%
3.机械费	87.6	6.46%	89.65	6.90%	−2.05	−2.34%	−0.15%
4.措施费	56.27	4.15%	51.71	3.98%	4.56	8.10%	0.34%
二、间接成本	92.21	6.80%	99.01	7.62%	−6.8	−7.37%	−0.50%
总成本	1356	100.00%	1299.32	100.00%	56.68	4.18%	4.18%
比例	100	—	95.82%	—	4.18%	—	—

A. 成本降低最多的项目是机械费　　B. 成本增加比例最大的是间接成本

C. 成本节约效益最大的是材料费　　D. 成本节约做得最好的是措施费

E. 直接成本增加比例最大的是人工费

【答案】B、C、D、E

【解析】成本降低最多的是材料费。

（3）某施工项目的成本指标见下表，运用动态比率法进行成本分析时，第四季度的基期指数是（　　）。

指标	第一季度	第二季度	第三季度	第四季度
降低成本（万元）	45.60	47.80	52.50	64.30
基期指数（%）（第一季度＝100）		104.82	115.13	
环比指数（上一季度＝100）		104.82	109.83	122.48

A. 109.83　　B. 115.13

C. 122.48　　D. 141.01

【答案】D

【解析】第四季度的基期指数＝64.30/45.60×100%＝141.01%。

专项突破3　综合成本分析方法

例题：综合成本分析方法包括（　　）。**【2020年考过】**

A. 分部分项工程成本分析　　B. 月（季）度成本分析
C. 年度成本分析　　D. 竣工成本综合分析

【答案】A、B、C、D

重点难点专项突破

1. 本考点还可以考核的题目有：

对施工项目进行综合成本分析时，可作为分析基础的是（A）。**【2012年、2016年考过】**

2. 分部分项工程成本分析是考试的重点，应掌握以下采分点：

（1）分部分项工程成本分析的对象为已完成分部分项工程。**【2012年、2021年、2022年考过】**

（2）分部分项工程成本分析方法是进行预算成本、目标成本和实际成本的“三算”对比。

（3）分部分项工程成本分析预算成本来自投标报价成本。**【2012年、2013年、2016年考过】**

（4）分部分项工程成本分析目标成本来自施工预算。

（5）分部分项工程成本分析实际成本来自施工任务单的实际工程量、实耗人工和限额领料单的实耗材料。

（6）没有必要对每一个分部分项工程都进行成本分析。**【2012年、2016年、2021年考过】**

（7）对于主要分部分项工程必须进行成本分析，而且要做到从开工到竣工进行系统的成本分析。**【2012年、2016年、2021年考过】**

3. 月（季）度成本分析包括6方面，在2016年、2019年都以单项选择题形式考核。考生要掌握以下几点：

（1）通过实际成本与预算成本的对比，分析当月（季）的成本降低水平；通过累计实际成本与累计预算成本的对比，分析累计的成本降低水平，预测实现项目成本目标的前景。

（2）通过实际成本与目标成本的对比，分析目标成本的落实情况，以及目标管理中的问题和不足，进而采取措施，加强成本管理，保证成本目标的落实。

（3）通过对各成本项目的成本分析，可以了解成本总量的构成比例和成本管理的薄弱环节。如果是属于规定的“政策性”亏损，则应从控制支出着手，把超支额压缩到最低限度。**【2016年、2019年考过】**

（4）通过主要技术经济指标的实际与目标对比，分析产量、工期、质量、“三材”节约率、机械利用率等对成本的影响。

（5）通过对技术组织措施执行效果的分析，寻求更加有效的节约途径。

（6）分析其他有利条件和不利条件对成本的影响。

4. 年度成本分析主要需要以下几点：

成本结算要求	企业成本要求一年结算一次，不得将本年成本转入下一年度
成本分析依据	年度成本报表
成本分析重点	针对下一年度的施工进展情况制定切实可行的成本管理措施，以保证施工项目成本目标的实现**【2013年、2021年、2022年考过】**

5. 单位工程竣工成本分析的内容，这会是一个多项选择题采分点。包括三方面：竣工成本分析；主要资源节超对比分析；主要技术节约措施及经济效果分析。**【2013年、2014年考过】**

6. 本考点还可能会这样命题：

（1）关于分部分项工程成本分析的说法，正确的是（　　）。

A. 施工项目成本分析是分部分项工程成本分析的基础

B. 分部分项工程成本分析的对象是已完成分部分项工程

C. 分部分项工程成本分析的资料来源是施工预算

D. 分部分项工程成本分析的方法是进行预算成本与实际成本的“两算”对比

【答案】B

（2）某工程项目进行月（季）度成本分析时，发现属于预算定额规定的“政策性”亏损，则应采取的措施是（　　）。**【2019年真题】**

A. 从控制支出着手，把超支额压缩到最低限度

B. 增加变更收入，弥补政策亏损

C. 将亏损成本转入下一月（季）度

D. 停止施工生产，并报告业主方

【答案】A

专项突破4　成本项目分析方法

例题：在建设工程项目施工成本分析中，成本项目分析方法包括（　　）。

A. 人工费分析　　B. 材料费分析

C. 施工机具使用费分析　　D. 管理费分析

【答案】A、B、C、D

重点难点专项突破

1. 选项B，材料费分析包括主要材料和结构件费用的分析、周转材料使用费分析、采购保管费分析、材料储备资金分析**【2017年考过】**。考试时可能会这样命题：

（1）下列成本项目的分析中，属于材料费分析的是（　　）。**【2017年真题】**

A. 分析材料节约将对劳务分包合同的影响

B. 分析材料储备天数对材料储备金的影响

C. 分析施工机械燃料消耗量对施工成本的影响

D. 分析材料检验试验费占企业管理费的比重

【答案】B

（2）关于施工项目材料费分析的说法，正确的是（　　）。

A. 运距长短对于材料费没有直接影响

B. 材料费分析中不应考虑材料的保管费

C. 材料单价、材料储备天数和日平均用量均影响储备资金占用量

D. 租赁周转材料的时间越长，租赁费支出越少

【答案】C

2. 选项D，管理费分析应通过预算（或计划）数与实际数的比较来进行。

专项突破5　施工成本管理绩效考核的内容

例题：企业对项目管理机构可控责任成本的考核包括（　　）。

A. 施工成本目标（降低额）完成情况

B. 成本管理工作业绩

C. 项目成本目标和阶段成本目标完成情况

D. 建立以项目经理为核心的成本管理责任制的落实情况

E. 成本计划的编制和落实情况

F. 对各部门、各施工队和班组责任成本的检查和考核情况

G. 成本管理中贯彻责权利相结合原则的执行情况

【答案】C、D、E、F、G

重点难点专项突破

1. 本考点还可以考核的题目有：

企业对项目成本的考核包括（A、B）。

2. 本考点内容较少，掌握上述内容即可。

专项突破6　施工成本管理绩效考核指标

例题：下列指标中，属于项目管理机构可控责任成本考核指标的有（　　）。

A. 项目施工成本降低额

B. 项目施工成本降低率

C. 项目经理责任目标总成本降低额

D. 项目经理责任目标总成本降低率

E. 施工责任目标成本实际降低额

F. 施工责任目标成本实际降低率

G. 施工计划成本实际降低额

H. 施工计划成本实际降低率

【答案】C、D、E、F、G、H

重点难点专项突破

1. 本考点还可以考核的题目有：

下列指标中，属于企业的项目成本考核指标的有（A、B）。

2. 施工成本管理绩效考核指标计算公式应熟悉，具体公式见下表：

考核指标	计算公式
企业的项目成本考核指标	项目施工成本降低额＝项目施工合同成本－项目实际施工成本【2024年考过】 项目施工成本降低率＝项目施工成本降低额／项目施工合同成本×100%
项目管理机构可控责任成本考核指标	目标总成本降低额＝项目经理责任目标总成本－项目竣工结算总成本 目标总成本降低率＝目标总成本降低额／项目经理责任目标总成本×100%
	施工责任目标成本实际降低额＝施工责任目标总成本－工程竣工结算总成本 施工责任目标成本实际降低率＝施工责任目标成本实际降低额／施工责任目标总成本×100%
	施工计划成本实际降低额＝施工计划总成本－工程竣工结算总成本 施工计划成本实际降低率＝施工计划成本实际降低额／施工计划总成本×100%

专项突破7　施工成本管理绩效考核方法

例题：施工成本管理绩效考核方法包括关键绩效指标、360°反馈法、PDCA管理循环法、平衡积分卡、目标管理法。其中关键绩效指标（KPLs）的优点有（　　）。

A. 明确管理焦点　　B. 提高管理成效

C. 提高考核客观性　　D. 指标难界定且缺乏弹性

E. 适用范围有限　　F. 实施困难

G. 提高考核准确性　　H. 促进个体发展

I. 增强部门合作　　J. 考核时间和成本较高

K. 考核标准不明确　　L. 存在负面影响

M. 增强部门协作　　N. 投入成本高

O. 过于强调计划性　　P. 提高管理效率

Q. 促进长期发展　　R. 激发个体积极性

S. 实施难度大且缺乏弹性　　T. 实施周期长

U. 考核成本较低　　V. 目标设定难度大且协调成本高

W. 缺乏过程管理

【答案】 A、B、C

重点难点专项突破

1. 本考点还可以考核的题目有：

（1）施工成本管理绩效考核方法中，关键绩效指标（KPLs）的缺点有（D、E、F）。

（2）施工成本管理绩效考核方法中，360°反馈法的优点有（G、H、I）。

（3）施工成本管理绩效考核方法中，360°反馈法的缺点有（J、K、L）。

（4）施工成本管理绩效考核方法中，PDCA管理循环法的优点有（B、M）。

（5）施工成本管理绩效考核方法中，PDCA管理循环法的缺点有（N、O）。**【2024年考过】**

（6）施工成本管理绩效考核方法中，平衡积分卡的优点有（G、P、Q、R）。

（7）施工成本管理绩效考核方法中，平衡积分卡的缺点有（S、T）。

（8）施工成本管理绩效考核方法中，目标管理法（MBO）的优点有（B、C、M、R、U）。

（9）施工成本管理绩效考核方法中，目标管理法（MBO）的缺点有（V、W）。

2. 例题题干部分，施工成本管理绩效考核方法也会作为一个采分点考核多项选择题。

3. 区分五种方法的适用范围，可能会这样命题：

（1）施工成本管理绩效考核方法中，（关键绩效指标）适用于需要定量化考核且考核周期短的企业，要求企业具有明确的成本管理目标、健全的成本管理流程、完备的成本控制体系，以及较强的数据收集和分析能力。

（2）施工成本管理绩效考核方法中，适用于需要定性化考核的企业，要求企业具有良好的团队文化、完善的考核指标体系以及较强的数据收集和分析能力，同时部门成员之间相互信任、尊重和共享的是（360°反馈法）。

（3）施工成本管理绩效考核方法中，适用于需要周期性考核的企业，要求企业具有良好的团队合作精神和健全成本管理流程的是（PDCA管理循环法）。

（4）施工成本管理绩效考核方法中，适用于需要定量化考核且考核周期长的企业，要求企业具有明确的成本管理目标、健全的成本管理流程、先进的成本管理水平，以及较强的数据收集和分析能力的是（平衡积分卡）。

（5）施工成本管理绩效考核方法中，适用于需要定量化考核的企业，要求企业具有明确的成本管理目标、多部门的组织结构、人性化的企业文化，以及较强的数据收集和分析能力的是（目标管理法）。

4. 本考点还要掌握一个采分点——平衡积分卡设定的指标。

（1）财务绩效指标：成本控制率、成本偏差和利润率等。

（2）客户满意度指标：项目按预算完成情况和变更管理的效果。

（3）内部流程效率指标：成本核算流程的准确性、资源利用效率和成本控制流程的执行情况等。

（4）学习与成长方面的指标：成本分析和预测能力的发展、员工培训和知识管理等。

第7章　建设工程施工安全管理

7.1　施工安全管理基本理论

专项突破1　施工生产危险源分类

例题：第一类危险源是指施工现场及施工生产过程中存在的，可能发生意外释放能量（机械能、电能、势能、化学能、热能等）的根源。下列危险源中，属于第一类危险源的是（　　）。

A．直接供给能量的装置和设备

B．作业过程中拥有能量的物体

C．可能发生能量蓄积或者突然释放的装置

D．物的不安全状态（危险状态）

E．人的不安全行为

F．环境不良（环境不安全条件）

G．管理缺陷

【答案】A、B、C

重点难点专项突破

1. 本考点还可以考核的题目有：

（1）第二类危险源是指导致能量或危险物质约束或限制措施破坏或失效，以及防护措施缺乏或失效的因素，包括（D、E、F、G）。

（2）下列危险源分类中，（D）可能由人的不安全行为、环境不良和管理缺陷引起。

（3）下列危险源分类中，（E）包括各类违规操作、不安全移动（如攀爬）、违规进入危险区域、行为时注意力不集中等。**【2024年考过】**

（4）下列危险源分类中，（G）会导致人的不安全行为和物的不安全状态出现。

（5）下列危险源分类中，（G）包括采购管理不当导致个人防护用品安全性能不达标，维修管理不当导致安全装置失效，责任制度不明确和安全交底不清晰导致违章指挥、违规操作等。

2. 第一类危险源包括施工现场及施工生产过程中各种能量或危险物质。

3. 我们来学习一下2024年真题：

施工生产危险源可分为第一类危险源和第二类危险源。下列危险源中，属于第二类危险源的是（　　）。**【2024年真题】**

A. 施工用炸药储存室　　　　B. 行驶中的车辆

C. 违规操作设备　　　　D. 可燃烧危险物质

【答案】C

专项突破2　施工生产危险源控制

例题：下列危险源控制的方法中，属于第一类危险源控制的方法有（　　）。

A．消除能量源

B．约束或限制能量

C．屏蔽隔离

D．防护

E．建立健全危险源管理规章制度

F．做好危险源控制管理基础工作，明确责任

G．加强安全教育

H．定期开展安全检查和隐患治理

I．实施考核评价和奖惩

【答案】A、B、C、D

重点难点专项突破

本考点还可以考核的题目有：

第二类危险源主要通过管理手段加以控制，消除人的不安全行为、物的不安全状态，规避环境不良，包括（E、F、G、H、I）。

专项突破3　施工生产常见危险源

例题：距在坠落高度基准面2m及以上的作业面为高处作业面，是可能发生人员高处坠落事故的危险源，主要部位和施工过程有（　　）。

A．预留洞口

B．作业平台和作业面周边

C．通道与上下跑道两侧

D．物料提升设备及施工电梯进料口

E．攀登作业、交叉作业、悬空作业

F．高处作业面层

G．高处作业通道

H．垂直运输过程

I．吊装工艺过程

J．自然灾害引发物体坠落或飞溅

K．爆破作业、倾覆坍塌

L．基坑作业、边坡作业
M．人工挖孔桩施工、脚手架/防护架安拆
N．模板工程搭拆、拆除工程施工
O．挡土墙施工、物料提升机
P．塔式起重机、滑模
Q．接料平台、移动操作台
R．施工电梯、平刨机
S．电锯、钢筋加工机械、搅拌机
T．砂浆拌合机、场内运输工具
U．施工现场涉及用电的机具
V．配电箱与开关箱、外电防护
W．配电室与配电装置、现场照明
X．电杆及支架、用电防护设施
Y．操作人员的技术熟练程度、操作行为
Z．配电线路、个人使用安全防护品
【答案】A、B、C、D、E

重点难点专项突破

1. 本考点还可以考核的题目有：

（1）施工现场人员受到物体打击造成伤害事故来源于高处物体坠落及物体飞溅，主要危险部位和施工过程有立体交叉作业和（F、G、H、J、I、K）。

（2）易发生坍塌倾覆事故的主要危险部位和施工过程有（L、M、N、O、P、Q）。

（3）机械伤害事故危险源是指现场施工过程中的各类机具本体、防护设施/措施、违章/违规操作等，包括塔式起重机和（R、S、T）。

（4）易发生触电事故的主要危险源有接地与接零保护系统和（U、V、W、X、Y、Z）。

2. 本考点中除了掌握上述例题中阐述的五种施工中易发生事故危险源外，还需掌握易发生火灾事故的危险源，包括易燃可燃材料库房、易燃可燃材料堆场、动火作业场所、变配电设备室、厨房、员工宿舍、各类用电不规范。

3. 本考点包含两个采分点，一是施工生产常见危险源，一般出题形式为：根据某事故选择相应的危险源；根据危险源选择导致的事故类型。二是导致施工生产易发事故的主要危险因素。第一个采分点上述内容已经阐述，导致施工生产易发事故的主要危险因素也需考生学习考试用书中相关内容。

专项突破4　危险源辨识与风险评价方法

例题：常见的危险源辨识与评价方法包括（　　）。

A．安全检查表法　　　　B．预先危险性分析

C．危险与可操作性分析　　D．事故树分析法

E．LEC评价法

【答案】A、B、C、D、E

重点难点专项突破

本考点还可以考核的题目有：

（1）下列危险源辨识与评价方法中，（A）的检查项目可以包括场地、周边环境、设施、设备、操作、管理等方面。

（2）在每项生产活动之前，特别是在设计的开始阶段，对识别和评价对象存在的危险类别、出现条件、事故后果等进行概略分析，尽可能预先找出潜在危险性的危险源辨识与评价方法是（B）。

（3）下列危险源辨识与评价方法中，（C）主要用于生产工艺流程分析。

（4）辨识危险源时，从一个可能的事故开始，自下而上、一层层地寻找顶事件的直接原因事件和间接原因事件，直到基本原因事件，并用逻辑图将这些事件之间的逻辑关系。这种分析方法是（D）。

（5）下列危险源辨识与评价方法中，（E）侧重于风险评价，该方法用与风险有关的三种因素指标值的乘积来评价操作人员伤亡风险的大小。

专项突破5　安全事故致因理论

例题：某企业在安全生产标准化建设过程中，开展了创建安全班组达标活动，旨在提升班组安全管理水平，张某担任该企业班组长多年，具有丰富的基层安全管理经验。张某发现在班组内可能造成较大事故的职工往往具有感情冲动等性格特征，该企业针对具有这种性格特征的人员采取了重新培训，更换岗位的措施。这体现了安全事故致因理论中的（　　）。

A．事故频发倾向理论　　B．海因里希因果联锁理论

C．博德因果联锁理论　　D．能量意外释放理论

E．轨迹交叉理论　　F．系统理论

【答案】A

重点难点专项突破

1. 本考点还可以考核的题目有：

（1）某企业对近10年发生的人身伤害类事故进行了统计分析，发现性格内向不爱说话的员工发生事故的概率相对较高，该企业决定在下一步增加心理测试环节以避免该类人员从事高风险工作。根据事故理论，该企业人员以及岗位适配的做法，符合的理论是（A）。

（2）避免人的不安全行为和物的不安全状态同时、同地出现，来预防事故的发生。这种做法符合事故致因理论中的（E）。

（3）某建筑企业内部事故分析会上，针对高处坠落事故有人提出：即使改进工法，高处施工时的势能也不可能消失，高处作业的风险也始终存在，因此防范此类事故的发生应当从减少危险源的危险性出发，研究最佳的安全技术措施。该观点属于安全管理基本理论中的（F）。

（4）“不可能根除一切危险源和危险，可以减少来自现有危险源的危险性”的观点，符合事故致因理论的（F）。

（5）某公司在提高职工安全管理素质的安全管理培训过程中，提出“我公司虽一直处于安全生产状态，但是要时刻注意预防事故的发生，因为没有任何一种事物是绝对安全的，任何事物中都潜伏着危险因素”的观点，该观点符合（F）。

2. 该知识点较难理解，下面对各理论进行总结：

安全事故致因理论	内容
事故频发倾向理论	基于事故频发倾向理论，预防安全事故的措施有：① 人员选择，即通过严格的生理、心理检验，选择身体、智力、性格特征及动作特征等方面优秀的人才就业；② 人事调整，即把企业中的事故频发倾向者调整岗位或解雇
海因里希因果联锁理论	海因里希最初提出的事故因果联锁过程包括5个因素。5个因素及其连锁关系是：遗传及社会环境→（诱发）人的缺点→（造成）人的不安全行为或物的不安全状态→（发生）事故→（导致）伤害。**【2024年考过】** 海因里希事故因果联锁理论提出了人的不安全行为和物的不安全状态是导致事故的直接原因这一论断，而安全管理工作的中心就是防止人的不安全行为，消除物的不安全状态，中断事故连锁的进程进而避免事故的发生
博德因果联锁理论	博德（F.Bird）提出了反映现代安全观点的事故因果联锁理论。其主要观点有： （1）伤害、损坏和损失； （2）事故； （3）直接原因； （4）基本原因； （5）安全管理欠缺
能量意外释放理论	根据能量意外释放理论，应该通过控制能量或控制作为能量达及人体媒介的能量载体来预防伤害事故。预防安全事故的思路一是防止能量或危险物质的意外释放，二是防止人体与过量的能量或危险物质接触；约束、限制人体与能量接触的措施称为屏蔽。基本预防措施有：① 用安全的能源代替不安全的能源；② 限制能量；③ 防止能量蓄积；④ 缓慢地释放能量；⑤ 设置屏蔽设施；⑥ 在时间和空间上把能量与人体隔离
轨迹交叉理论	根据轨迹交叉理论，在安全管理和安全事故预防中，消除人的不安全行为和物的不安全状态缺一不可。**【2024年考过】** 预防安全事故的措施侧重于：① 在设计生产工艺时尽量减少或避免人与物的接触；② 避免人的不安全行为与物的不安全状态在时间和空间上同时出现；③ 严格操作规程

续表

安全事故致因理论	内容
系统理论	系统理论已不是单纯的事故致因理论，它基于以下不同于传统安全理论的概念研究系统安全管理：① 在事故致因理论方面，改变了只注重人（操作员）的不安全行为在事故致因中作用的传统观念，开始考虑如何通过改善物（硬件）的系统可靠性来提高复杂系统的安全性，从而避免事故；② 没有一种事物是绝对安全的，任何事物中都潜伏着危险因素，通常所说的安全或危险只不过是一种主观的判断；③ 不可能根除一切危险源和危险，可以减少来自现有危险源的危险性，应减少总的危险性而不是只消除几种选定的危险；④ 受认识能力有限，有时不能完全认识危险源和危险，即使认识了现有的危险源，随着生产技术的发展，新技术、新工艺、新材料和新能源的出现，又会产生新的危险源；由于受技术、资金、劳动力等因素的限制，对于认识了的危险源也不可能完全根除，只能把危险降低到可接受的程度，即可接受的危险

这部分内容还可能会这样命题：

（1）海因里希将事故因果联锁过程概括为五要素，并用多米诺骨牌来形象地描述这种事故因果联锁关系。下列描述事故发生五要素的选项中，正确的顺序和内容是（　　）。

A. 人的缺点、人的不安全行为或物的不安全状态、能量意外释放、事故、伤害

B. 遗传及社会环境、人的缺点、人的不安全行为或物的不安全状态、事故，伤害

C. 人的缺点、管理缺陷、人的不安全行为或物的不安全状态、事故、伤害

D. 遗传及社会因素、人的缺点、屏蔽失效、事故、伤害

【答案】B

（2）按照能量意外释放理论观点，预防伤害事故主要是防止能量或危险物质的意外释放，防止人体与过量的能量或危险物质相接触。关于防止能量意外释放的措施主要包括（　　）。

A. 防止能量蓄积　　B. 设置屏蔽设施

C. 限制能量　　D. 减少管理缺陷

E. 在时间和空间上把能量与人体隔离

【答案】A、B、C、E

3. 本考点还需要掌握一个采分点——海因里希事故法则。海因里希统计分析了55万起机械事故发现，无伤害事故、轻伤事故、死亡及重伤事故之间的比例为300∶29∶1，即在330起事故中，有300起无伤害事故（未遂事故），29起轻伤事故（轻微事故），1起死亡与重伤事故（严重事故），国际上把这一法则叫事故法则（亦称“海因里希事故法则”或“海因法则”）。

该采分点可能会这样命题：

某企业2022年发生了17起轻伤事故，轻伤17人。根据海因里希事故法则推测，该企业在2022年存在人的无伤害事故起数约为（　　）起。

A. 17　　B. 120

C. 176　　D. 296

【答案】C

【解析】在机械事故中，伤亡、轻伤、无伤害事故的比例为1∶29∶300，则轻伤人数/无伤害事故＝29/300，即17/无伤害事故＝29/300，故无伤害事故约为176起。

7.2 施工安全管理体系及基本制度

专项突破1 施工企业安全生产主体责任

施工企业安全生产的主体责任有：

（1）保证安全生产条件合法合规；

（2）建立和落实全员安全生产责任制、安全生产规章制度和操作规程；

（3）保证安全生产条件所需资金有效投入；

（4）设置安全生产管理机构和配备安全生产管理人员；

（5）组织全员安全生产培训教育；

（6）建设项目安全设施必须同时到位（“三同时”制度）；

（7）设置安全警示标志和疏散通道；

（8）开展安全生产标准化、信息化建设；

（9）构建安全风险分级管控和隐患排查治理双重预防机制；

（10）落实相关各方的安全生产管理职责；

（11）工艺和设备应符合标准，满足安全要求；

（12）严格管理危险源；

（13）履行向从业人员告知和教育、督促义务；

（14）按规定配置职业健康及劳动防护用品；

（15）落实危险作业（活动）的安全管理措施；

（16）依法办理工伤保险，缴纳保险费；

（17）做好生产安全事故应急救援工作。

重点难点专项突破

本考点可能会考核一道多项选择题。可能会这样命题：

施工企业安全生产的主体责任有（　　）。

A. 建立和落实全员安全生产责任制、安全生产规章制度和操作规程

B. 设置安全生产管理机构和配备安全生产管理人员

C. 开展安全生产标准化、信息化建设

D. 办理意外伤害保险，缴纳保险费

E. 构建安全风险分级管控和隐患排查治理双重预防机制

【答案】A、B、C、E

专项突破2　施工安全管理体系的内容

例题：施工安全管理体系是施工企业用于建立施工安全生产方针、目标及实现目标过程中相互关联和相互作用的要素的总称。下列手段和措施中，属于组织保证体系内容的有（　　）。

A．配备项目管理人员

B．划分工作岗位和职责

C．按照“管业务必须管安全”的原则明确各层级、各岗位安全生产管理职责

D．建立健全安全生产责任体系

E．建立健全安全生产规章制度和操作规程

F．安全投入和物资管理

G．（技术）措施管理

H．日常安全管理

I．工程项目部应接受企业各管理层职能部门和岗位的安全生产管理

J．工程项目部应接受建设行政主管部门及其他相关部门的监督检查，对发现的问题应按要求落实整改

K．工程项目部应根据企业安全生产管理制度，实施施工现场安全生产管理

L．工程项目施工前，应组织编制施工组织设计、专项施工方案（措施）

M．工程项目部应定期及时上报现场安全生产信息

【答案】A、B、C、D

重点难点专项突破

1. 本考点还可以考核的题目有：

（1）下列手段和措施中，属于制度保证体系内容的有（E、F、G、H）。

（2）下列手段和措施中，属于工作保证体系内容的有（I、J、K、L、M）。

2. 施工安全生产目标分为伤亡控制目标和安全管理效果目标。

（1）伤亡控制目标：如杜绝伤亡事故，死亡率为零，重伤率为零，月轻伤频率0.3‰以下。

（2）安全管理效果目标：包括安全管理工作落实效果和安全管理总体效果。前者如安全教育合格率100%，特殊工种持证上岗率100%，施工现场安全各项设施合格率100%，安全防护设施使用率100%，劳动保护用品及防护用品使用率100%等；后者如建筑施工安全检查得分率90%以上，创建安全文明工地等。

> 注意对数据的熟悉，可能会这样命题：
> （1）关于施工安全生产目标中伤亡控制目标说法，正确的是（　　）。
> （2）施工安全管理效果目标中，安全教育合格率应为（　　）。

3. 施工安全管理体系内容还包括文化保证体系和信息保证体系，重点掌握以下采分点：

（1）安全文化建设的基本要素包括：安全承诺，行为规范与程序，安全行为激励，安全信息传播与沟通，自主学习与改进，安全事务参与，安全文化体系审核与评估。

（2）安全施工中的信息包括文件信息、标准信息、管理信息、技术信息、安全施工状况信息和事故信息等。

专项突破3　本质安全化系统构成

例题：本质安全，狭义上讲是指机器、设备和工艺本身所具有的安全性能。狭义的本质安全系统固有的功能包括（　　）。

A．失误–安全功能

B．故障–安全功能

C．事故–接触功能

D．控制缺陷–管理功能

【答案】A、B

重点难点专项突破

1. 本考点还可以考核的题目有：

（1）设备、设施和技术工艺本身具有自动防止人的不安全行为的功能，即使人的行为失误，也不会发生事故或伤害。这体现了本质安全中的（A）。

（2）设备、设施或技术工艺发生故障或损坏时，还能暂时维持正常工作或自动转变为安全状态。这体现了本质安全中的（B）。

2. 选项C、D是可能会设置的干扰选项。

3. 本考点还需要掌握一个采分点——广义的本质安全。具有以下特征：人的安全可靠性，物的安全可靠性，系统的安全可靠性，制度系统规范、管理科学严格。

专项突破4　本质安全化控制措施

例题：人的本质安全控制措施主要有（　　）。

A．建立个人健康档案，定期不定期开展心理测试、健康体检

B．按照安全管理和企业规章制度要求，坚持持证上岗

C．做好安全培训和教育

D．开展安全文化建设，人人树立正确的安全理念，实现由“要我安全”到“我要安全”的观念转变

E．通过安全培训教育和制度建设，提高员工安全法制观念和自主遵章守纪意识

F．落实一线岗位人员“两单两卡”清单制度

G．动态监控员工心理、生理状况，及时调整工作岗位

H．开展预先危险性分析

I．落实安全风险分级管控和隐患排查治理双重预防机制**【2024年考过】**

J．严格工程质量全过程、全方位管理，避免工程质量问题或质量事故引发安全生产事故

K．运用“四新”技术提高物的本质安全，淘汰施工现场落后工艺、设备和材料

L．严把设备设施选用关，采用适应现场作业条件和环境、稳定可靠的设备设施

M．严把设备、设施使用前的验收关，避免有危险状态的设备、设施未验收前投入运行

N．在分析施工作业条件和环境基础上，运用人机匹配法分析最佳人机组合，并通过合理的施工组织设计实施

O．通过合理的施工组织和现场平面布局，避免或减少人的因素运动轨迹与物的因素运动轨迹交叉

P．通过装配式建筑、建筑工业化、智能建造、机器人等技术手段减少人机交互的概率，减少子系统之间不协调对系统稳定性和可靠性的影响

Q．运用人工智能等信息技术提高人机环境系统的自适应能力以及警示、反馈和调整能力，降低人、机不稳定状况出现的影响，提高系统可靠性

【答案】A、B、C、D、E、F、G

重点难点专项突破

1. 本考点还可以考核的题目有：

（1）物的本质安全控制措施有（H、I、J、K、L、M）。

（2）系统的安全可靠性控制措施有（N、O、P、Q）。

2. 企业主要负责人是生产经营单位安全生产的第一责任人，工程项目负责人是项目施工安全第一责任人。这可能会考核单项选择题。

3. 安全管理3E原则：工程技术、教育培训、强制管理。**【2024年考过】**

专项突破5　全员安全生产责任制

例题：企业主要负责人是本单位安全生产第一负责人，主要负责人对本单位安全生产工作的职责有（　　）。

A．建立健全并落实本单位全员安全生产责任制，加强安全生产标准化建设

B．组织制定并实施本单位安全生产规章制度和操作规程

C．组织制定并实施本单位安全生产教育和培训计划

D．保证本单位安全生产投入的有效实施

E．组织建立并落实安全风险分级管控和隐患排查治理双重预防工作机制，督促、检查本单位的安全生产工作，及时消除生产安全事故隐患

F．组织制定并实施本单位的生产安全事故应急救援预案

G．及时、如实报告生产安全事故

H．组织或者参与拟订本单位安全生产规章制度、操作规程和生产安全事故应急救援预案

I．组织或者参与本单位安全生产教育和培训，如实记录安全生产教育和培训情况

J．组织开展危险源辨识和评估，督促落实本单位重大危险源的安全管理措施

K. 组织或者参与本单位应急救援演练

L. 检查本单位的安全生产状况，及时排查生产安全事故隐患，提出改进安全生产管理的建议

M. 制止和纠正违章指挥、强令冒险作业、违反操作规程的行为

N. 督促落实本单位安全生产整改措施

O. 在作业过程中，应当遵守安全施工的强制性标准、规章制度和操作规程，服从管理，正确佩戴和使用安全防护用具、规范操作机械设备等

P. 接受安全生产教育培训的义务，掌握必要的施工安全生产知识，熟悉有关的规章制度和安全操作规程，掌握本岗位安全操作技能

Q. 履行施工安全事故报告义务

【答案】A、B、C、D、E、F、G

重点难点专项突破

1. 本考点还可以考核的题目有：

（1）安全生产管理机构及安全生产管理人员的职责有（H、I、J、K、L、M、N）。

（2）施工作业人员安全生产职责主要有（O、P、Q）。

2. 本考点包含两个采分点：一是相关从业人员的安全生产职责，二是全国安全生产责任制基本规定。第一个采分点内容上述例题已经阐述，下面阐述并学习第二个采分点。

（1）全员安全生产责任制内容应包括：各岗位的责任人员、责任范围和考核标准。

（2）企业全员安全生产责任制应长期公示。公示内容主要包括：所有层级、所有岗位的安全生产责任、安全生产责任范围、安全生产责任考核标准等。

（3）全员安全生产责任制是企业所有安全生产管理制度的核心，是企业最基本的安全管理制度**【2015年考过】**，其他安全生产管理制度的建立、执行、修订完善，离不开各岗位相关责任的支持。

（4）全员安全生产责任制应包括所有从业人员的安全生产责任，明确从主要负责人到一线从业人员的安全生产责任、责任范围和考核标准。从人员安全生产责任角度看，要"横向到边、纵向到底"。纵向应包括从最高管理者、管理者代表到项目负责人、技术负责人、专职安全生产人员、专业管理岗位人员（施工员、质量员、材料员等）、班组长和各操作岗位等各级人员的安全生产职责；横向应包括单位所有职能部门（如技术、安全、环保、财务、人事、采购等）管理者和各岗位的安全生产职责。

针对上述内容，可能会这样命题：

（1）施工企业最基本的安全管理制度是（　　）。

A. 安全生产检查制度

B. 安全生产许可证制度

C. 全员安全生产责任制度

D. 安全生产教育培训制度

【答案】C

（2）施工企业安全生产责任制度应当覆盖的范围是（　　）。

A. 纵向从最高管理者到专职安全生产管理人员，横向涵盖各职能部门

B. 纵向从最高管理者到专职安全生产管理人员，横向涵盖各项目负责人

C. 纵向从最高管理者到班组长和岗位人员，横向涵盖各职能部门

D. 纵向从最高管理者到班组长和岗位人员，横向涵盖各项目负责人

【答案】C

3. 关于相关从业人员的安全生产职责，可以出选择类型的题目，还可以出判断正误类型的题目。

专项突破6　安全生产费用提取、管理和使用制度

例题：某城市轨道交通工程，月末按工程进度计算提取企业安全生产费用的标准为建筑安装工程造价的（　　）。

A. 3.5%　　B. 3%

C. 2.5%　　D. 2%

E. 1.5%

【答案】B

重点难点专项突破

1. 本考点还可以考核的题目有：

（1）矿山工程月末按工程进度计算提取企业安全生产费用的标准为建筑安装工程造价的（A）。

（2）铁路工程月末按工程进度计算提取企业安全生产费用的标准为建筑安装工程造价的（B）。

（3）房屋建筑工程月末按工程进度计算提取企业安全生产费用的标准为建筑安装工程造价的（B）。

（4）水利水电工程月末按工程进度计算提取企业安全生产费用的标准为建筑安装工程造价的（C）。

（5）电力工程月末按工程进度计算提取企业安全生产费用的标准为建筑安装工程造价的（C）。

（6）冶炼工程月末按工程进度计算提取企业安全生产费用的标准为建筑安装工程造价的（D）。

（7）机电安装工程月末按工程进度计算提取企业安全生产费用的标准为建筑安装工程造价的（D）。

（8）化工石油工程月末工程进度计算提取企业安全生产费用的标准为建筑安装工程造价的（D）。

（9）通信工程月末按工程进度计算提取企业安全生产费用的标准为建筑安装工程造价的（D）。

（10）市政公用工程月末按工程进度计算提取企业安全生产费用的标准为建筑安装工程造价的（E）。

（11）港口与航道工程月末按工程进度计算提取企业安全生产费用的标准为建筑安装工程造价的（E）。

（12）公路工程月末按工程进度计算提取企业安全生产费用的标准为建筑安装工程造价的（E）。

2. 建设工程施工企业安全生产费用应用支出应熟悉，要注意：企业职工薪酬、福利不得从企业安全生产费用中支出。企业从业人员发现报告事故隐患的奖励支出，应从企业安全生产费用中列支。

专项突破7　安全生产教育培训制度

例题：企业主要负责人应接受安全培训，具备与所从事的生产经营活动相适应的安全生产知识和管理能力。企业主要负责人安全培训应包括的内容有（　　）。

A. 国家安全生产方针、政策和有关安全生产的法律、法规、规章及标准

B. 安全生产管理基本知识、安全生产技术、安全生产专业知识

C. 重大危险源管理、重大事故防范、应急管理和救援组织及事故调查处理的有关规定

D. 职业危害及其预防措施

E. 国内外先进的安全生产管理经验

F. 典型事故和应急救援案例分析

G. 本单位安全生产情况及安全生产基本知识

H. 本单位安全生产规章制度和劳动纪律

I. 从业人员安全生产权利和义务

J. 工作环境及危险因素

K. 所从事工种可能遭受的职业伤害和伤亡事故

L. 所从事工种的安全职责、操作技能及强制性标准

M. 自救互救、急救方法、疏散和现场紧急情况的处理

N. 安全设备设施、个人防护用品的使用和维护

O. 本项目安全生产状况及规章制度

P. 岗位安全操作规程

Q. 岗位之间工作衔接配合的安全与职业卫生事项

【答案】A、B、C、D、E、F

重点难点专项突破

1. 本考点还可以考核的题目有：

（1）施工企业其他从业人员，在上岗前必须经过企业、施工项目部、班组三级安全培训教育。其中，企业级岗前安全培训内容应包括（G、H、I）和有关事故案例。

（2）施工项目部级岗前安全培训内容应包括（J、K、L、M、N、O）、预防事故和职业危害的措施及应注意的安全事项、有关事故案例。

（3）下列施工企业新员工上岗前安全教育内容中，属于班组级安全教育内容的是（P、Q）。

2. 对于企业相关人员的培训，还需掌握企业安全生产管理人员安全培训的内容，包括7项内容，与企业主要负责人安全培训内容有相同之处，但考生也要区分不同之处。

3. 对于本考点的考核，还需掌握下述内容：

项目	内容
教育培训对象	本单位全体从业人员及劳务派遣人员、实习学生
企业主要负责人和安全生产管理人员安全培训	企业主要负责人和安全生产管理人员初次安全培训时间不得少于32学时。每年再培训时间不得少于12学时
从业人员上岗培训	（1）施工企业其他从业人员，在上岗前必须经过企业、施工项目部、班组三级安全培训教育。 （2）企业新上岗的从业人员，岗前安全培训时间不得少于24学时。**【2021年考过】** （3）从业人员在本单位内调整工作岗位或离岗一年以上重新上岗时，应重新接受项目部和班组级的安全培训
其他安全生产教育培训	（1）企业采用新工艺、新技术、新材料或者使用新设备时，应对有关从业人员重新进行有针对性的安全培训。 （2）企业特种作业人员，必须按照国家有关法律、法规的规定接受专门的安全培训，经考核合格，取得特种作业操作资格证书后，方可上岗作业。 （3）施工单位的主要负责人、项目负责人、专职安全生产管理人员应经建设行政主管部门或者其他有关部门考核合格后方可任职

4. 针对上表内容，还可能这样考核：

（1）从业人员在本单位内调整工作岗位或离岗一年以上重新上岗时，应重新接受（　　）的安全培训。

A. 企业、施工项目部、班组级　　B. 施工项目部、班组级

C. 企业级　　D. 班组级

【答案】B

（2）企业新上岗的从业人员，岗前安全培训时间不得少于（　　）。

A. 12学时　　B. 24学时

C. 48学时　　D. 72学时

【答案】B

（3）关于施工企业安全教育培训的说法，正确的是（　　）。

A. 施工企业安全生产管理人员初次安全培训时间不得少于12学时

B. 施工现场操作人员在上岗前必须经过企业、项目部和班组三级安全培训教育

C. 施工企业新上岗从业人员，岗前安全培训时间不得少于12学时

D. 从业人员在企业内离岗三个月重新上岗的，应重新接受企业级的安全培训

【答案】B

专项突破8 安全生产许可制度

项目	内容
企业取得安全生产许可证的条件	（1）建立、健全安全生产责任制，制定完备的安全生产规章制度和操作规程。 （2）保证本单位安全生产条件所需资金的投入。 （3）设置安全生产管理机构，按照国家有关规定配备专职安全生产管理人员。 （4）主要负责人、项目负责人、专职安全生产管理人员经住房和城乡建设主管部门或者其他有关部门考核合格。 （5）特种作业人员经有关业务主管部门考核合格，取得特种作业操作资格证书。 （6）管理人员和作业人员每年至少进行一次安全生产教育培训并考核合格。 （7）依法参加工伤保险，依法为施工现场从事危险作业的人员办理意外伤害保险，为从业人员交纳保险费。 （8）施工现场的办公、生活区及作业场所和安全防护用具、机械设备、施工机具及配件符合有关安全生产法律、法规、标准和规程的要求。 （9）有职业危害防治措施，并为作业人员配备符合国家标准或者行业标准的安全防护用具和安全防护服装。 （10）有对危险性较大的分部分项工程及施工现场易发生重大事故的部位、环节的预防、监控措施和应急预案。 （11）生产安全事故应急救援预案、应急救援组织或者应急救援人员，配备必要的应急救援器材、设备。 （12）法律、法规规定的其他条件
安全生产许可证管理	（1）国务院住房和城乡建设主管部门负责对全国建筑施工企业安全生产许可证的颁发和管理工作进行监督指导。**【2023年考过】** （2）建筑施工企业从事建筑施工活动前，应当向企业注册所在地省、自治区、直辖市人民政府住房和城乡建设主管部门申请领取安全生产许可证。 （3）安全生产许可证的有效期为3年。**【2016年、2018年考过】** （4）安全生产许可证有效期满需要延期的，企业应当于期满前3个月向原安全生产许可证颁发管理机关办理延期手续。**【2016年考过】** （5）企业在安全生产许可证有效期内，严格遵守有关安全生产的法律法规，未发生死亡事故的，安全生产许可证有效期届满时，经原安全生产许可证颁发管理机关同意，不再审查，安全生产许可证有效期延期3年。**【2016年考过】** （6）建筑施工企业变更名称、地址、法定代表人等，应当在变更后10日内，到原安全生产许可证颁发管理机关办理安全生产许可证变更手续

重点难点专项突破

1. 上表中的数据应掌握、会考核单项选择题，也会作为判断正确与错误说法题目的备选项。

2. 本考点可能会这样命题：

（1）安全生产许可证有效期满需要延期的，企业应当于期满前（ ）向原安全生产许可证颁发管理机关办理延期手续。

A. 3个月　　B. 半年

C. 1个月　　D. 6个月

【答案】A

（2）施工企业在安全生产许可证有效期内，严格遵守有关安全生产的法律法规，未发生死亡事故的，安全生产许可证期满时，经原安全生产许可证的颁发管理机关同意，可不再审查，其有效期延期（　　）年。

A. 1　　B. 3

C. 2　　D. 5

【答案】B

（3）建筑施工企业取得安全生产许可证，应具备的安全生产条件包括（　　）。

A. 保证本单位安全生产条件所需资金的投入

B. 特种作业人员经有关业务主管部门考核合格，但未取得特种作业操作资格证书

C. 管理人员和作业人员每年至少进行一次安全生产教育培训，但可以不用考核

D. 设置安全生产管理机构，按照国家有关规定配备专职安全生产管理人员

E. 生产安全事故应急救援预案、应急救援组织或者应急救援人员，配备必要的应急救援器材、设备

【答案】A、D、E

专项突破9　管理人员及特种作业人员持证上岗制度

例题：特种作业操作证（　　）复审1次。

A. 每3年　　B. 每6年

C. 期满前60日　　D. 每年

【答案】A

重点难点专项突破

1. 本考点还可以考核的题目有：

（1）特种作业人员在特种作业操作证有效期内，连续从事本工种10年以上，严格遵守有关安全生产法律法规的，经原考核发证机关或者从业所在地考核发证机关同意，特种作业操作证的复审时间可以延长至（B）复审1次。**【2024年考过】**

（2）特种作业操作证需要复审的，应在（C）内，由申请人或者申请人的用人单位向原考核发证机关或者从业所在地考核发证机关提出申请，并提交相关材料。

（3）企业取得安全生产许可证的条件中，管理人员和作业人员（D）至少进行一次安全生产教育培训并考核合格。

2. 本考点中还需掌握的内容：

项目	内容
特种作业人员范围	施工单位垂直运输机械作业人员、安装拆卸工、爆破作业人员、起重信号工、登高架设作业人员等特种作业人员，必须按照国家有关规定经过专门的安全作业培训，并取得特种作业操作资格证书后，方可上岗作业。

续表

项目	内容
特种作业人员范围	特种作业人员应符合一定条件且必须经专门的安全技术培训并考核合格，取得《中华人民共和国特种作业操作证》（以下简称特种作业操作证）后，方可上岗作业
特种作业人员要求	（1）年满18周岁，且不超过国家法定退休年龄。 （2）经社区或者县级以上医疗机构体检健康合格，并无妨碍从事相应特种作业的器质性心脏病、癫痫病、美尼尔氏症、眩晕症、癔病、震颤麻痹症、精神病、痴呆症及其他疾病和生理缺陷。 （3）具有初中及以上文化程度。 （4）具备必要的安全技术知识与技能。 （5）相应特种作业规定的其他条件
延期换证的规定	特种作业操作证有效期届满需要延期换证的，应按照规定申请延期复审。特种作业操作证申请复审或者延期复审前，特种作业人员应参加必要的安全培训并考试合格。安全培训时间不少于8个学时，主要培训法律、法规、标准、事故案例和有关新工艺、新技术、新装备等知识

3. 针对上表内容，还可以这样命题：

（1）关于施工中一般特种作业人员应具备条件的说法，正确的是（　　）。

A. 年满16周岁，且不超过国家法定退休年龄

B. 必须为男性

C. 连续从事本工种10年以上

D. 具有初中及以上文化程度

【答案】D

（2）特种作业操作证申请复审或者延期复审前，特种作业人员应参加必要的安全培训并考试合格。安全培训时间不少于（　　）。

A. 24个学时　　B. 12个学时

C. 8个学时　　D. 32个学时

【答案】C

专项突破10　重大危险源管理制度

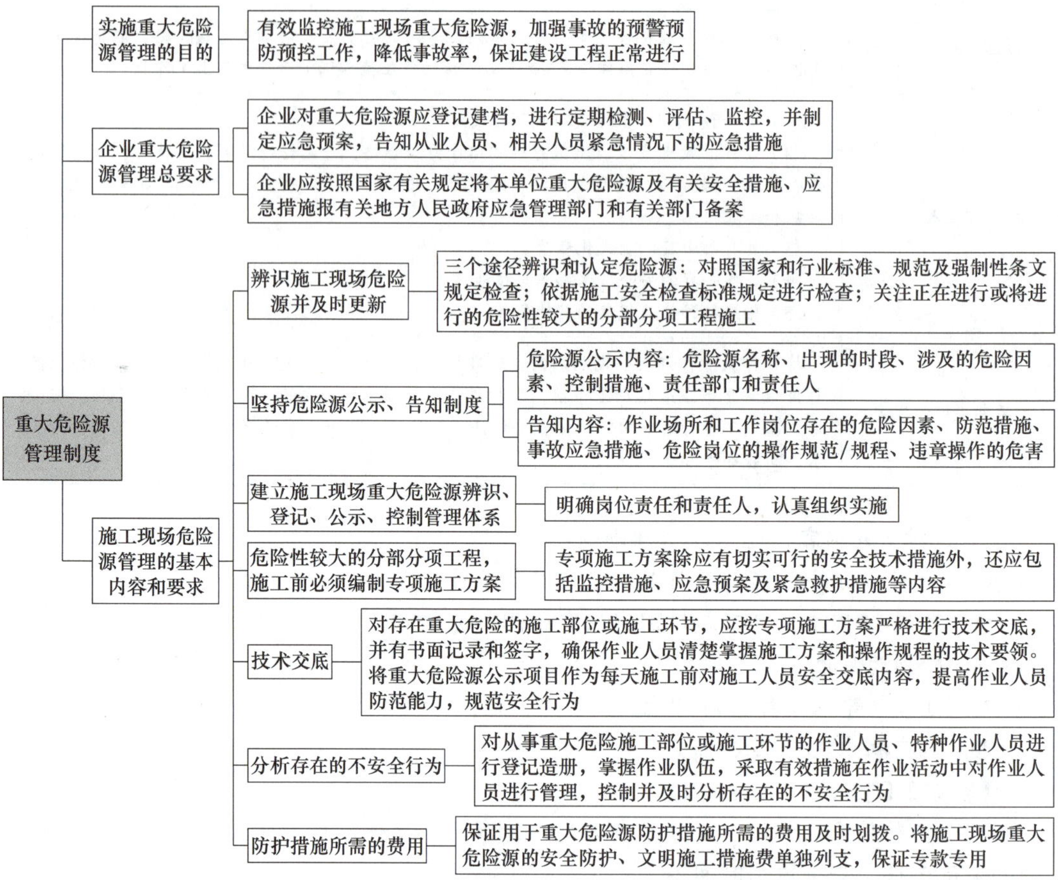

重点难点专项突破

1. 上图内容为本考点的重点内容，对于本考点的考核，就在上述知识点中命题。
2. 本考点可能会这样考核：

关于施工现场危险源管理的基本内容和要求，说法正确的有（　　）。

A. 可从对照国家和行业标准、规范及强制性条文规定检查，依据施工安全检查标准规定进行检查，关注正在进行或将进行的危险性较大的分部分项工程施工三个途径辨识和认定危险源

B. 坚持危险源公示、告知制度

C. 建立施工现场重大危险源辨识、登记、公示、控制管理体系，明确岗位责任和责任人，认真组织实施

D. 对危险性较小的分部分项工程，施工前必须编制专项施工方案

E. 对存在一般危险的施工部位或施工环节，应按专项施工方案严格进行技术交底

【答案】A、B、C

专项突破 11　劳动保护用品使用管理制度

项目	内容
发放和管理原则	劳动保护用品的发放和管理，坚持“谁用工、谁负责”的原则
发放形式	劳动保护用品必须以实物形式发放，不得以货币或其他物品替代
建立规章制度	企业应建立完善劳动保护用品的采购、验收、保管、发放、使用、更换、报废等规章制度。还应建立管理台账，管理台账保存期限不得少于两年
采购和使用	（1）企业、施工作业人员，不得采购和使用无安全标记或不符合国家相关标准要求的劳动保护用品。 （2）企业应按照劳动保护用品采购管理制度的要求，明确企业内部有关部门、人员的采购管理职责。 （3）企业采购劳动保护用品时，应查验劳动保护用品生产厂家或供货商的生产、经营资格，验明商品合格证明和商品标识，以确保采购劳动保护用品的质量符合安全使用要求
劳动保护用品质量证明文件	企业应向劳动保护用品生产厂家或供货商索要法定检验机构出具的检验报告或由供货商签字盖章的检验报告复印件，不能提供检验报告或检验报告复印件的劳动保护用品不得采购
教育培训	企业应加强对施工作业人员的教育培训，保证施工作业人员能正确使用劳动保护用品。施工项目部应有教育培训的记录，有培训人员和被培训人员的签名和时间
对劳动保护用品使用情况的检查	企业应加强对施工作业人员劳动保护用品使用情况的检查，并对施工作业人员劳动保护用品的质量和正确使用负责

重点难点专项突破

1. 上表内容为本考点的重点内容，考生需熟悉上表内容。

2. 本考点还可以这样命题：

（1）劳动保护用品的发放和管理，坚持（　　）的原则。

A. 谁用工、谁负责

B. 以人为本、依法依规

C. 符合实际、注重实效

D. 先进性、可行性和经济性兼顾

【答案】A

（2）企业采购劳动保护用品时，应（　　），以确保采购劳动保护用品的质量符合安全使用要求。

A. 查验劳动保护用品生产厂家的生产、经营资格

B. 查验劳动保护用品供货商的生产、经营资格

C. 验明商品合格证明

D. 验明商品标识

E. 验明劳动保护用品生产厂家法人的具体情况

【答案】A、B、C、D

专项突破 12　安全生产检查制度

项目	内容
安全生产检查的作用	安全生产检查是发现和消除事故隐患、落实安全措施、预防事故发生、不断改进和提高安全生产管理水平的重要手段
安全生产检查形式	各管理层的自查、互查及对下级管理层的抽查等
安全检查的类型	日常巡查、专项检查、季节性检查、定期检查、不定期抽查等

重点难点专项突破

1. 上表内容为本考点的重点内容，考生需熟悉上表内容。

2. 本考点还可以这样命题：

(1) 下列关于安全生产检查管理要求的说法，错误的是（　　）。

A. 安全生产检查管理应包括安全检查的内容、形式、类型、标准、方法、频次、整改、复查等工作内容

B. 施工企业安全生产检查应配备必要的检查、测试器具，对存在的问题和隐患，应定人、定时间、定措施组织整改，并应跟踪复查直至整改完毕

C. 施工企业对安全检查中发现的问题，宜按日期分类记录，定期统计

D. 施工企业应建立并保存安全生产检查资料和记录

【答案】 C

(2) 安全生产检查的类型包括（　　）。

A. 互查　　B. 日常巡查

C. 专项检查　　D. 季节性检查

E. 定期检查

【答案】 B、C、D、E

专项突破 13　安全生产会议制度

例题：施工项目安全生产会议包括定期安全生产例会和不定期安全生产会议、班前会议。下列会议中，属于定期安全生产例会的有（　　）。

A. 月度安全生产例会　　B. 周安全生产例会

C. 安全生产技术交底会　　D. 安全生产专题会

E. 安全生产事故分析会　　F. 安全生产现场会

【答案】 A、B

重点难点专项突破

1. 本考点还可以考核的题目有：

(1) 下列会议中，属于不定期安全生产会议的有（C、D、E、F）。

（2）根据施工生产进展情况和需要，对重大安全生产保障措施进行（C）。

（3）针对安全生产和特殊季节安全防范的需要，适时召开（D）。

（4）根据事故发生情况，及时召开（E），教育事故单位，警示其他单位等，防止类似事故的再次发生。

（5）根据工作需要，结合各类评比活动，适时召开（F），达到树立典型、推动后进，共同提高安全生产管理工作水平。

2. 施工项目安全生产会议除了定期安全生产例会、不定期安全生产会议，还包括班前会议。班前会议应坚持“安全第一、预防为主、综合治理”的方针。班前会议由班组长组织和主持。班前会议结合工作安排和安全技术交底进行。

专项突破14　施工设施、设备和劳动防护用品安全管理制度

例题：施工企业施工设施、设备和劳动防护用品的安全管理制度应包括（　　）等内容。

A. 购置、租赁　　B. 装拆、验收

C. 检测、使用　　D. 保养、维修

E. 改造、报废　　F. 设计、分析

【答案】A、B、C、D、E

重点难点专项突破

1. 上述例题中，选项F是可能会设置的干扰选项。

2. 本考点还需掌握的内容：

（1）施工企业应建立并保存施工设施、设备、劳动防护用品及相关的安全检测器具管理档案，并应记录的内容：① 来源、类型、数量、技术性能、使用年限等静态管理信息，以及目前使用地点、使用状态、使用责任人、检测、日常维修保养等动态管理信息；② 采购、租赁、改造、报废计划及实施情况。

（2）施工企业应自行设计或优先选用标准化、定型化、工具化的安全防护设施。

3. 本考点可能出挖空式的题目、判断正误类型的题目。

专项突破15　安全生产考核和奖惩制度

项目	内容
施工企业安全生产考核和奖惩管理的内容	包括确定对象、制定内容及标准、实施奖惩等
安全生产考核的对象	包括施工企业各管理层的主要负责人、相关职能部门及岗位和工程项目参建人员
安全生产考核内容	① 安全目标实现程度；② 安全职责履行情况；③ 安全行为；④ 安全业绩；⑤ 施工企业应针对生产经营规模和管理状况，明确安全生产考核的周期，并应及时兑现奖惩

重点难点专项突破

1. 上表内容为本考点的重点内容，考生需熟悉上表内容。

2. 本考点还可以这样命题：

安全生产考核内容包括（　　）。

A. 安全目标实现程度　　B. 安全职责履行情况

C. 安全行为　　D. 安全业绩

E. 安全评价分析报告

【答案】A、B、C、D

7.3 专项施工方案及施工安全技术管理

专项突破1　专项施工方案编制对象

例题：根据《建设工程安全生产管理条例》，应组织专家进行专项施工方案论证、审查的分部分项工程有（　　）。**【2012年、2013年、2017年、2020年、2021年考过】**

A. 起重吊装工程　　B. 脚手架工程

C. 拆除、爆破工程　　D. 深基坑工程

E. 地下暗挖工程　　F. 高大模板工程

【答案】D、E、F

重点难点专项突破

1. 本考点还可以考核的题目有：

根据《建设工程安全生产管理条例》，施工单位应编制专项施工方案的分部分项工程有（A、B、C、D、E、F）。

2. 本考点中还需注意掌握的一个采分点是：《建设工程安全生产管理条例》规定，对达到一定规模的危险性较大的分部分项工程，施工单位应编制专项施工方案，并附具安全验算结果，经施工单位技术负责人、总监理工程师**【2019年考过】**签字后实施，由专职安全生产管理人员**【2020年考过】**进行现场监督。

针对上述要点，还会有以下几种命题方式：

（1）根据《建设工程安全生产管理条例》，施工单位针对达到一定规模的危险性较大的分部分项工程编制的专项施工方案，需经（　　）签字后实施。

A. 施工项目经理和建设单位技术负责人

B. 施工单位法定代表人和建设单位技术负责人

C. 施工单位技术负责人和总监理工程师

D. 建设单位技术负责人和总监理工程师

【答案】C

（2）根据《建设工程安全生产管理条例》，对达到一定规模的危险性较大的分部分项工程，正确的安全管理做法有（　　）。

A. 施工单位应当编制专项施工方案，并附具安全验算结果

B. 所有专项施工方案均应组织专家进行论证、审查

C. 专项施工方案由专职安全生产管理人员进行现场监督

D. 专项施工方案经现场监理工程师签字后即可实施

E. 专项施工方案应由企业法定代表人审批

【答案】A、C

专项突破2　专项施工方案内容

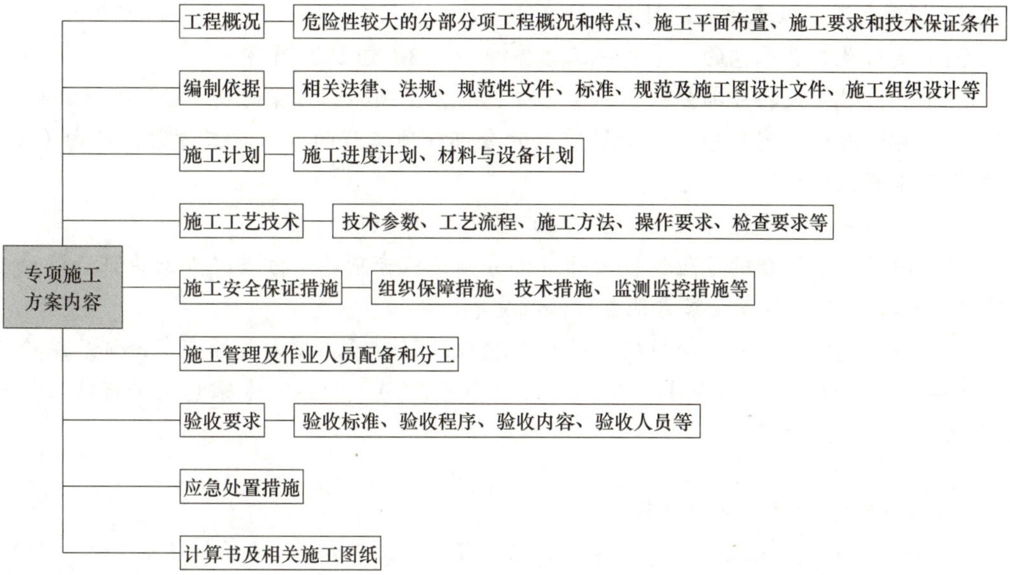

重点难点专项突破

1. 对于本考点的考核，记住上图内容即可。

2. 本题还可以这样命题：

（1）危险性较大的分部分项工程专项施工方案的主要内容不包括（　　）。

A. 应急处置措施　　B. 施工工艺技术

C. 施工计划　　D. 资源配置计划

【答案】D

（2）吊装方案编制的主要依据有（　　）。

A. 规范性文件　　B. 合同条款

C. 施工图设计文件　　D. 施工组织设计

E. 工程进度计划

【答案】A、C、D

专项突破3 专项施工方案编制和审查程序

例题：危险性较大的分部分项工程施工前，(　　)应组织工程技术人员编制专项施工方案。

A. 施工单位　　B. 施工总承包单位

C. 相关专业分包单位　　D. 监理单位

E. 建设单位

【答案】 A

重点难点专项突破

1. 本考点还可以考核的题目有：

(1) 实行施工总承包的，专项施工方案应由 (B) 组织编制。

(2) 危险性较大的分部分项工程实行分包的，专项施工方案可由 (C) 组织编制。

(3) 对于超过一定规模的危险性较大的分部分项工程的专项施工方案，应由 (A) 组织召开专家论证会。

(4) 实行施工总承包的，由 (B) 组织召开专家论证会。

(5) 超过一定规模的危险性较大的分部分项工程专项施工方案经专家论证后结论为“通过”的，(A) 可参考专家意见自行修改完善。

(6) 超过一定规模的危险性较大的分部分项工程专项施工方案经专家论证后结论为“修改后通过”的，专家意见要明确具体修改内容，(A) 应按照专家意见进行修改，修改情况应及时告知专家。

> 题目 (6) 还可能会这样考核：
>
> 超过一定规模的危险性较大的分部分项工程专项施工方案经专家论证后结论为“修改后通过”的，施工单位正确的做法是 (　　)。
>
> A. 参考专家意见自行修改完善
>
> B. 应按照专家意见进行修改，修改情况应及时告知专家
>
> C. 修改后应按照规定的要求重新组织专家论证
>
> D. 重新编制专项施工方案并组织专家论证
>
> **【答案】** B

(7) 超过一定规模的危险性较大的分部分项工程专项施工方案经论证不通过的，(A) 修改后应按照规定的要求重新组织专家论证。

2. 上述例题中，选项D、E是可能会设置的干扰选项。

3. 本考点还需掌握的内容如下：

(1) 专家论证的主要内容应包括：① 专项施工方案内容是否完整、可行；② 专项施工方案计算书和验算依据、施工图是否符合有关标准规范；③ 专项施工方案是否满足现场实际情况，并能够确保施工安全。

（2）专家论证会后，应形成论证报告，对专项施工方案提出通过、修改后通过或者不通过的一致意见。专家对论证报告负责并签字确认。

（3）专项施工方案应由施工单位技术负责人审核签字、加盖单位公章，并由总监理工程师审查签字、加盖执业印章后方可实施。**【2024年考过】**我们看一下是怎么考核的：

在建设工程专项施工方案审批环节，需要签字盖章的有（　　）。**【2024年真题】**

A. 施工单位技术负责人签字　　B. 施工单位公章

C. 总监理工程师签字　　D. 总监理工程师执业印章

E. 施工单位法定代表人签字

【答案】A、B、C、D

（4）危险性较大的分部分项工程实行分包并由分包单位编制专项施工方案的，专项施工方案应由总承包单位技术负责人及分包单位技术负责人共同审核签字并加盖单位公章。

专项突破4　防高处坠落的安全技术措施

例题：人的坠落易造成坠落伤害，物的坠落易造成物体打击。应针对不同部位和作业采取相应的安全技术措施。距坠落基准面高度2m及以上进行临边作业时，采取的技术措施正确的有（　　）。

A．在临空一侧设置防护栏杆

B．采用密目式安全立网或工具式栏板封闭

C．当竖向洞口短边边长小于500mm时，应采取封堵措施

D．当竖向洞口短边边长大于或等于500mm时，应在临空一侧设置高度不小于1.2m的防护栏杆，并应采用密目式安全立网或工具式栏板封闭，设置挡脚板

E．当非竖向洞口短边边长为25～500mm时，应采用承载力满足使用要求的盖板覆盖，盖板四周搁置应均衡，且应防止盖板移位

F．当非竖向洞口短边边长为500～1500mm时，应采用盖板覆盖或防护栏杆等措施，并应固定牢固

G．当非竖向洞口短边边长大于或等于1500mm时，应在洞口作业侧设置高度不小于1.2m的防护栏杆，洞口应采用安全平网封闭

H．攀登作业设施和用具应牢固可靠，当采用梯子攀爬作业时，踏面荷载不应大于1.1kN

I．同一梯子上不得两人同时作业，在通道处使用梯子作业时，应有专人监护或设置围栏；脚手架操作层上严禁架设梯子作业

J．使用单梯时梯面应与水平面成75°夹角，踏步不得缺失，梯格间距宜为300mm，不得垫高使用

K．使用固定式直梯攀登作业时，当攀登高度超过3m时，宜加设护笼；当攀登高度超过8m时，应设置梯间平台

L．深基坑施工应设置扶梯、入坑踏步及专用载人设备或斜道等设施；采用斜道时，应加设间距不大于400mm的防滑条等防滑措施

M. 作业人员严禁沿坑壁、支撑或乘运土工具上下

N. 作业安全设备、设施本身应满足安全技术要求，同时必须设置安全防护网和防护栏等安全设施

O. 作业所使用的吊篮、平台、脚手板及索具等应经技术鉴定或验证后才可使用

P. 搭设脚手架进行操作时，脚手架应牢固，外侧应设安全网

Q. 安装拆除模板、吊装时，施工人员必须站在操作平台上作业

R. 立足处的设置应牢固，并应配置登高和防坠落装置和设施，严禁在未固定、无防护设施的构件及管道上进行作业或通行

S. 作业时，下层作业位置应处于上层作业的坠落半径之外，高空作业坠落半径应按规范要求确定

T. 安全防护棚和警戒隔离区范围的设置应视上层作业高度确定，并应大于坠落半径

U. 作业时，坠落半径内应设置安全防护棚或安全防护网等安全隔离措施。当尚未设置安全隔离措施时，应设置警戒隔离区，人员严禁进入隔离区

V. 处于起重机臂架回转范围内的通道，应搭设安全防护棚

W. 施工现场人员进出的通道口，应搭设安全防护棚

X. 不得在安全防护棚棚顶堆放物料

【答案】A、B

重点难点专项突破

1. 本考点还可以考核的题目有：

（1）洞口作业易发生人和物的坠落，应针对不同部位和作业采取相应的安全技术措施。洞口作业防坠落措施要求包括（C、D、E、F、G）。

（2）登高作业应借助施工通道、梯子及其他攀登设施和用具，技术要求有（H、I、J、K、L、M）。

（3）悬空作业易发生人和物的坠落，应针对不同部位和作业采取相应的安全技术措施。下列关于悬空作业防坠落措施，说法正确的有（N、O、Q、R）。

（4）针对不同情形下的交叉作业，应采取防护措施并保证措施有效。下列交叉作业防坠落措施，说法正确的有（S、T、U、V、W、X）。

2. 本考点中，还需掌握上述例题中数值类规定。

专项突破5　防物体打击的安全技术措施

项目		内容
防物体坠落或飞溅的措施	脚手架	（1）施工层应设有1.2m高防护栏杆和18～20cm高挡脚板。 （2）脚手架外侧设置密目式安全网，网间不应有空缺。 （3）脚手架拆除时，拆下的脚手杆、脚手板、钢管、扣件、钢丝绳等材料，应向下传递或用绳吊下，禁止投扔
	材料堆放	材料、构件、料具应按施工组织规定的位置堆放整齐，防止倒塌做到工完场清

续表

项目		内容
防物体坠落或飞溅的措施	物件运送	（1）物件运送安全应采用安全技术方案。 （2）运送易滑的钢材，绳结必须系牢。 （3）起吊物件应使用交互捻制的钢丝绳。钢丝绳如有扭结、变形、断丝、锈蚀等异常现象，应降级使用或报废。 （4）严禁使用麻绳起吊重物。 （5）吊装不易放稳的构件或大模板应用卡环，不得用吊钩。禁止将物件放在板形构件上起吊。 （6）在平台上吊运大模板时，平台上不准堆放无关料具。禁止在吊臂下穿行和停留
	深坑、槽施工	（1）四周边沿在设计规定范围内，禁止堆放模板、架料、材料。 （2）深坑槽施工所有材料均应采用溜槽运送，严禁抛掷
	工具袋（箱）	（1）高处作业人员应佩带工具袋，装入小型工具、小材料和配件等，防止坠落伤人。高处作业所有的较大工具，应放入工具箱。 （2）上下传递物件禁止抛掷
	防飞溅物伤人	圆盘锯上必须设置分割刀和防护罩
	拆除工程	除设置警戒的安全围栏外，拆下的材料要及时清理运走，散碎材料应用溜槽顺槽溜下
	现场清理	清理高处杂物，应集中放在斗车或桶内，及时吊运地面，严禁往外抛掷
防护措施	防护棚	邻近必须通行的道路上方和施工工程出入口处上方，均应搭设坚固、密封的防护棚
	防护隔离层	垂直交叉作业，必须设置隔离层
	设置防护栏杆	起重机械和桩机机械下不准站人或穿行
	安全帽	进入施工现场的所有人员都必须戴好安全帽，并系牢帽带

重点难点专项突破

1. 上表内容为本考点的重要采分点，对于上表内容，一般会考核判断正误类型的题目。

2. 本考点可能会这样命题：

（1）物体打击主要是高处坠落物或地面物体坠落至基坑、槽造成的伤害事故。下列关于防物体坠落的措施，说法错误的是（　　）。

A. 施工层应设有1.2m高防护栏杆和18～20cm高挡脚板

B. 材料、构件、料具应按施工组织规定的位置堆放整齐

C. 起吊物件应使用交互捻制的钢丝绳

D. 深坑槽施工所有材料均应采用溜槽运送，也可以抛掷

【答案】D

（2）物体打击主要是高处坠落物或地面物体坠落至基坑、槽造成的伤害事故。关于防护措施的说法，正确的有（　　）。

A. 施工工程邻近必须通行的道路上方，应搭设坚固、密封的防护棚

B. 垂直交叉作业时，必须设置有效地隔离层

C. 起重机械和桩机机械下不准站人或穿行

D. 施工工程出入口处上方，可不搭设防护棚

E. 进入施工现场的所有人员都必须戴好符合安全标准、具有检验合格证的安全帽，并系牢帽带

【答案】A、B、C、E

专项突破6　防坍塌倾覆的安全技术措施

安全技术措施	具体内容
编制施工方案	基坑（槽）、边坡、基础桩、模板和临时建筑作业前，施工单位应按设计单位要求，编制施工方案，单位分管负责人审批签字，项目分管负责人组织有关部门验收，经验收合格签字后，方可作业
实施施工监测	监测应包括对相邻建（构）筑物、道路的沉降和位移情况进行观测
采取排水降水措施	（1）作好施工区域内临时排水系统规划，临时排水不得破坏相邻建（构）筑物的地基和挖、填土方的边坡。 （2）在地形、地质条件复杂，可能发生滑坡、坍塌地段挖方时，由设计单位确定排水方案。 （3）场地周围出现地表水汇流、排泄或地下水管渗漏时，施工单位应组织排水，对基坑采取保护措施。 （4）开挖低于地下水位的基坑（槽）、边坡和基础桩时，施工单位应采取降水措施降低地下水位
做好基坑支护	（1）基坑（槽）、边坡设置坑（槽）壁支撑时，应设计支撑。 （2）拆除支撑时，应按基坑（槽）回填顺序自下而上逐层拆除，随拆随填，必要时应采取加固措施
保证临边堆码及施工作业安全距离	各类施工机械距基坑（槽）、边坡和基础桩孔边的距离，不得小于15m
按顺序组织施工	（1）施工时应遵循自上而下的开挖顺序，严禁先切除坡脚。 （2）地质灾害易发区内施工时，施工单位应根据地质勘察资料编制施工方案
防止地面水侵蚀	（1）基坑（槽）开挖后，应及时进行地下结构和安装工程施工，基坑（槽）开挖或回填应连续进行。 （2）在施工过程中，应随时检查坑（槽）壁的稳定情况
按规范搭设模板支撑系统，控制施工荷载	（1）对模板支撑宜采用钢支撑材料作支撑立柱，不得使用严重锈蚀、变形、断裂、脱焊、螺栓松动的钢支撑材料和竹材作立柱。 （2）支撑立柱基础应牢固，并按设计计算，严格控制模板支撑系统的沉降量。 （3）支撑立柱基础为泥土地面时，应采取排水措施，对地面平整、夯实，并加设满足支撑承载力要求的垫板后，方可用以支撑立柱。 （4）斜支撑和立柱应牢固拉接，形成整体。 （5）严格控制模板支架、脚手架等承受的荷载，模板、脚手架及其支撑体系的施工荷载应做到均匀分布，并不得超过设计要求。严禁超载、对构筑物进行外力冲击或偏心载荷

续表

安全技术措施	具体内容
采取措施保证起重等设备自身安全	（1）加强起重设备的采购管理，严禁使用不合格的设备，定期检测。 （2）加强设备的安装、拆除管理。 （3）加强设备的使用管理，严禁超载、碰撞或违章操作。 （4）建筑起重机械应进行备案登记，包括建筑起重机械备案、安装（拆卸）告知和使用登记。 （5）加强对设备操作人员、指挥人员、安拆人员的安全教育培训，考核合格后持证上岗
施工现场使用的组装式活动房屋应有产品合格证	（1）施工单位在组装后进行验收，经验收合格签字后，方能使用。 （2）对搭设在空旷、山脚等处的活动房应采取防风、防洪和防暴雨等措施
采取临时加固和防护措施	（1）临时建筑外侧为街道或行人通道的，应采取加固措施；禁止在施工围墙墙体上方或紧靠施工围墙架设广告或宣传标牌；施工围墙外侧应有禁止人群停留、聚集和堆砌土方、货物等的警示；雨期施工，施工单位应对施工现场的排水系统进行检查和维护，保证排水畅通。 （2）在傍山、沿河地区施工时，应采取防洪、防泥石流措施；深基坑特别是稳定性差的土质边坡、顺向坡，施工方案应充分考虑雨期施工等诱发因素，提出预案措施；冬季解冻期施工时，应对基坑（槽）和基础桩支护进行检查，无异常情况后，方可施工；收集天气预报资料，遇降雨时间较长、降雨量较大时，应提前对已开挖未支护基坑的侧壁采取覆盖措施，并应及时排除基坑内积水；对于不能及时进行后续施工的高边坡、高切坡采取临时固化措施等

重点难点专项突破

1. 上表内容为本考点的重要采分点，对于上表内容，一般会考核判断正误类型的题目、选择类型的题目。

2. 本考点可能会这样命题：

（1）保证临边堆码及施工作业安全距离为防坍塌倾覆的安全技术措施之一。各类施工机械距基坑（槽）、边坡和基础桩孔边的距离，不得小于（　　）m。

A. 5　　B. 10

C. 15　　D. 20

【答案】C

（2）防坍塌倾覆的安全技术措施中，关于采取临时加固和防护措施的说法，正确的有（　　）。

A. 临时建筑外侧为街道或行人通道的，应采取加固措施

B. 禁止在施工围墙墙体上方架设广告或宣传标牌，但在紧靠施工围墙可以架设

C. 施工围墙外侧应有禁止人群停留、聚集和堆砌土方、货物等的警示

D. 雨期施工，施工单位应对施工现场的排水系统进行检查和维护，保证排水畅通

E. 冬季解冻期施工时，应对基坑（槽）和基础桩支护进行检查，无异常情况后，方可施工

【答案】A、C、D、E

专项突破7　防机械伤害的安全技术措施

例题：下列安全技术措施中，属于防机械伤害的机械本体安全技术措施的有（　　）。

A. 机械必须按出厂使用说明书规定的技术性能、承载能力和使用条件，正确操作，合理使用，严禁超载、超速作业或任意扩大使用范围

B. 机械上的各种安全防护和保险装置及各种安全信息装置必须齐全有效

C. 机械供电的导线必须正确安装，不得有任何破损和漏电的地方，电机绝缘应良好，其接线板应有盖板防护

D. 开关、按钮等应完好无损，其带电部分不得裸漏在外；局部照明应采用安全电压，禁止使用110V或220V的电压

E. 机械设备的地基基础承载力应满足安全使用要求，机械安装、试机、拆卸应按使用说明书的要求进行，使用前应经专业技术人员验收合格

F. 新机械、经过大修或技术改造的机械，应按出厂使用说明书的要求和相关标准规定进行测试和试运转

G. 应为机械提供道路、水电、作业棚及停放场地等作业条件，并应消除各种安全隐患，夜间作业应提供充足的照明

H. 易燃易爆场所，挖掘机、起重机、打桩机等易发生安全事故的施工现场，应设置警戒区域，悬挂警示标志，非工作人员不得入内

I. 在机械产生对人体有害的场所，应配置相应的安全保护设施、监测设备（仪器）、废品处理装置

J. 在狭小空间施工时，应采取措施，使有害物控制在规定的限度内

K. 机械使用的润滑油（脂）的性能应符合出厂使用说明书的规定，并应按时更换

L. 清洁、保养、维修机械或电气装置前，必须先切断电源，等机械停稳后再进行操作

M. 严禁带电或采用预约停送电时间的方式进行检修，检修前，应悬挂“禁止合闸，有人工作”的警示牌

N. 设置机械设备隔离护栏和机械防撞防护围栏、防护棚

O. 特种设备操作人员应经过专业培训、考核合格取得相关主管部门颁发的操作证，并应经过安全技术交底后持证上岗

P. 机械作业前，施工技术人员应向操作人员进行安全技术交底；操作人员应熟悉作业环境和施工条件，并应听从指挥，遵守现场安全管理规定

Q. 机械使用前，应对机械进行检查、试运转

R. 在工作中，应按规定使用劳动保护用品

S. 操作人员在作业过程中，应集中精力，正确操作，并应检查机械工况，不得擅自离开工作岗位或将机械交给其他无证人员操作；无关人员不得进入作业区或操作室内

T. 操作人员应根据机械有关保养维修规定，认真及时做好机械保养维修工作，保持机械的完好状态，并应做好维修保养记录

U. 实行多班作业的机械，应执行交接班制度，填写交接班记录，接班人员上岗前应认真检查

【答案】A、B、C、D、E、F、G、H、I、J、K、L、M、N

重点难点专项突破

1. 本考点还可以考核的题目有：

下列安全技术措施中，属于防机械伤害的机械安全操作技术要求的有（O、P、Q、R、S、T、U）。

2. 本考点中，还需掌握的内容：

（1）造成机械伤害事故的原因有：设备缺陷发生在故障、设备因无安全防护措施、有防护装置搁置不用、违章指挥、操作者技术不熟练和缺乏安全知识、操作者发生操作失误或违章操作等。

（2）将机械伤害预防措施归纳为："四必有"（有轴必有套、有轮必有罩、有台必有栏、有洞必有盖）；"四不修"（带电不修、带压不修、高温过冷不修、无专用工具不修）；"四停用"（无联锁防护停用、无接地漏电保护停用、无岗前培训停用、无安全操作规程停用）。

专项突破8　防触电技术措施

安全技术措施	具体内容
按规范设置配供电系统	（1）施工现场临时用电必须执行相关标准，线路采用TN-S系统，现场用电必须使用便桥标准闸箱，执行"三级控制、两极保护""一机、一闸、一漏、一箱"，工作接零与保护接地不允许混接，现场机具设备进场前必须进行验收，验收合格后方可使用。 （2）现场照明要和动力照明分开，现场移动式灯具采用便桥防水灯具，设备外皮做好保护接地，灯具距地面高度不小于3m**【2024年考过】**，生活区民工住宿达不到标准的必须使用36V安全电压；在整改过程中必须两人进行，应关闭上级开关方可作业，一人操作、一人监护，现场不得带电作业并做好记录等
保护接地	在电气设备的金属外壳或构架等与接地体之间所作的良好的连接
保护接零	将电气设备的金属外壳与电网的零线相连接
工作接地	是指将电力系统中某一点直接或经特殊设备与地作金属连接。**【2024年考过】** 工作接地主要指的是变压器中性点或中性线接地，N线必须用铜芯绝缘线
装设漏电保护器	—
绝缘安全用具	（1）采用绝缘安全用具使人与地面，或使人与工具的金属外壳，其中包括与相连的金属导体隔离开来。 （2）常用的绝缘安全用具有：绝缘手套、绝缘靴、绝缘鞋、绝缘垫和绝缘台等。 （3）绝缘安全用具可分为基本安全用具和辅助安全用具

重点难点专项突破

1. 上表内容为本考点的重要采分点，对于上表内容，一般会考核判断正误类型的题目。

2. 本考点可能会这样命题：

（1）关于施工现场防触电技术措施的说法，正确的是（　　）。**【2024年真题】**

A. 保护接地是指将电气设备的金属外壳或构架等与电网的零线连接

B. 保护接零是指将电气设备的金属外壳或构架等与接地体连接

C. 现场移动式灯具距地面高度应不小于2m

D. 工作接地是指将电力系统中的某一点直接或经特殊设备与地作金属连接

【答案】D

（2）下列安全技术措施中，属于防触电技术措施的有（　　）。

A. 将消防相关条件纳入施工总平面布局

B. 生活区民工住宿达不到标准的必须使用36V安全电压

C. 将电气设备的金属外壳与电网的零线相连接

D. 采用绝缘安全用具使人与地面，或使人与工具的金属外壳

E. 装设漏电保护器

【答案】B、C、D、E

专项突破9　防火技术措施

安全技术措施	具体内容
将消防相关条件纳入施工总平面布局	—
合理设置消防扑救通道	（1）施工现场出入口宜布置在不同方向，其数量不宜少于2个。当确有困难只能设置1个出入口时，应在施工现场内设置环形道路。 （2）施工现场内设置临时消防车道，临时消防车道与在建工程、临时用房、可燃材料堆场及其加工场的距离，不宜小于5m，且不宜大于40m；施工现场内可不设置临时消防车道
保证防火间距	与在建工程的防火间距：易燃易爆危险品库房，不应小于15m；可燃材料堆场及其加工场、固定动火作业场，不应小于10m；其他临时用房、临时设施，不应小于6m
按规范进行临时用房防火设计和搭设	—
配置临时消防设施	（1）临时消防设施设置：应与在建工程的施工同步设置，施工现场在建工程可利用已具备使用条件的永久性消防设施作为临时消防设施，当永久性消防设施无法满足使用要求时，应增设临时消防设施；施工现场的消火栓泵应采用专用消防配电线路，专用消防配电线路应自施工现场总配电箱的总断路器上端接入，且应保持不间断供电；地下工程的施工作业场所宜配备防毒面具；临时消防给水系统的贮水池、消火栓泵、室内消防竖管及水泵接合器等，应设有醒目标识。 （2）在建工程及临时用房应配置灭火器的场所：易燃易爆危险品存放及使用场所；动火作业场所；可燃材料存放、加工及使用场所；厨房操作间、锅炉房、发电机房、变配电房、设备用房、办公用房、宿舍等临时用房；其他具有火灾危险的场所。 （3）临时消防给水系统 ① 施工现场或其附近应设置稳定、可靠的水源，并应能满足施工现场临时消防用水的需要；消防水源可采用市政给水管网或天然水源。

续表

安全技术措施	具体内容
配置临时消防设施	② 当采用天然水源时，应采取措施确保冰冻季节、枯水期最低水位时顺利取水，并满足临时消防用水量的要求；临时消防用水量应为临时室外消防用水量与临时室内消防用水量之和；临时室外消防用水量应按临时用房和在建工程的临时室外消防用水量的较大者确定，施工现场火灾次数可按同时发生1次确定；临时用房建筑面积之和大于1000m^{2}或在建工程单体体积大于10000m^{3}时，应设置临时室外消防给水系统。 ③ 当施工现场处于市政消火栓150m保护范围内且市政消火栓的数量满足室外消防用水量要求时，可不设置临时室外消防给水系统

重点难点专项突破

1. 上表内容为本考点的重要采分点，对于上表内容，一般会考核判断正误类型的题目。

2. 本考点可能会这样命题：

下列安全技术措施中，属于防火技术措施的有（　　）。

A. 现场用电必须使用便桥标准闸箱，执行“三级控制、两极保护”，“一机、一闸、一漏、一箱”

B. 生活区民工住宿达不到标准的必须使用36V安全电压

C. 施工现场出入口的设置应满足消防车通行的要求，并宜布置在不同方向，其数量不宜少于2个

D. 临时消防车道与在建工程、临时用房、可燃材料堆场及其加工场的距离，不宜小于5m，且不宜大于40m

E. 施工现场的消火栓泵应采用专用消防配电线路，专用消防配电线路应自施工现场总配电箱的总断路器上端接入，且应保持不间断供电

【答案】C、D、E

专项突破10　安全防护设施技术要求

安全防护设施	技术要求
防火栏杆	（1）防护栏杆应为两道横杆，上杆距地面高度应为1.2m，下杆应在上杆和挡脚板中间设置。 （2）当防护栏杆高度大于1.2m时，应增设横杆，横杆间距不应大于600mm。 （3）防护栏杆立杆间距不应大于2m。 （4）挡脚板高度不应小于180mm
操作平台	（1）应通过设计计算，并应编制专项方案。 （2）架体结构应采用钢管、型钢及其他等效性能材料组装。平台面铺设的钢、木或竹胶合板等材质的脚手板，并平整满铺及可靠固定。 （3）操作平台临边应设置防护栏杆，单独设置的操作平台应设置供人上下、踏步间距不大于400mm的扶梯。 （4）应在操作平台明显位置设置标明允许负载值的限载牌及限定允许的作业人数，物料应及时转运，不得超重、超高堆放。 （5）操作平台使用中应每月不少于1次定期检查，专人日常维护工作，及时消除安全隐患

续表

安全防护设施	技术要求
防护棚与警示标志	（1）进出建筑物主体通道口应搭设防护棚。棚宽大于道口，两端各长出1m，进深尺寸应符合高处作业安全防护范围。坠落半径（R）分别为：当坠落物高度为2～5m时，R为3m；当坠落物高度为5～15m时，R为4m；当坠落物高度为15～30m时，R为5m；当坠落物高度大于30m时，R为6m。 （2）内（外）道路边线与建筑物（或外脚手架）边缘距离分别小于坠落半径的，应搭设安全通道。 （3）木工加工场地、钢筋加工场地等上方有可能坠落物件或处于起重机调杆回转范围之内，应搭设双层防护棚。 （4）安全防护棚应采用双层保护方式，当采用脚手片时，层间距600mm，铺设方向应互相垂直。 （5）各类防护棚应有单独的支撑体系，固定可靠安全。严禁用毛竹搭设，且不得悬挑在外架上。 （6）非通道口应设置禁行标志，禁止出入。配电箱应有单独的工作防护棚，禁止非操作人员出入。 （7）塔式起重机、施工电梯底部都要配套独立的工作防护棚，禁止非操作人员出入。 （8）机械设备设置隔离护栏和机械防撞防护围栏、防护棚

重点难点专项突破

1. 上表内容为本考点的重要采分点，对于上表内容，一般会考核判断正误类型的题目、挖空式的题目。

2. 本考点可能会这样命题：

（1）临边作业防护栏杆应由横杆、立杆及挡脚板组成。关于防护栏杆应符合的规定，说法错误的是（　　）。

A. 防护栏杆应为两道横杆，上杆距地面高度应为1.0m，下杆应在上杆和挡脚板中间设置

B. 当防护栏杆高度大于1.2m时，应增设横杆，横杆间距不应大于600mm

C. 防护栏杆立杆间距不应大于2m

D. 挡脚板高度不应小于180mm

【答案】A

（2）进出建筑物主体通道口应搭设防护棚。棚宽大于道口，两端各长出1m，进深尺寸应符合高处作业安全防护范围。当坠落物高度为2～5m时，坠落半径R为（　　）m。

A. 3　　B. 4

C. 5　　D. 6

【答案】A

专项突破11　安全防护用品安全技术要求

例题：按照其种类不同，安全带可分为（　　）。

A. 金属安全网　　B. 尼龙安全网

C. 围杆作业安全带　　　　　　　　　D. 区域限制安全带

E. 坠落悬挂式安全带

【答案】C、D、E

重点难点专项突破

1. 本考点还可以考核的题目有：

（1）下列安全带中，（E）的冲击作用力峰值应小于或等于6kN。

（2）下列安全带中，（E）的织带或绳在各调节扣内的最大滑移应小于或等于25mm。

2. 选项A、B是可能会设置的干扰选项。

3. 安全带、安全帽的技术性，施工安全网的搭设要求应熟悉。

专项突破12　施工安全技术交底

项目	内容
安全技术交底的内容	（1）工程项目和分部分项工程的概况。 （2）本施工项目的施工作业特点和危险点。**【2023年考过】** （3）针对危险点的具体预防措施。**【2018年、2023年考过】** （4）作业中应遵循的安全操作规程以及应注意的安全事项。**【2023年考过】** （5）作业人员发现事故隐患应采取的措施。 （6）发生事故后应及时采取的避难和急救措施**【2018年、2023年考过】**
安全技术交底管理的要求	（1）施工项目部必须实行逐级安全技术交底制度，纵向延伸到班组全体作业人员。**【2020年、2021年考过】** （2）技术交底的内容应针对分部分项工程施工中给作业人员带来的潜在危险因素和存在问题。**【2020年考过】** （3）应优先采用新的安全技术措施。**【2021年考过】** （4）应将工程概况、施工方法、施工程序、安全技术措施等向工长、班组长进行详细交底。应将安全技术措施、安全操作规程、防护用品用具等向操作人员进行详细交底。 （5）定期向由两个以上作业班组和/或多工种进行交叉施工的作业班组进行书面交底。**【2020年、2021年考过】** （6）保存书面安全技术交底签字记录并归档**【2021年考过】**

重点难点专项突破

1. 2018年是以判断正确与错误说法的形式综合考核安全技术交底管理的内容和要求。2021年是以判断正确与错误说法的形式考核安全技术交底管理的要求。安全技术交底的内容在2023年作为多项选择题采分点单独考核。

2. 技术交底的人员一般会考核单项选择题。

首先，由项目技术负责人向施工员、班组长、分包单位技术负责人交底，再由班组长向操作工人交底；分包单位项目技术负责人按照相同程序进行交底；对于超过一定规模的危险性较大分部分项工程，必须先由施工单位技术负责人向项目技术负责人交底。

3. 本考点可能会这样命题：

（1）安全技术交底的内容包括（　　）。

A. 工程项目和分部分项工程的概况

B. 针对危险点的具体预防措施

C. 作业人员发现事故隐患应采取的措施

D. 安全技术交底签字记录

E. 发生事故后应及时采取的避难和急救措施

【答案】A、B、C、E

（2）关于安全技术交底要求的说法，正确的有（　　）。**【2021年真题】**

A. 必须采用两阶段技术交底

B. 保持书面安全技术交底签字记录

C. 必须实行逐级安全技术交底制度

D. 必须采用新的安全技术措施

E. 定期向多工种交叉施工作业队伍书面交底

【答案】B、C、E

7.4　施工安全事故应急预案和调查处理

专项突破1　安全风险分级管控

例题：施工企业根据风险评估结果，针对安全风险特点，从组织、制度、技术、应急等方面对安全风险进行有效管控，下列管控措施中，属于组织方面的有（　　）。

A. 成立安全管理组织机构，落实全员安全生产责任

B. 培训教育措施和组织成员个体防护措施

C. 制定全员安全生产责任制和安全生产管理制度

D. 制定安全技术操作规程、重大危险源监控管理制度

E. 编制专项施工方案、组织专家论证

F. 开展安全技术交底

G. 对安全生产过程进行监控、进行安全检查

H. 对设备设施进行技术检测

I. 实施安全奖惩

J. 设计机器时，考虑消除机器本身的不安全因素

K. 在机械设备上采用和安装各种安全有效的防护装置

L. 按照消除、预防、减弱、隔离、连锁、警告的等级顺序采取相应的措施

M. 风险监控、预警

N. 应急预案制定

O. 现场处置方案制定

P. 应急物资准备

Q．应急演练

【答案】A、B

重点难点专项突破

1. 本考点还可以考核的题目有：

（1）下列管控措施中，属于从制度方面对安全风险进行有效管控的有（C、D、E、F、G、H、I）。

（2）下列管控措施中，属于从技术方面对安全风险进行有效管控的有（J、K、L）。

（3）下列管控措施中，属于从应急方面对安全风险进行有效管控的有（M、N、O、P、Q）。

2. 本考点还需要掌握三个采分点：一是安全风险等级；二是风险管控分级；三是风险告知卡的内容。针对这三个采分点可能会这样命题：

（1）施工安全风险等级从高到低可划分为重大风险、较大风险、一般风险和低风险，分别用（　　）四种颜色标示。**【2024年真题】**

A．橙、紫、黄、蓝　　B．红、橙、黄、蓝

C．紫、橙、蓝、黄　　D．红、橙、蓝、黄

【答案】B

（2）风险管控分为（　　）级。

A．一　　B．二

C．三　　D．四

【答案】D

（3）施工企业要建立完善安全风险公告制度，要在醒目位置和重点区域分别设置安全风险公告栏，制作岗位安全风险告知卡，标明（　　）、应急措施及报告方式等内容。

A．主要安全风险　　B．可能引发事故隐患类别

C．事故后果　　D．管控措施

E．项目可能性分析

【答案】A、B、C、D

专项突破2　安全事故隐患治理体系

项目	基本内容和要求
责任主体	企业是事故隐患排查、治理和防控的责任主体。企业主要负责人对本单位事故隐患排查治理工作全面负责
事故隐患排查治理和建档监控等制度	企业应建立健全事故隐患排查治理和建档监控等制度，逐级建立并落实从主要负责人到每个从业人员的隐患排查治理和监控责任制
资金使用专项制度	企业应保证事故隐患排查治理所需的资金，建立资金使用专项制度
定期排查	企业应定期组织安全生产管理人员、工程技术人员和其他相关人员排查本单位的事故隐患。对排查出的事故隐患，应按照事故隐患的等级进行登记，建立事故隐患信息档案，并按照职责分工实施监控治理

续表

项目	基本内容和要求
安全生产管理协议	企业将生产经营项目、场所、设备发包、出租的，应与承包、承租单位签订安全生产管理协议，并在协议中明确各方对事故隐患排查、治理和防控的管理职责
事故隐患报告和举报奖励制度	企业应建立事故隐患报告和举报奖励制度，鼓励、发动职工发现和排除事故隐患，鼓励社会公众举报
监督检查	安全监管监察部门和有关部门的监督检查人员依法履行事故隐患监督检查职责时，企业应积极配合，不得拒绝和阻挠
隐患排查治理信息系统	要通过与政府部门互联互通的隐患排查治理信息系统，全过程记录报告隐患排查治理情况。 重大事故隐患报告内容应包括：① 隐患的现状及其产生原因；② 隐患的危害程度和整改难易程度分析；③ 隐患的治理方案
组织整改	对于一般事故隐患，由企业负责人或者有关人员立即组织整改。对于重大事故隐患，由企业主要负责人组织制定并实施事故隐患治理方案。 重大事故隐患治理方案应当包括以下内容：① 治理的目标和任务；② 采取的方法和措施；③ 经费和物资的落实；④ 负责治理的机构和人员；⑤ 治理的时限和要求；⑥ 安全措施和应急预案
安全防范措施	（1）事故隐患排除前或者排除过程中无法保证安全的，应当从危险区域内撤出作业人员，并疏散可能危及的其他人员，设置警戒标志，暂时停产停业或者停止使用。 （2）对暂时难以停产或者停止使用的相关生产储存装置、设施、设备，应当加强维护和保养
自然灾害的预防	（1）因自然灾害可能导致事故灾难的隐患，应按照要求排查治理，采取预防措施，制定应急预案。 （2）在接到灾害预报时，及时向下属单位发出预警通知；发生自然灾害可能危及企业和人员安全的情况时，应采取撤离人员、停止作业、加强监测等安全措施，并及时向当地人民政府及其有关部门报告
记录、通报	事故隐患排查治理情况应如实记录，并通过职工大会或者职工代表大会、信息公示栏等方式向从业人员通报

重点难点专项突破

1. 上表内容为本考点的重要采分点，一般会考核判断正误类型的题目、挖空式的题目。

2. 本考点可能会这样命题：

（1）对本单位事故隐患排查治理工作全面负责的是（　　）。

A. 项目经理　　B. 项目安全生产管理人员

C. 企业主要负责人　　D. 企业安全生产管理机构负责人

【答案】 C

（2）重大事故隐患治理方案应包括治理的目标和任务、采取的方法和措施、经费和物资的落实、负责治理的机构和人员、治理的时限和要求，以及（　　）。

A. 考核内容和要求　　B. 重大危险源辨识和监控

C. 安全措施和应急预案　　D. 治理效果评估和验收

【答案】C

专项突破3　安全事故隐患治理“五落实”

例题：安全事故隐患治理“五落实”的内容包括（　　）。

A. 落实隐患排查治理责任　　B. 落实隐患排查治理措施

C. 落实隐患排查治理资金　　D. 落实隐患排查治理时限

E. 落实隐患排查治理预案

【答案】A、B、C、D、E

重点难点专项突破

本考点内容较为简单，可以这样记：施责金石（时）安（案）。

专项突破4　应急预案的分类

例题：企业应急预案分为（　　）。

A. 专项应急预案　　B. 现场处置方案

C. 综合应急预案　　D. 危大工程预案

E. 专项施工方案　　F. 项目应急预案

G. 职能部门应急预案　　H. 人员应急预案

I. 单项应急预案　　J. 重点应急预案

K. 现场应急预案

【答案】A、B、C

重点难点专项突破

1. 选项D、E、F、G、H、I、J、K是可能会设置的干扰选项。本考点还可以考核的题目有：

（1）企业应急预案中，（C）是本单位应对生产安全事故的总体工作程序、措施和应急预案体系的总纲。

（2）企业风险种类多、可能发生多种类型事故的，应当组织编制（C）。

（3）企业为应对某一种或者多种类型生产安全事故，应当组织编制（A）。

（4）针对重要生产设施、重大危险源、重大活动防止生产安全事故而制定的工作方案是（A）。

（5）企业根据不同生产安全事故类型，针对具体场所、装置或者设施所制定的应急处置措施是（B）。

（6）事故风险单一、危险性小的企业，可只编制（B）。

2. 区分综合应急预案、专项应急预案、现场处置方案的内容。

（1）综合应急预案应当规定应急组织机构及其职责、应急预案体系、事故风险描述、预警及信息报告、应急响应、保障措施、应急预案管理等内容。

（2）专项应急预案应当规定应急指挥机构与职责、处置程序和措施等内容。

（3）现场处置方案重点规范事故风险描述、应急工作职责、应急处置措施和注意事项，应体现自救互救、信息报告和先期处置的特点。**【2023年考过】**

3. 专项应急预案与综合应急预案中的应急组织机构、应急响应程序相近时，可不编写专项应急预案，相应的应急处置措施并入综合应急预案。

专项突破5 应急预案的编制

项目	内容
编制工作小组	编制应急预案应当成立编制工作小组，由本单位有关负责人任组长，吸收与应急预案有关的职能部门和单位的人员，以及有现场处置经验的人员参加
编制前工作	编制应急预案前，编制单位应当进行事故风险辨识、评估和应急资源调查
编制预案原则	应遵循以人为本、依法依规、符合实际、注重实效的原则，以应急处置为核心，明确应急职责、规范应急程序、细化保障措施
编制要求	（1）有关法律、法规、规章和标准的规定。 （2）本单位安全生产实际情况。 （3）本单位的危险性分析情况。 （4）应急组织和人员的职责分工明确，并有具体的落实措施。 （5）有明确、具体的应急程序和处置措施，并与其应急能力相适应。 （6）有明确的应急保障措施，满足应急工作需要。 （7）应急预案基本要素齐全、完整，应急预案附件提供的信息准确。 （8）应急预案内容与相关应急预案相互衔接
企业应急预案	应包括向上级应急管理机构报告的内容、应急组织机构和人员的联系方式、应急物资储备清单等附件信息

重点难点专项突破

1. 本考点只需掌握上表内容即可，一般会考核判断正误类型题目。

2. 本考点可能会这样命题：

应急预案的编制应遵循（　　）的原则，以应急处置为核心，明确应急职责、规范应急程序、细化保障措施。

A. 精简效能　　B. 注重实效

C. 以人为本　　D. 依法依规

E. 符合实际

【答案】B、C、D、E

专项突破6　安全事故应急预案管理

项目		内容
评审	形式	应急预案编制完成后，企业应按法律法规有关规定组织评审或论证。参加应急预案评审的人员可包括有关安全生产及应急管理方面的、有现场处置经验的专家**【2023年考过】**
	内容	风险评估和应急资源调查的全面性、应急预案体系设计的针对性、应急组织体系的合理性、应急响应程序和措施的科学性、应急保障措施的可行性、应急预案的衔接性
论证		预案论证可通过推演的方式开展
批准、发布		预案经评审或者论证后，由本单位主要负责人签署，向本单位从业人员公布，并及时发放到本单位有关部门、岗位和相关应急救援队伍
备案		企业应在应急预案公布之日起20个工作日内，按照分级属地原则，向县级以上人民政府应急管理部门和其他负有安全生产监督管理职责的部门进行备案，并依法向社会公布**【2023年考过】**
培训		应急培训的时间、地点、内容、师资、参加人员和考核结果等情况应当如实记入本单位的安全生产教育和培训档案
演练		建筑施工单位应至少每半年组织一次生产安全事故应急预案演练，并将演练情况报送所在地县级以上地方人民政府负有安全生产监督管理职责的部门**【2023年考过】**
评估		建筑施工企业应当每三年进行一次应急预案评估。应急预案评估可以邀请相关专业机构或者有关专家、有实际应急救援工作经验的人员参加，必要时可以委托安全生产技术服务机构实施

重点难点专项突破

1. 本考点只需掌握上表内容即可，一般会考核判断正误类型题目、挖空式题目。

2. 本考点可能会这样命题：

（1）施工单位的生产安全事故应急预案经评审或论证后，应由（　　）向本单位从业人员公布。

A. 施工单位所在地应急管理部门

B. 施工单位主要负责人

C. 施工单位法定代表人

D. 施工单位生产安全管理部门负责人

【答案】 B

（2）下列关于安全事故应急预案的说法，正确的有（　　）。

A. 建筑施工企业应当每两年进行一次应急预案评估

B. 建筑施工单位应至少每年组织一次生产安全事故应急预案演练，并将演练情况报送所在地县级以上地方人民政府负有安全生产监督管理职责的部门

C. 企业应在应急预案公布之日起10个工作日内，按照分级属地原则，向县级以上人民政府应急管理部门和其他负有安全生产监督管理职责的部门进行备案

D. 企业应急预案经评审或者论证后，由本单位主要负责人签署，向本单位从业人员公布，并及时发放到本单位有关部门、岗位和相关应急救援队伍

E. 应急预案论证可通过推演的方式开展

【答案】 D、E

专项突破7　施工安全事故等级

例题：根据《生产安全事故报告和调查处理条例》，某工程因提前拆模导致垮塌，造成5人重伤，该事故属于（　　）。

A．一般事故**【2020年考过】**

B．较大事故**【2018年考过】**

C．重大事故**【2013年、2022年、2023年考过】**

D．特别重大事故

【答案】A

重点难点专项突破

1. 本考点还可以考核的题目有：

（1）根据《生产安全事故报告和调查处理条例》，某工程发生一起事故造成15人重伤，该工程事故属于（B）。

（2）根据《生产安全事故报告和调查处理条例》，某工程发生一起事故造成60人重伤，该工程事故属于（C）。**【2022年考过】**

（3）根据《生产安全事故报告和调查处理条例》，某工程发生一起事故造成110人重伤，该工程事故属于（D）。

（4）根据《生产安全事故报告和调查处理条例》，造成2人死亡的工程事故属于（A）。

（5）根据《生产安全事故报告和调查处理条例》，造成6人死亡的工程事故属于（B）。

（6）根据《生产安全事故报告和调查处理条例》，造成18人死亡的工程事故属于（C）。

（7）根据《生产安全事故报告和调查处理条例》，造成33人死亡的工程事故属于（D）。

（8）某工程发生一起事故造成直接经济损失660万元，根据《生产安全事故报告和调查处理条例》，该工程事故属于（A）。**【2020年考过】**

（9）某工程发生一起事故造成直接经济损失2000万元，根据《生产安全事故报告和调查处理条例》，该工程事故属于（B）。

（10）某工程发生一起事故造成直接经济损失7000万元，根据《生产安全事故报告和调查处理条例》，该工程事故属于（C）。

（11）某工程发生一起事故造成直接经济损失1.2亿元，根据《生产安全事故报告和调查处理条例》，该工程事故属于（D）。

（12）根据《生产安全事故报告和调查处理条例》规定，根据生产安全事故造成的人员伤亡或者直接经济损失，将生产安全事故分为（A、B、C、D）四个等级。

再来看下面两个题目，应该选择哪个答案：

（13）根据《生产安全事故报告和调查处理条例》，发生工程事故造成50人重伤属于（C）。

（14）根据《生产安全事故报告和调查处理条例》，发生工程事故造成100人重伤属于（D）。

就这两个题，有考生会问为什么第（1）题不选择B，第（2）题不选择C？如果你提出这样的问题，那就是对该条例中的等级标准的说明忽略了，该说明就是“该等级标准中所称的以上包括本数，所称的以下不包括本数”。

2. 该知识点是不是有种似曾相识的感觉，在施工质量事故分类中，它的划分标准是一样的，不同的是，重伤包括急性工业中毒，一般事故中直接经济损失没有100万元的限制。

3. 在考试中，也可能会这样来考核我们：题干告诉我们某事故的等级，让我们来选择以下选项中哪个的说法属于该等级。比如：

根据《生产安全事故报告和调查处理条例》，下列安全事故中，属于较大事故的是（　　）。**【2018年真题】**

A. 2人死亡，980万元直接经济损失　　B. 4人死亡，6000万元直接经济损失

C. 3人死亡，4800万元直接经济损失　　D. 10人死亡，3000万元直接经济损失

【答案】C

4. 继续看一个题目：某工程发生了火灾事故，据统计，本次事故造成2人死亡、22人重伤，造成直接经济损失6525万元，根据《生产安全事故报告和调查处理条例》，该事故属于（　　）。

正确答案是重大事故。对于这类型的题目，我们先分别判断每个条件所对应的事故等级，最后选择等级最高的作为正确答案。

5. 为了方便考生更好地掌握本考点，通过表格的方式总结一下具体的划分标准。

事故等级	造成死亡人数	造成重伤人数	造成直接经济损失
特别重大事故	30人以上	100人以上 （包括急性工业中毒，下同）	1亿元以上
重大事故	10人以上30人以下	50人以上100人以下	5000万元以上1亿元以下
较大事故	3人以上10人以下	10人以上50人以下	1000万元以上5000万元以下
一般事故	3人以下死亡	10人以下	1000万元以下

重点提示：

每一事故等级所对应的3个条件是独立成立的，只要符合其中一条就可以判定。

这里一定要记住：“该等级标准中所称的以上包括本数，所称的以下不包括本数”。

专项突破8　施工安全事故应急救援

项目	内容
应急救援准备	（1）应急救援预案准备。 （2）应急救援队伍准备。 （3）应急救援物资准备。 （4）应急值班制度和从业人员应急培训

续表

项目	内容
应急救援任务	（1）立即组织营救受害人员，组织撤离或者采取其他措施保护危害区域内的其他人员。抢救受害人员是应急救援的首要任务，在应急救援行动中，快速、有序、有效地实施现场急救与安全转送伤员是降低伤亡率，减少事故损失的关键。 （2）迅速控制事态，及时控制住造成事故的危险源是应急救援工作的重要任务。 （3）消除危害后果，做好现场恢复。针对事故造成的现实危害和可能的危害，迅速采取封闭、隔离、洗消、监测等措施。 （4）查清事故原因，评估危害程度
地方人民政府应急救援实施	（1）有关地方人民政府不能有效控制生产安全事故的，应当及时向上级人民政府报告。 （2）有关人民政府认为有必要的，可以设立由本级人民政府及其有关部门负责人、应急救援专家、应急救援队伍负责人、事故发生单位负责人等人员组成的应急救援现场指挥部，并指定现场指挥部总指挥。现场指挥部实行总指挥负责制。 （3）应急救援队伍接到有关人民政府及其部门的救援命令或者签有应急救援协议的生产经营单位的救援请求后，应当立即参加生产安全事故应急救援

重点难点专项突破

1. 本考点只需掌握上表内容即可，一般会考核判断正误类型题目、挖空式题目。

2. 本考点可能会这样命题：

应急救援任务包括（　　）。

A. 立即组织营救受害人员，组织撤离或者采取其他措施保护危害区域内的其他人员

B. 迅速控制事态，及时控制住造成事故的危险源

C. 消除危害后果，做好现场恢复

D. 查清事故原因，评估危害程度

E. 及时做好环境影响评价分析

【答案】A、B、C、D

3. 本考点中，关于应急救援准备的内容、企业应急救援措施、有关地方人民政府及其部门采取的应急救援措施，考生在熟悉考试用书时，多通读几遍，做到考试时有个印象即可。

专项突破9　施工安全事故报告和调查处理

例题：根据《生产安全事故报告和调查处理条例》，单位负责人接到报告后，应当在1h内向（　　）报告。

A. 事故发生地县级以上人民政府应急管理部门和负有安全生产监督管理职责的有关部门

B. 设区的市级人民政府应急管理部门和负有安全生产监督管理职责的有关部门

C. 省、自治区、直辖市人民政府应急管理部门和负有安全生产监督管理职责的有关部门

D. 国务院应急管理部门和负有安全生产监督管理职责的有关部门

E. 公安机关

F. 劳动保障行政部门

G. 工会

H. 人民检察院

【答案】A

重点难点专项突破

1. 本考点还可以考核的题目有：

（1）根据《生产安全事故报告和调查处理条例》，情况紧急时，事故现场有关人员可以直接向（A）报告。**【2016年、2019年考过】**

（2）根据《生产安全事故报告和调查处理条例》，应急管理部门和负有安全生产监督管理职责的有关部门接到事故报告后，应当依照规定上报事故情况，并通知（E、F、G、H）。

（3）根据《生产安全事故报告和调查处理条例》，特别重大事故、重大事故逐级上报至（D）。

（4）根据《生产安全事故报告和调查处理条例》，较大事故逐级上报至（C）。

（5）根据《生产安全事故报告和调查处理条例》，一般事故上报至（B）。

2. 本考点采分点较多，考生应全面掌握。上述题目总结了安全事故报告部门，应注意区分。

3. 下面将考试时易考核的采分点总结如下：

（1）事故发生后，事故现场有关人员应当立即向本单位负责人报告。**【2016年、2019年考过】**

（2）必要时，可以越级上报事故情况。

（3）应急管理部门和负有安全生产监督管理职责的有关部门逐级上报事故情况，每级上报的时间不得超过2h。**【2019年考过】**

4. 不同级别事故的处理程序可以参考下表对比记忆。

分级	处理程序	
	逐级上报至何级单位	谁组织调查
一般事故	设区的市级人民政府应急管理部门和负有安全生产监督管理职责的有关部门	县级人民政府； 无人员伤亡的，事故发生单位**【2017年、2021年考过】**
较大事故	省、自治区、直辖市人民政府应急管理部门和负有安全生产监督管理职责的有关部门	设区的市级人民政府
重大事故	国务院应急管理部门和负有安全生产监督管理职责的有关部门	省级人民政府**【2018年考过】**
特别重大事故		国务院或者国务院授权有关部门

命题总结：

要特别注意，在2017年、2021年都是下面这种题型进行考核的。

下列建设工程安全事故中，县级人民政府可以委托事故发生单位组织事故调查组进行调查的是（　　）。【2021年真题】

A. 1人轻伤，无其他损失　　B. 无伤亡，直接经济损失1000万元以下

C. 2人轻伤，总损失1000万元　　D. 1人重伤，直接经济损失200万元

【答案】B

5. 事故补报时限、事故调查报告提交时限与批复时限要掌握，会考核数字题目，总结如下。

项目	时限
事故造成的伤亡人数发生变化的补报	自事故发生之日起30日内（道路交通事故、火灾事故自发生之日起7日内）
提交事故调查报告	事故发生之日起60日内【2019年考过】
提交事故调查报告的延长期限	最长不超过60日
重大事故、较大事故、一般事故的批复	收到事故调查报告之日起15日内【2013年、2022年考过】
特别重大事故的批复	30日内【2021年考过】
特殊情况下，批复延长的时间	最长不超过30日

上表内容还可能会这样命题：

根据《生产安全事故报告和调查处理条例》，下列事故中，县级人民政府应当自收到事故调查报告之日起15日内做出批复的有（　　）。【2022年真题】

A. 造成人员伤亡的一般事故　　B. 无人员死亡的较大事故

C. 直接经济损失较小的重大事故　　D. 未造成人员伤亡的一般事故

E. 特别重大事故

【答案】A、B、D

6. 区分报告事故的内容、事故调查报告的内容【2013年考过】，会考核多项选择题。

专项突破10　施工安全事故罚款处罚

例题：根据《生产安全事故罚款处罚规定》，对事故发生单位主要负责人处以上一年年收入60%～80%罚款的违法行为有（　　）。

A. 不立即组织事故抢救

B. 在事故调查处理期间擅离职守

C. 瞒报、谎报事故

D. 迟报事故

E. 事故发生后逃匿的

F. 漏报事故

G. 伪造、故意破坏事故现场

H. 转移、隐匿资金、财产、销毁有关证据、资料

I. 拒绝接受调查

J. 拒绝提供有关情况和资料

K. 在事故调查中作伪证

L. 指使他人作伪证

【答案】 A、B、C、D、E、G、H、I、J、K、L

重点难点专项突破

1. 本考点还可以考核的题目有:

(1)根据《生产安全事故罚款处罚规定》,贻误事故抢救或者造成事故扩大或者影响事故调查或者造成重大社会影响,对事故发生单位主要负责人处以上一年年收入80%～100%罚款的违法行为有(A、B、C、D、E、G、H、I、J、K、L)。

(2)根据《生产安全事故罚款处罚规定》,对事故发生单位主要负责人处以上一年年收入40%～60%罚款的违法行为是(F)。

(3)根据《生产安全事故罚款处罚规定》,贻误事故抢救或者造成事故扩大或者影响事故调查或者造成重大社会影响,对事故发生单位主要负责人处以上一年年收入60%～80%罚款的违法行为是(F)。

(4)根据《生产安全事故罚款处罚规定》,事故发生单位有(C、G、H、I、J、K、L)行为的,发生一般事故的,处100万元以上150万元以下的罚款。

(5)根据《生产安全事故罚款处罚规定》,事故发生单位有(C、G、H、I、J、K、L)行为的,发生较大事故的,处150万元以上200万元以下的罚款。

(6)根据《生产安全事故罚款处罚规定》,事故发生单位有(C、G、H、I、J、K、L)行为的,发生重大事故的,处200万元以上250万元以下的罚款。

(7)根据《生产安全事故罚款处罚规定》,事故发生单位有(C、G、H、I、J、K、L)行为的,发生特别重大事故的,处250万元以上300万元以下的罚款。

2. 本考点在考试时除了上述题型外,还会逆向命题,比如:

某施工企业瞒报生产安全事故,对事故发生单位主要负责人处以上一年年收入(　　)的罚款。

3. 事故发生单位对事故发生负有责任的罚款及事故发生单位主要负责人及其他人员未依法履行职责的罚款应熟悉。

第8章　绿色建造及施工现场环境管理

8.1　绿色建造管理

专项突破1　绿色建造基本要求

绿色建造的基本要求如下：

绿色建造应统筹考虑工程质量、安全、效率、环保、生态等要素，实现工程策划、设计、施工、交付全过程一体化，提高建造水平和建筑品质。

绿色建造应全面体现绿色要求，有效降低建造全过程对资源的消耗和对生态环境的影响，减少碳排放，整体提升建造活动绿色化水平。

绿色建造宜采用系统化集成设计、精益化生产施工、一体化装修的方式，加强新技术推广应用，整体提升建造方式工业化水平。

绿色建造宜结合实际需求，有效采用BIM、物联网、大数据、云计算、移动通信、区块链、人工智能、机器人等相关技术，整体提升建造手段信息化水平。

绿色建造宜采用工程总承包、全过程工程咨询等组织管理方式，促进设计、生产、施工深度协同，整体提升建造管理集约化水平。

绿色建造宜加强设计、生产、施工、运营全产业链上下游企业间的沟通合作，强化专业分工和社会协作，优化资源配置，构建绿色建造产业链，整体提升建造过程产业化水平。

重点难点专项突破

1. 绿色建造需要将绿色发展理念融入工程策划、设计、施工、交付的建造全过程，充分体现绿色化、工业化、信息化、集约化和产业化的总体特征。考生应根据考试用书熟悉这部分内容。**【2024年考过】**

2. 本考点可能会这样命题：

（1）绿色建造需要将绿色发展理念融入工程策划、设计、施工、交付全过程，除体现绿色化外，还应体现的特征有（　　）。**【2024年真题】**

A. 信息化　　　　B. 工业化

C. 系统化　　　　D. 产业化

E. 集约化

【答案】A、B、D、E

（2）作为绿色策划的主要内容，绿色交付策划应明确的内容是（　　）。**【2024年真题】**

A. 绿色建造效果评估内容及方式

B. 绿色建造目标及实施路径

C. 绿色建造全过程数字化技术应用方式

D. 绿色建造各参与方协同工作机制

【答案】A

（3）建设单位应在工程（　　）阶段组织编制项目绿色策划方案，工程建设各参与方应遵照执行。

A. 立项　　B. 决策

C. 设计　　D. 施工

【答案】A

（4）关于绿色设计的说法，正确的有（　　）。

A. 绿色设计应统筹建筑、结构、机电设备、装饰装修、景观园林等各专业设计

B. 绿色设计宜应用BIM等数字化设计方式，实现设计协同、设计优化

C. 绿色设计应优先就地取材，并统筹确定各类建材及设备的设计使用年限

D. 设计变更时工程绿色性能可以降低

E. 重大变更应组织专家对其是否影响工程绿色性能进行论证

【答案】A、B、C、E

专项突破2　绿色施工相关理念、原则和方法

项目		内容
可持续发展理念和清洁生产理念	可持续发展理念	概念：指既满足当代人需求，又不损害后代人满足其需求能力的发展。 可持续性涵盖内容：经济可持续性、社会可持续性、环境可持续性。 主要考量：资源的永续利用、环境容量的承载能力。 基本原则：公平性、持续性和共同性
	清洁生产理念	主要内容可归纳为“三清一控”：① 清洁的原料与能源；② 清洁的生产过程；③ 清洁的产品；④ 贯穿于清洁生产的全过程控制
	环境伦理要求	（1）整体性要求：人的行为正确与否，取决于是否遵从环境利益与人类利益相协调，而非仅仅依据人的意愿和需要这一立场。 （2）不损害性要求：那种以严重损害自然环境的健康为代价的行为一定是错误的。 （3）补偿性要求：若有对自然环境造成损害的行为，责任人必须做出必要的补偿，以恢复自然环境的健康状态
循环经济“3R”原则		减量化、再利用、再循环（原级再循环、次级再循环）原则
生命周期评估方法（LCA）		LCA方法应用四阶段：目的与范围确定、清单分析、影响评估、解释说明

重点难点专项突破

1. 本考点内容只需熟悉上表内容即可，可考点较少，不用花费太多时间。

2. 本考点可能会这样命题：

（1）绿色施工循环经济“3R”原则包括（　　）。

A. 减量化原则、再利用原则、再循环原则

B. 平均先进原则、再利用原则、再循环原则

C. 减量化原则、简明适用原则、再循环原则

D. 减量化原则、再利用原则、精简化原则

【答案】A

（2）绿色施工可持续发展理念原则主要考量（　　）。

A. 施工自动化程度　　B. 资源的永续利用

C. 环境容量的承载能力　　D. 资金的节约情况

E. 整体的协调性

【答案】B、C

专项突破3　各方主体绿色施工具体职责

例题：根据《建筑工程绿色施工规范》GB/T 50905—2014，下列职责中，属于建设单位绿色施工职责的有（　　）。

A．在编制工程概算和招标文件时，应明确绿色施工的要求，并提供包括场地、环境、工期、资金等方面的条件保障

B．应向施工单位提供建设工程绿色施工的设计文件、产品要求等相关资料，保证资料的真实性和完整性

C．应建立建设工程绿色施工的协调机制

D．应按国家现行有关标准和建设单位的要求进行工程的绿色设计

E．应协助、支持、配合施工单位做好建设工程绿色施工的有关设计工作

F．应对建设工程绿色施工承担监理责任

G．应审查绿色施工组织设计、绿色施工方案或绿色施工专项方案，并在实施过程中做好监督检查工作

H．绿色施工组织设计、绿色施工方案或绿色施工专项方案编制前，应进行绿色施工影响因素分析，并据此制定实施对策和绿色施工评价方案

I．是建设工程绿色施工的实施主体，应组织绿色施工的全面实施

J．实行总承包管理的建设工程，总承包单位应对绿色施工负总责

K．总承包单位应对专业承包单位的绿色施工实施管理，专业承包单位应对工程承包范围的绿色施工负责

L．应建立以项目经理为第一责任人的绿色施工管理体系，制定绿色施工管理制度，负责绿色施工的组织实施，进行绿色施工教育培训，定期开展自检、联检和评价工作**【2024年考过】**

【答案】A、B、C

重点难点专项突破

1. 本考点还可以考核的题目有：

（1）根据《建筑工程绿色施工规范》GB/T 50905—2014，下列职责中，属于设计单位绿色施工职责的有（D、E）。

（2）根据《建筑工程绿色施工规范》GB/T 50905—2014，下列职责中，属于工程监理单位绿色施工职责的有（F、G）。

（3）根据《建筑工程绿色施工规范》GB/T 50905—2014，下列职责中，属于施工单位绿色施工职责的有（H、I、J、K、L）。**【2024年考过】**

2. 本考点一般考核判断正误类型、选择类型的题目。

专项突破4　绿色施工管理措施

项目	具体内容
绿色施工组织设计和绿色施工方案	绿色施工方案应在施工组织设计中独立成章，应包括以下内容： （1）节材措施：节材优化，建筑垃圾减量化，尽量利用可循环材料。 （2）节水措施。 （3）节能措施。 （4）节地与施工用地保护措施：制定临时用地指标、施工总平面布置规划及临时用地节地措施等。 （5）环境保护措施：制定环境管理计划及应急救援预案，采取有效措施，降低环境负荷，保护地下设施和文物等资源
人员安全与健康管理	（1）制定施工防尘、防毒、防辐射等职业危害措施，保障施工人员的长期职业健康。 （2）合理布置施工场地，保护生活及办公区不受施工活动的有害影响。施工现场建立卫生急救、保健防疫制度，在安全事故和疾病疫情出现时提供及时救助。 （3）提供卫生、健康的工作与生活环境，加强对施工人员的住宿、膳食、饮用水等生活与环境卫生等管理，明显改善施工人员的生活条件
设备材料管理	（1）施工现场应建立机械设备保养、限额领料、建筑垃圾再利用的台账和清单，制定工程材料和机械设备的存放、运输保护措施，使现场材料堆放有序，储存环境适宜，措施得当。要健全保管制度并落实责任。 （2）要建立施工机械设备管理制度，开展用电、用油计量，完善设备档案，及时做好维修保养工作，使机械设备保持低耗、高效的状态
用能用水管理	（1）应制定合理的施工能耗指标，明确节能措施，提高施工能源利用率。施工现场分别设定生产、生活、办公和施工设备的用电控制指标，定期进行计量、核算、对比分析，并有预防与纠正措施。 （2）施工现场应分别对生活用水与工程用水确定用水定额指标，并分别计量管理。大型工程的不同单项工程、不同标段、不同分包生活区，凡具备条件的应分别计量用水量。在签订不同标段分包或劳务合同时，将节水定额指标纳入合同条款，进行计量考核
排放和减量化管理	（1）规范施工污染排放和资源消耗管理，进行定期检查或测量，实施预控和纠偏措施，保持现场良好的作业环境和卫生条件。 （2）施工单位应制定建筑垃圾减量化计划，如每万平方米住宅建筑的建筑垃圾不宜超过400t；编制建筑垃圾处理方案，采取污染防治措施，设专人按规定处置有毒有害物质

续表

项目	具体内容
环境监测管理	常规环境监测包括环境质量监测、污染源监测、生态环境监测；特殊目的的监测包括研究型监测、污染事故监测和仲裁监测

重点难点专项突破

1. 本考点内容只需熟悉上表内容即可，可能会以判断正误类型、选择类型的题目考核本考点内容。

2. 本考点可能会这样命题：

（1）绿色施工方案的内容不包括（　　）。

A. 节材措施　　B. 节地与施工用地保护措施

C. 环境保护措施　　D. 节电措施

【答案】 D

（2）下列绿色施工管理措施中，属于人员安全与健康管理措施的有（　　）。

A. 提供卫生、健康的工作与生活环境，加强对施工人员的住宿、膳食、饮用水等生活与环境卫生等管理

B. 制定施工防尘、防毒、防辐射等职业危害措施，保障施工人员的长期职业健康

C. 施工现场建立卫生急救、保健防疫制度

D. 环境质量监测、污染源监测

E. 施工单位应制定建筑垃圾减量化计划

【答案】 A、B、C

专项突破5　绿色施工技术措施

项目		具体内容
节材与材料资源利用	结构材料利用	（1）推广使用高强钢筋和高性能混凝土；推广使用预拌混凝土和商品砂浆；利用粉煤灰、矿渣、外加剂及新材料，减少水泥用量；推广钢筋专业化加工和配送。 （2）优化钢筋配料和钢构件下料方案，钢筋及钢结构制作前应对下料单及样品进行复核，无误后方可批量下料。钢筋连接采用对接、机械等低损耗连接方式。优化钢结构制作和安装方法，大型钢结构宜采用工厂制作，现场拼装。宜采用分段吊装、整体提升、滑移、顶升等安装方法
	围护材料利用	（1）门窗采用密封性、保温隔热性能、隔声性能良好的型材和玻璃等材料；屋面、外墙采用具有良好的防水性能和保温隔热性能的材料。屋面或墙体等部位采用基层加设保温隔热系统的方式施工时，应选择高效节能、耐久性好的保温隔热材料。 （2）要加强保温隔热系统与围护结构的节点处理，尽量降低热桥效应
	装饰装修材料利用	（1）采用非木质的新材料或人造板材代替木质板材；木制品及木装饰用料、玻璃等各类板材等宜在工厂采购或定制。 （2）贴面类材料在施工前，进行总体排版策划

续表

<table>
<tr><th colspan="2">项目</th><th>具体内容</th></tr>
<tr><td rowspan="2">节材与材料资源利用</td><td>周转材料利用</td><td>（1）模板推广使用定型钢模、钢框竹模、竹胶板；推广采用外墙保温板替代混凝土施工模板的技术。施工前应对模板工程的方案进行优化，多层、高层建筑使用可重复利用的模板体系，模板支撑宜采用工具式支撑。优先选用制作、安装、拆除一体化的专业队伍进行模板工程施工。
（2）现场办公和生活用房采用周转式活动房。现场围挡应最大限度地利用已有围墙，或采用装配式可重复使用围挡封闭。力争工地临房、临时围挡材料的可重复使用率达到70%</td></tr>
<tr><td>节材措施</td><td>鼓励就地取材，施工现场500km以内生产的建筑材料用量占建筑材料总重量的70%以上，宜优先选用获得绿色建材评价认证标识的建筑材料和产品</td></tr>
<tr><td rowspan="2">节水与水资源利用</td><td>提高用水节水效率</td><td>（1）施工现场应建立可再利用水的收集处理系统。现场机具、设备、车辆冲洗用水必须设立循环用水装置。施工现场办公区、生活区的生活用水应采用节水系统和节水器具。项目临时用水应使用节水型产品，安装计量装置。
（2）现场搅拌用水、养护用水，优先采用中水搅拌、中水养护，有条件的地区和工程应收集雨水养护。雨水和基坑降水产生的地下水有收集管网、处理设施和利用措施。处于基坑降水阶段的工地，宜优先采用地下水作为混凝土搅拌用水、养护用水、冲洗用水和部分生活用水。现场机具、设备、车辆冲洗、喷洒路面、绿化浇灌等用水，优先采用非传统水源，尽量不使用市政自来水。力争施工中非传统水源和循环水的再利用量大于30%</td></tr>
<tr><td>保证用水安全</td><td>制定水质检测与卫生保障措施</td></tr>
<tr><td rowspan="3">节能与能源利用</td><td>可再生能源利用及设备节能</td><td>（1）充分利用太阳能、地热、风能等可再生能源。
（2）选用变频技术的节能施工设备等。安排施工工艺时，应优先考虑耗用电能的或其他能耗较少的施工工艺。应选择功率与负载相匹配的施工机械设备。机电安装可采用逆变式电焊机和能耗低、效率高的手持电动工具等。机械设备宜使用节能型油料添加剂</td></tr>
<tr><td>生产、生活及办公临时设施节能</td><td>（1）合理设计生产、生活及办公临时设施的体形、朝向、间距和窗墙面积比。
（2）南方地区外墙窗设遮阳设施；严寒和寒冷地区外门采取防寒措施。
（3）办公和生活临时用房应采用可重复利用的房屋</td></tr>
<tr><td>施工用电及照明节能</td><td>临电设备宜采用自动控制装置。采用声控、光控等节能照明灯具。照明照度宜按最低合理照度设计。照度不应超过最低照度的20%。施工现场宜错峰用电</td></tr>
<tr><td rowspan="3">节地与施工用地保护</td><td>临时用地</td><td>（1）临时设施的占地面积应按用地指标所需的最低面积设计。
（2）可能减少废弃地和死角，临时设施占地面积有效利用率大于90%</td></tr>
<tr><td>临时用地保护</td><td>（1）深基坑施工方案优化，减少土方开挖和回填量。
（2）红线外临时占地应尽量使用荒地、废地，少占用农田和耕地。对红线外占地恢复原地形、地貌。利用和保护施工用地范围内原有绿色植被</td></tr>
<tr><td>施工总平面布置和临时设施</td><td>（1）施工现场搅拌站、仓库、加工厂、作业棚、材料堆场等布置应尽量靠近已有交通线路或即将修建的正式或临时交通线路。
（2）施工现场的强噪声机械设备宜远离噪声敏感区。
（3）塔式起重机等垂直运输设施基座宜采用可重复利用的装配式基座或利用在建工程的结构。
（4）临时办公和生活用房应采用多层轻钢活动板房、钢骨架水泥活动板房等标准化装配式结构。</td></tr>
</table>

续表

项目		具体内容
节地与施工用地保护	施工总平面布置和临时设施	（5）生活区与生产区应分开布置。 （6）施工现场大门、围挡和围墙宜采用可重复利用的材料和部件。施工现场入口应设置绿色施工制度图牌。施工现场围墙、大门和施工道路周边宜设绿化隔离带。施工现场内形成环形通路。施工现场主要道路的硬化处理宜采用可周转使用的材料和构件
环境保护	扬尘控制	（1）施工现场宜搭设封闭式垃圾站。运输容易散落、飞扬、流漏的物料车辆，必须封闭严密。施工现场出口应设置洗车槽。 （2）对现场易飞扬物质：洒水、地面硬化、围挡、密网覆盖、封闭等，防止扬尘产生。土方作业阶段应洒水、覆盖，达到作业区目测扬尘高度小于1.5m。**【2024年考过】** （3）结构施工、安装装饰装修阶段，作业区目测扬尘高度小于0.5m。对易产生扬尘的堆放材料应覆盖；对粉末状材料应封闭存放；场区内可能引起扬尘的材料及建筑垃圾搬运应覆盖、洒水等；浇筑混凝土前清理灰尘和垃圾时尽量使用吸尘器，避免使用吹风器等易产生扬尘的设备；机械剔凿作业时采用局部遮挡、掩盖、水淋等措施；高层或多层建筑清理垃圾应搭设封闭性临时专用道或采用容器吊运**【2010年、2014年、2019年考过】**
	噪声与振动控制	（1）昼间场界环境噪声不得超过70dB（A），夜间场界环境噪声不得超过55dB（A）**【2017年、2021年、2022年考过】**。夜间噪声最大声级超过限值的幅度不得高于15dB（A）。 （2）施工现场应使用低噪声、低振动的机具，采取隔声与隔振措施
	光污染控制	采取限时施工、遮光和全封闭等措施。夜间室外照明灯加设灯罩
	水污染控制	（1）食堂、盥洗室、淋浴间的下水管线应设置过滤网，食堂应另设隔油池；施工现场宜采用移动式厕所，固定厕所应设化粪池；隔油池和化粪池做防渗处理**【2018年考过】**，定期清运和消毒。 （2）施工现场存放的油料和化学溶剂等物品应设专门库房**【2014年、2015年、2019年考过】**，地面应做防渗漏处理。易挥发、易污染的液态材料，应使用密闭容器存放
	土壤保护	施工后应恢复施工活动破坏的植被（一般指临时占地内）
	垃圾回收利用和处置	力争使建筑垃圾的再利用和回收率达到30%，建筑物拆除产生的废弃物再利用和回收率大于40%，对于碎石类、土石方类建筑垃圾，可采用地基填埋、铺路等方式提高再利用率，力争再利用率大于50%。 施工现场生活区设置封闭式垃圾容器，施工场地生活垃圾实行袋装化
采用“四新”发展绿色施工		国家鼓励各地区开展绿色施工的政策与技术研究，开发应用绿色施工的新技术、新设备、新材料与新工艺，推行应用示范工程

重点难点专项突破

1. 本考点内容占考试用书篇幅较多，其中的可考点也较多，上表选取了一些较为典型的绿色施工技术措施，建议考生在学习本考点时，多熟悉几遍。

2. 本考点可能会以判断正误类型、选择类型的题目进行考核。

3. 本考点可能会这样命题：

（1）下列绿色施工技术措施中，属于扬尘控制措施的是（　　）。

A. 土方作业阶段应洒水、覆盖，达到作业区目测扬尘高度小于1.5m

B. 施工现场应使用低噪声、低振动的机具

C. 夜间室外照明灯加设灯罩

D. 施工现场生活区设置封闭式垃圾容器

【答案】A

（2）清理高层建筑施工垃圾的正确做法是（　　）。

A. 搭设封闭性临时专用道或采用容器吊运

B. 将各楼层施工垃圾焚烧后装入密封容器吊走

C. 将施工垃圾洒水后沿临边窗口倾倒至地面后集中处理

D. 将施工垃圾从电梯井倾倒至地面后集中处理

【答案】A

（3）根据《建筑施工场界环境噪声排放标准》GB 12523—2011，推土机在夜间施工时的施工噪声限值是（　　）dB（A）。

A. 65　　B. 75

C. 85　　D. 55

【答案】D

（4）下列施工技术中，属于绿色施工的有（　　）。

A. 选择高效节能、耐久性好的保温隔热材料

B. 采用外墙保温板替代混凝土施工模板

C. 现场拌和混凝土

D. 采用人造板材替代木质板材

E. 采用专业加工配送的钢筋

【答案】A、B、D、E

8.2　施工现场环境管理

专项突破1　文明施工的作用及管理理念

例题：文明施工是现代物质文明和精神文明的体现，是企业文化和企业社会责任的体现，是建筑业高质量发展的内在要求。因此，文明施工是保证（　　）的支持条件。

A. 施工质量　　B. 施工安全

C. 以人为本　　D. 关心公众

E. 企业能力　　F. 企业形象

【答案】A、B

重点难点专项突破

1. 本考点还可以考核的题目有：

（1）文明施工是（C、D）的现实需要。

（2）文明施工是反映（E、F）的重要窗口。

2. 本考点包含两个采分点：一是文明施工的作用，二是文明施工的管理理念。上述例题阐述了第一个采分点，下面学习第二个采分点。

项目	内容
企业社会责任理念	（1）企业社会责任是除经济责任、法律责任之外的“第三种”责任。 （2）建筑企业的社会责任表现为建筑企业在追求营利性目标的同时，应承担对环境、社会和其他利益相关者的责任或应尽的义务，文明施工是建筑企业对员工责任、业主责任、公众责任、环境资源责任的良好体现
精益管理理念	（1）精益管理中的“精”体现在质量上，追求“精益求精”；“益”体现在成本上，减少资源消耗和浪费，多产出效益。 （2）精益管理以“精确决策、精确计划、精确控制、精确考核”为手段，贯彻“管理以人为本，人以精益为本”的思想，遵循以结果为导向的管理理念
“8S”管理理念	整理、整顿、清扫、清洁、人的素养、安全、节约、学习，即成为当今施工现场的“8S”管理理念**【2024年考过】**

3. 我们学习一下2024年真题：

文明施工应贯彻的“8S”管理理念，是在整理、整顿、清扫、清洁、素养、安全6S管理要素的基础上，又增加了（　　）两大要素。**【2024年真题】**

A. 监督和学习　　B. 节约和学习

C. 监督和供应　　D. 节约和供应

【答案】B

专项突破2　文明施工管理目标及工作要求

项目	内容
管理目标	建筑企业及施工项目部应努力做到文明施工管理的“六化”：现场管理制度化、安全设施标准化、现场布置条理化、机料摆放定置化、作业行为规范化、环境协调和谐化
工作要求	（1）建立健全文明施工管理体系，落实管理责任。**【2024年考过】** （2）抓好员工教育培训，树立文明施工理念。 （3）制定安全文明施工管理规划，优化对策方法。 （4）落实安全文明施工费，依规做好专款专用**【2024年考过】**

重点难点专项突破

1. 本考点有两个采分点：一是文明施工管理的“六化”；二是文明施工管理的工作要求，这里要特别记忆安全文明施工管理规划的内容。

2. 本考点可能会这样命题：

（1）施工单位应设立安全文明施工费专用账户，做到专款专用。安全文明施工费的用途有（　　）。**【2024年真题】**

A. 建立健全安全文明施工管理体系

B. 购置和更新施工安全防护用具及设施

C. 培训施工现场从事危险作业人员

D. 改善现场安全生产条件和作业环境

E. 赔付施工安全事故所造成的损失

【答案】B、D

（2）建筑企业及施工项目部应努力做到文明施工管理的（　　）。

A. 现场管理制度化　　B. 安全设施标准化

C. 作业行为规范化　　D. 环境协调和谐化

E. 安全教育常态化

【答案】A、B、C、D

（3）安全文明施工规划应在工程开工前编制，其主要内容有（　　）。

A. 设备及材料方案　　B. 安全方针、目标

C. 安全文明施工管理组织机构　　D. 环境保护措施

E. 应急预案

【答案】B、C、D、E

专项突破3　施工现场文明施工具体要求

项目名称	具体要求
安全警示标志牌	在易发生伤亡事故（或危险）处设置明显的、符合国家标准要求的安全警示标志牌
现场围挡	采用封闭围挡，高度不小于1.8m。 围挡材料可采用彩色、定型钢板，砖、混凝土砌块等墙体
“五牌一图”	在进门处悬挂工程概况、管理人员名单及监督电话、安全生产、文明施工、消防保卫五牌；施工现场总平面图
企业标志	现场出入的大门应设有企业标识
场容场貌	道路畅通；排水沟、排水设施通畅；工地地面硬化处理；绿化
材料堆放	（1）材料、构件、料具等堆放时，悬挂有名称、品种、规格等标牌。 （2）水泥和其他易飞扬细颗粒建筑材料应密闭存放或采取覆盖等措施。 （3）易燃、易爆和有毒有害物品分类存放
现场防火	消防器材配置合理，符合消防要求
垃圾清运	施工现场应设置密闭式垃圾站，施工垃圾、生活垃圾应分类存放。施工垃圾必须采用相应容器或管道运输

重点难点专项突破

1. 上表内容为本考点的重点内容，考生只需掌握上表内容即可。

2. 本考点可能会这样命题：

（1）按照文明工地标准，下列图牌中，属于施工现场“五牌一图”的有（　　）。

A. 组织机构图　　B. 工程概况牌

C. 消防保卫牌　　D. 安全生产牌

E. 文明施工牌

【答案】B、C、D、E

（2）施工现场文明施工措施中，施工现场采用封闭围挡，高度不小于（　　）m。

A. 1.8　　B. 1.0

C. 1.5　　D. 2.0

【答案】A

专项突破4　施工现场环境保护措施

例题：根据《建筑与市政工程绿色施工评价标准》GB/T 50640—2023，“控制项”是指绿色施工过程中必须达到的基本要求条款。对于施工现场环境保护而言，“控制项”包括的内容有（　　）。

A. 应建立环境保护管理制度

B. 绿色施工策划文件中应包含环境保护内容

C. 施工现场应在醒目位置设环境保护标识

D. 应对施工现场的古迹、文物、墓穴、树木及生态环境等采取有效保护措施，制定地下文物应急预案**【2024年考过】**

E. 施工现场宜设置可移动环保厕所，并定期清运、消毒

F. 现场宜采用自动喷雾（淋）降尘系统

G. 施工场界宜设置扬尘自动监测仪，动态连续定量监测扬尘

H. 施工场界宜设置动态连续噪声监测设施，保存昼夜噪声曲线

I. 装配式建筑施工的垃圾排放量不大于140t/万m^2，非装配式建筑施工的垃圾排放量不大于210t/万m^2

J. 宜采用地磅或自动监测平台，动态计量固体废弃物重量

K. 现场宜采用雨水就地渗透措施

L. 宜采用生态环保泥浆、泥浆净化器反循环快速清孔等环境保护技术

M. 土方施工宜采用水浸法湿润土壤等降尘方法

【答案】A、B、C、D

重点难点专项突破

1. 本考点还可以考核的题目有：

根据《建筑市政工程绿色施工评价标准》GB/T 50640—2023，“优选项”是指绿色施工过程中实施难度较大、要求较高的条款。对于施工现场环境保护而言，“优选项”包括的内容有（E、F、G、H、I、J、K、L、M）。

2. 本考点中还需通过学习考试用书来掌握施工现场环境保护的一般项的内容。

第9章　国际工程承包管理

9.1　国际工程承包市场开拓

专项突破1　促进对外承包工程高质量发展基本原则

例题：促进对外承包工程高质量发展基本原则包括（　　）。

A．坚持企业主体　　　　B．坚持质量优先

C．坚持互利共赢　　　　D．坚持规范有序

【答案】A、B、C、D

重点难点专项突破

本考点记住这四个原则即可。

专项突破2　企业合规管理

项目	内容
合规管理框架	企业应以倡导合规经营价值观为导向，明确合规管理工作内容，健全合规管理架构，制定合规管理制度，完善合规运行机制，加强合规风险识别、评估与处置，开展合规评审与改进，培育合规文化，形成重视合规经营的企业氛围
合规管理原则	（1）独立性原则；（2）适用性原则；（3）全面性原则
合规要求	（1）境外投资中的合规要求：企业开展境外投资，应确保经营活动全流程、全方位合规，全面掌握关于市场准入、贸易管制、国家安全审查、行业监管、外汇管理、反垄断、反洗钱、反恐怖融资等方面的具体要求。 （2）对外承包工程中的合规要求：企业开展对外承包工程，应确保经营活动全流程、全方位合规，全面掌握关于投标管理、合同管理、项目履约、劳工权利保护、环境保护、连带风险管理、债务管理、捐赠与赞助、反腐败、反贿赂等方面的具体要求。 （3）境外日常经营中的合规要求：企业开展境外日常经营，应确保经营活动全流程、全方位合规，全面掌握关于劳工权利保护、环境保护、数据和隐私保护、知识产权保护、反腐败、反贿赂、反垄断、反洗钱、反恐怖融资、贸易管制、财务税收等方面的具体要求
合规治理结构	（1）企业的决策层应以保证企业合规经营为目的，通过原则性顶层设计，解决合规管理工作中的权力配置问题。 （2）企业的高级管理层应分配充足的资源建立、制定、实施、评价、维护和改进合规管理体系。 （3）企业的各执行部门及境外分支机构应及时识别归口管理领域的合规要求，改进合规管理措施，执行合规管理制度和程序，收集合规风险信息，落实相关工作要求

续表

项目	内容
合规管理制度	（1）合规行为准则：是最重要、最基本的合规制度，是其他合规制度的基础和依据，适用于所有境外经营相关部门和员工，以及代表企业从事境外经营活动的第三方。 （2）合规管理办法
合规审计	企业合规管理职能应与内部审计职能分离

重点难点专项突破

1. 本考点主要熟悉上表内容即可。
2. 本考点可能会这样命题：

合规管理原则不包括（　　）。

A. 独立性原则　　B. 适用性原则

C. 针对性原则　　D. 全面性原则

【答案】C

专项突破3　国际工程承包市场进入

项目		内容
企业设立条件		工程承包企业进入国际市场前，首先要确定是否需要在目标国设立分支机构或注册公司，这将直接影响到承包商是否有资格在目标国参与相关工程投标。为有利于当地政府监管，多数国家和地区均要求外国承包商在承揽工程前必须到当地政府进行注册；少数开放程度较高的国家对此并未作出强制要求
承包工程许可制度		国际工程承包商开展对外承包业务必须取得目标市场国家和地区的许可。各国政府主要通过许可制度对外国企业进入本国工程承包市场进行限制，不少国家通过设立相应的资质等级管理制度对外国承包商从事的业务领域和规模进行限制；还有些国家对外国承包商实施的项目进行监管，要求承包商接受政府对承包项目的审查
工程招标投标	政府出资项目招标	大多数国家和地区的政府出资项目采用公开招标的方式，承包商需通过相应的资格审核后参与投标
	私人筹资项目招标	私人投资项目的招投标规定相对宽松，招投标限制较少或允许多种招标方式并存
	国际金融机构贷款和援助资金项目招标	国际金融机构（如世界银行、亚洲开发银行、非洲开发银行、国际金融组织等）贷款和援助资金项目多在发展中国家。这类项目要求必须按照国际金融机构的相关规定进行公开招标。使用某一特定国家政府贷款项目，一般采用在援助国国籍公司中公开招标的方式，但也可通过两国政府协商确定项目实施单位
外籍劳务要求		一般需经过申请劳务输入配额、办理居留签证和工作许可等申请过程**【2024年考过】**，并常对外籍劳务的技术水平、工作经验、受教育程度、从业工种和就业期限加以限制
限制领域		各国政府对限制领域的规定主要有两种情况： （1）政府明令禁止从事相关领域的工程承包； （2）虽然对外国承包商没有规定禁止领域，但存在潜在限制

续表

项目	内容
税收政策	世界各国对纳税义务的确定标准可分为如下三类：① 属地主义原则，即仅对纳税人来源于本国境内的各种应税收入纳税；② 属人主义原则，即对纳税人境内境外的各种应税收入均征税；③ 属地兼属人原则，即按属地主义与属人主义相结合原则确定税收管辖权。我国国际工程承包应了解目标国的纳税规定，合理承担国际纳税义务
技术标准	（1）采用中国标准。 （2）有条件地采用中国标准。 （3）采用属地标准或国际标准

重点难点专项突破

1. 本考点主要需熟悉上表内容。

2. 本考点可能会这样命题：

（1）世界各国对纳税义务的确定标准不包括（　　）。

A. 属地主义原则　　B. 属人主义原则

C. 属地兼属人原则　　D. 减税原则

【答案】 D

（2）关于国际工程承包市场进入的说法，错误的是（　　）。

A. 工程承包企业进入国际市场前，首先要确定是否需要在目标国设立分支机构或注册公司

B. 对政府出资项目招标，大多数国家和地区的政府出资项目采用邀请招标的方式

C. 国际金融机构贷款和援助资金项目要求必须按照国际金融机构的相关规定进行公开招标

D. 中国经济援助类项目基本上可全部采用中国标准及规范

【答案】 B

9.2 国际工程承包风险及应对策略

专项突破　国际工程承包风险及应对策略

例题： 根据风险影响因素不同，可将国际工程承包风险分为（　　）。

A. 政治风险　　B. 经济风险

C. 市场风险　　D. 自然风险

E. 社会风险　　F. 合同风险

G. 资金风险　　H. 技术风险

I. 法律风险　　J. 合规风险

【答案】 A、B、C、D、E、F、G、H、I、J

重点难点专项突破

1. 本考点还可以考核的题目有：

（1）国际工程承包商进入国际市场，面临所在国政局稳定性、政党轮替、政府干预和限制、国际关系、外交政策、地区保护主义与歧视性政策、制裁和禁运等风险属于（A）。

（2）国际工程承包商进入国际市场，面临所在国经济政策、产业结构、经济不稳定性、通货膨胀、汇率波动、利率变化等方面风险属于（B）。

（3）国际工程承包商进入国际市场，面临国际供应链原材料和航运、物流成本大幅上涨的风险属于（C）。

（4）国际工程承包商进入国际市场，面临生产、生活物资和人工价格飙升，项目建设成本增大的风险属于（C）。

（5）国际工程承包商进入国际市场，面临社会治安、族群对立、宗教纷争、劳动者素质、跨文化冲突、语言差异的风险属于（E）。

（6）国际工程承包商进入国际市场，面临合同文本不完整、前后不一致、条款不清晰、理解差异、显失公平的风险属于（F）。

（7）国际工程承包商进入国际市场，企业因没有遵循法律法规和准则而可能遭受法律制裁、监管处罚、重大财产损失、声誉损失以及其他负面影响的风险属于（J）。

2. 本考点的另外一个采分点是：国际工程承包风险应对策略，具体包括：

（1）加强市场调研，建立安全风险评估机制。

（2）综合运用多种策略，化解融资汇率风险。

（3）精准有序开拓市场，避免低价恶性竞争。

（4）建立风险处置机制，做好突发事件防范。

（5）强化安全意识，保障外派人员人身安全。

（6）开展属地化经营，与当地建立互信关系。

（7）遵守当地法律制度，严格合规经营管理。

（8）践行ESG发展理念，落实ESG风险管控。ESG是指环境（Environmental）、社会（Social）和治理（Governance）。**【2024年考过】**

（9）发挥保险保障功能，规范投保转移风险。

9.3 国际工程投标与合同管理

专项突破1 不同项目投标报价水平的选择

例题：国际工程投标报价时，可考虑偏低报价的情形有（　　）。

A. 施工条件好，工作简单、工程量大、业内企业基本都能做的

B. 投标对手多，竞争激烈的

C. 本公司目前急于打入某一市场、某一地区

D．分期分批建设的工程，通过本工程实施有利于获得后续工程
E．支付条件好的工程
F．虽已在某地区经营多年，但即将面临没有工程的情况，设备、劳务等无工地转移时
G．施工条件差、环境恶劣的工程
H．专业要求高的技术密集型工程，本公司有专长，商誉高
I．投标竞争对手少的工程
J．地质条件复杂，把握不准，可能遇到特殊情况的工程，如水下地下开挖工程
K．支付条件不理想、要求垫付资金、无预付款的工程
L．业主对工期要求过紧、需要大量赶工的
M．总价低的小工程，投标人兴趣不大但被邀请投标的

【答案】A、B、C、D、E、F

重点难点专项突破

1. 本考点还可以考核的题目有：

国际工程投标报价时，可考虑偏高报价的情形有（G、H、I、J、K、L、M、N）。

2. 对不同项目投标报价水平的选择高价或低价的情形在考核时，会相互作为干扰选项。

专项突破 2　不平衡报价策略

例题：国际工程投标报价时，在不提高总价、不影响中标的前提下，运用不平衡报价法时，可以适当偏高报价的有（　　）。

A．预计实际工程量会比报价清单中工程量增加的项目
B．项目前期款项支付时间早的工程内容，如土方开挖、基础工程
C．不计入标价的或仅有内容项而没有工程数量的项目
D．要在开工后才由业主研究决定是否实施的暂定项，对大概率要实施的暂定项单价
E．预计实际工程量会比清单中减少的项目
F．项目后期实施的工程内容，如装饰装修、试运行
G．要在开工后才由业主研究决定是否实施的暂定项，对大概率不实施的暂定项单价

【答案】A、B、C、D

重点难点专项突破

本考点还可以考核的题目有：

国际工程投标报价时，在不提高总价、不影响中标的前提下，运用不平衡报价法时，可以适当偏低报价的有（E、F、G）。

专项突破3　FIDIC《施工合同条件》通用条件对合同中的专用词语的定义和规定

例题：根据FIDIC《施工合同条件》，合同条款未规定“费用加利润”中的利润计取比例时，应按（　　）计取。**【2024年真题】**

A．20%　　　　B．5%

C．3%　　　　D．10%

【答案】B

重点难点专项突破

我们理解列表说明：

定义	规定
中标合同金额	指中标函中按照合同规定所认可的工程施工所需的费用
合同价格	指根据“工程估价”条款所确定的工程价值，并计入了根据合同进行的调整、增补（包括承包商有权获得的费用或费用加利润）及扣减的金额。承包商还需支付合同规定其应支付的各项税金、关税和规费，除合同规定的因法律改变的调整外，合同价格将不应因这些费用进行调整
费用（成本）	是指承包商履行合同时在现场内外发生的（或将要发生的）所有合理开支，包括税费、管理费和类似支出，但不包括利润。对承包商根据合同有权获得的费用，应加到合同价格中
费用加利润	是指合同数据中规定的费用加上适当比例的利润（如未规定，则按5%）。只有当承包人根据合同有权获得费用加利润的支付时，利润才按上述比例计取，并将该费用加利润计入合同价格**【2024年考过】**
基准日期	是指提交投标书截止日期前28天的日期
开工日期	是指工程师依据合同中“工程开工”条款的规定所发出的“工程师通知”中所规定的日期
竣工时间	是指从开工日期算起至工程或某分项工程根据合同中“竣工时间”条款规定的要求竣工时的时间，并可加上根据合同中“竣工时间延长”条款规定的予以延长的时间

专项突破4　FIDIC施工合同各方责任和义务

例题：在FIDIC施工合同条件下，工程主要参与方为业主、承包商和工程师。业主的主要责任和义务包括（　　）。

A．委托任命工程师代表业主进行合同管理

B．承担大部分或全部设计工作并及时向承包商提供设计图纸

C．给予承包商现场占有权

D．向承包商及时提供信息、指示、同意、批准及发出通知

E．避免可能干扰或阻碍工程进度的行为

F．提供业主方应提供的保障和物资

G．在必要时指定专业分包商和供应商

H．做好项目资金安排

I．在承包商完成相应工作时按时支付工程款

J．协助承包商申办工程所在国法律要求的相关许可

K．按照合同规定及工程师的指示对工程进行设计、施工和竣工并修补缺陷

L．为工程的设计、施工、竣工及修补缺陷提供所需的设备、文件、人员、物资和服务

M．对所有现场作业和施工方法的完备性、稳定性和安全性负责，并保护环境

N．提供工程执行和竣工所需的各类计划、实施情况、意见和通知

O．提交竣工文件以及运行和维护手册

P．提供履约担保

Q．办理工程保险

R．履行承包商日常管理职能

S．执行业主委托的施工项目质量、进度、费用、安全、环境等目标监控和日常管理工作

T．确定确认合同款支付、工程变更、试验、验收等专业事项

【答案】A、B、C、D、E、F、G、H、I、J

重点难点专项突破

本考点还可以考核的题目有：

（1）在FIDIC施工合同条件下，承包商的主要责任和义务包括（K、L、M、N、O、P、Q、R）。

（2）在FIDIC施工合同条件下，工程师的主要责任和义务包括（S、T）。

专项突破5　FIDIC施工合同关于施工进度管理的规定

例题：在FIDIC施工合同条件下，工程师应在开工日期前至少（　　）天向承包商发出开工日期的通知。

A．7　　B．14

C．21　　D．28

E．42　　F．84

【答案】B

重点难点专项突破

1. 本考点还可以考核的题目有：

（1）在FIDIC施工合同条件下，除非专用条件另有规定，开工日期应在承包商收到中标函后（E）天内。

（2）在FIDIC施工合同条件下，在货物运输方面，承包商还应在不少于（C）天前将所提供的永久设备或其他主要货物运抵现场的日期通知工程师。

（3）在FIDIC施工合同条件下，承包商应在收到工程师发出的开工日期的通知后（D）天内向工程师提交一份初步进度计划，该进度计划应使用软件编制。

（4）在FIDIC施工合同条件下，当工程师向承包商发出通知，告知其进度计划不符合合同要求或不能反映实际进度时，承包商应在收到该通知后（B）天内向工程师提交一份符合实际进度的修订的进度计划。

（5）在FIDIC施工合同条件下，承包商应按照规定编制月度进度报告，在每次报告月最后一天后（A）日内提交给工程师。

（6）在FIDIC施工合同条件下，在工程实施过程中，应避免出现过长的暂停。如果暂时停工已持续超过（F）天，承包商可以向工程师发出通知，要求允许继续施工。

2. 进度计划内容包括：开工日期和竣工日期；承包商计划实施工程的工作顺序、各阶段的时间安排；合同要求的各项检验和试验的顺序及时间安排；永久设备和材料的关键交货日期等。

3. 本考点还需要掌握的一个采分点——承包商可以向工程师发出通知要求延长竣工时间的情形。

（1）延误发放图纸。

（2）延误移交施工现场。

（3）承包商依据工程师提供的错误数据导致放线错误。

（4）不可预见的外界条件。

（5）发生工程变更。

（6）施工中遇到文物和古迹而对施工进度的干扰。

（7）非承包商原因检验导致施工的延误。

（8）发生变更或合同中实际工程量与计划工程量出现实质性变化。

（9）施工中遇到有经验的承包商不能合理预见的异常不利气候条件影响。

（10）由于传染病或政府行为导致工期的延误。

（11）施工中受到业主或其他承包商的干扰。

（12）施工涉及有关公共部门原因引起的延误。

（13）业主提前占用工程导致对后续施工的延误。

（14）非承包商原因使竣工检验不能按计划正常进行。

（15）后续法规调整引起的延误。

（16）业主或在现场的业主其他承包商造成的延误、妨碍或阻碍引起的延误。

（17）发生例外事件的影响。

专项突破6　FIDIC施工合同关于工程量估价和支付的规定

例题：在FIDIC施工合同采用工程量清单计价，当工程师要求在现场对工程量进行测量时，应提前（　　）天通知承包商，承包商应按时派员协助工程师进行测量并提供工程师所要求的明细。

A. 7　　　　B. 14
C. 28　　　　D. 56

【答案】 A

重点难点专项突破

1. 本考点还可以考核的题目有：

（1）在FIDIC施工合同条件下，如承包商参加现场测量工作或检查测量记录后（B）天内未向工程师发出不同意通知，则视为已认可测量记录之准确。

（2）在FIDIC施工合同条件下，承包商应在每个付款期结束后，向工程师提交报表和证明文件，申请期中付款；工程师应在收到报表和证明文件后（C）天内，向业主签发期中付款证书。

（3）在FIDIC施工合同条件下，业主应在工程师收到承包商报表和证明文件后的（D）天内向承包商付款。

（4）在FIDIC施工合同条件下，在履约证书签发后（D）天内，承包商应向工程师先提交一份最终报表草案和证明文件，再与工程师商定核实后，提交最终报表和结清证明，申请最终付款。

（5）在FIDIC施工合同条件下，工程师应在收到最终报表和结清证明后（C）天内，向业主签发最终付款证书。

（6）在FIDIC施工合同条件下，业主应在收到工程师签发的最终付款证书（D）天内向承包商付款。**【2024年考过】**

2. 本考点除了要掌握上述数据外，还应掌握的一个采分点是——工程估价

工程师应根据计量出的每项工作的工程量乘以相应费率或价格进行估价。如合同中无某项内容，应取类似工作的费率或价格。当同时满足以下情形一中的2个条件，或同时满足情形二中的4个条件时，可对该项工作规定的费率或价格进行确定调整：

情形一：① 工程量清单或其他资料表中未有该项工作、也未规定该项工作的费率或价格；② 由于该项工作特性或实施条件的不同，合同中未有相应的可供参考费率或价格的工作。

情形二：① 该工作测量工程量比工程量清单或其他资料中所列工程量的变动超过了10%；② 工程量的变动与合同规定费率的乘积超过了中标合同额的0.01%；③ 工程量的变动直接导致该项工作每单位成本的变动超过1%；④ 合同中没有规定此项工作为固定费率或固定费用。

专项突破7　FIDIC施工合同关于不可预见和例外事件的规定

项目	内容
不可预见	不可预见是指一个有经验的承包商在基准日期前不能合理预见。“不可预见”的条款规定使承包商在投标时将风险限制在“可预见的”范围内，业主获得的应是承包商未考虑不可预见风险的正常标价和施工方案。

续表

项目	内容
不可预见	不可预见的“物质条件”是指承包商在现场施工期间遇到的自然物质条件、自然或人为的物质障碍、污染物，包括地下和水文条件，但不包括气候条件及其影响
例外事件	例外事件是指同时满足以下条件的某种事件或情况：① 一方无法控制的；② 该方在签订合同前，不能对之进行合理预防的；③ 发生后，该方不能合理避免或克服的；④ 不能主要归因于另一方的。如战争，政变，恐怖活动，罢工，地震、海啸、飓风、台风等自然灾害

重点难点专项突破

1. 重点掌握上表中的内容。

2. 本考点可能会这样命题：

不可预见的“物质条件”不包括（　　）。

A. 人为的物质障碍　　B. 气候条件及其影响

C. 人为的污染物　　D. 地下和水文条件

【答案】 B

专项突破8　FIDIC施工合同关于工程接收的规定

例题：当工程达到下列（　　）条件时，业主应接收工程。

A. 工程已根据合同完成，并通过了竣工试验

B. 工程师对承包商按合同要求提交的竣工记录没有给出反对通知

C. 工程师对承包商根据合同提交的运行与维护手册没有给出反对通知

D. 承包商已完成了合同规定的对业主方人员的培训

E. 根据合同已签发或视为已签发了接收证书

【答案】 A、B、C、D、E

重点难点专项突破

1. 注意选项E，如果工程师在收到承包商申请通知后的28天内既未签发接收证书、也未拒绝承包商的申请，若工程已满足例题中A、B、C、D 4个条件，则应视为该工程已在工程师收到承包商的申请通知后的第14天竣工，且视为接收证书已经签发。

2. 本考点还需要掌握部分工程接收：

根据合同，除非且直至工程师已签发了该部分工程的接收证书，业主不得使用该部分工程。但是，如果在接收证书签发前业主确实使用了工程的任何部分，则承包商应通知业主，确认该部分工程及其使用情况，以及：

（1）该使用的部分应视为自开始使用之日起已被业主接收。

（2）从该部分开始使用之日起，承包商不再承担照管责任，转由业主承担。

（3）工程师应立即为该部分签发接收证书。对尚未完成的扫尾工程（含竣工试验）、缺陷修补应在证书中列明。

3. 最后还要掌握工程照管责任。可能会这样命题：

在FIDIC施工合同条件下，承包商应从开工之日起，承担对工程、货物、承包商文件的照管责任，直到（　　）之日止。

A. 承包商提交工程竣工验收申请　　B. 业主鉴发工程接收证书

C. 承包商提交工程竣工结算申请　　D. 业主鉴发工程缺陷责任证书

【答案】B

专项突破9　FIDIC施工合同关于缺陷责任管理的规定

项目	内容
完成扫尾工作和修补缺陷	为了使工程在缺陷通知期满日期或其后尽快达到合同要求，承包商应：① 在接收证书规定的时间内，完成在竣工日期时尚未完成的扫尾工作；② 在工程缺陷通知期满日期前，按照业主通知要求，完成修补缺陷所需的全部工作。 缺陷通知期满后的延长不得超过2年
未能修补的缺陷	如果承包商未能在合理的时间内修补缺陷，业主可确定一个日期并通知承包商，要求不迟于该日期修补好缺陷。如果承包商到该通知日期仍未修补好缺陷，且此项修补工作应由承包商承担实施的费用，业主可以自行选择： （1）由业主或他人进行此项工作，由承包商承担费用，但承包商对此项工作将不再承担责任； （2）接受缺陷或有瑕疵的工作，业主有权根据索赔的规定降低合同价格； （3）要求工程师将因该问题而未能达到合同规定的预期使用目标的部分视为可甩项； （4）如果上述缺陷使业主实质上丧失了工程的整个利益，可终止整个合同并向承包商索赔
履约证书	履约证书应由工程师在最后一个缺陷通知期限期满后28天内签发，或在承包商提供所有承包商文件、完成了所有工程的施工和试验（包括修补缺陷）后立即签发。只有履约证书才应被视为对工程的认可

重点难点专项突破

1. 本考点掌握上表内容即可。

2. 本考点可能会这样命题：

（1）如果因为某项缺陷达到使工程或主要永久设备不能按原定目的使用的程度，业主有权对其缺陷通知期限提出一个延长期，但缺陷通知期满后的延长不得超过（　　）年。

A. 1　　B. 2

C. 3　　D. 4

【答案】B

（2）如果承包商在业主确定的修补日期仍未修补好缺陷，且此项修补工作应由承包商承担实施的费用，业主可以选择的处理方式有（　　）。

A. 由业主或他人进行此项工作，由承包商承担费用，但承包商对此项工作将不再承担责任

B. 接受缺陷或有瑕疵的工作，业主有权根据索赔的规定降低合同价格

C. 要求工程师将因该问题而未能达到合同规定的预期使用目标的部分视为可甩项

D. 如果缺陷使业主实质上丧失了工程的整个利益，可终止整个合同并向承包商索赔

E. 由业主委托他人进行此项工作，并向承包商索赔由此花费的费用

【答案】A、B、C、D

专项突破10　FIDIC施工合同关于争端和仲裁的规定

项目	内容
争端避免/裁决	合同双方应在承包商收到中标函后28天内或规定的日期内联合任命争端避免/裁决委员会（DAAB）的成员、并各付一半酬金。DAAB由具备资格的一人或三人组成，DAAB成员可在日常参与处理合同双方潜在问题及分歧，及早化解争端。 如果合同双方发生争端，任一方可将争端事项提交DAAB决定。DAAB应在收到提交后84天内或商定的期限内做出决定。除非并直到该决定在友好协商解决或仲裁后应做出修改，该决定对双方具有约束力，无论是否发出不满意通知，双方应立即予以遵守
仲裁	对DAAB的决定未能成为具有约束力的最终决定的任何争端，应通过国际仲裁最终解决

重点难点专项突破

1. 本考点中重要采分点是争端避免/裁决委员会（DAAB）的任命。

2. 本考点可能会这样命题：

在FIDIC施工合同条件下，合同争端可按照规定由争端避免/裁决委员会（DAAB）裁决。关于DAAB人员任命和酬金的说法，正确的是（　　）。

A. 由业主任命、承包商承担酬金

B. 合同双方联合任命、业主承担酬金

C. 合同双方联合任命、承包商承担酬金

D. 合同双方联合任命、分摊酬金

【答案】D

专项突破11　FIDIC《设计采购施工（EPC）/交钥匙工程合同条件》各方责任和义务

例题：根据FIDIC《设计采购施工（EPC）/交钥匙工程合同条件》，承包商的责任和义务有（　　）。

A．提供现场地形、地下、水文、气候及环境条件的数据资料

B．提供现场进入权和占用权

C．委派业主代表

D．做好项目资金安排

E．支付工程款

F. 发出根据合同履行义务所需要的指示
G. 发出变更通知
H. 审核承包商文件
I. 为承包商提供协助和配合
J. 准备并负责由业主提供的材料和设备
K. 签发工程接收证书
L. 按照合同进行设计、实施和完成工程，并修补工程中的缺陷
M. 交付工程应满足合同规定的预期目标
N. 应提供合同规定的生产设备和承包商文件，以及设计、施工、竣工和修补缺陷所需的人员、物资和服务
O. 为工程的完备性、稳定性和安全性承担责任
P. 提供履约担保证
Q. 负责核实和解释现场数据
R. 遵守安全程序，保护环境
S. 建立质量保证体系
T. 编制提交月进度报告
U. 办理工程保险
V. 负责承包商设备
W. 负责现场保安
X. 照管工程和货物
Y. 编制和提交竣工文件
Z. 对业主人员进行工程运行和维护培训

【答案】L、M、N、O、P、Q、R、S、T、U、V、W、X、Y、Z

重点难点专项突破

本考点还可以考核的题目有：

根据FIDIC《设计采购施工（EPC）/交钥匙工程合同条件》，业主的责任和义务有（A、B、C、D、E、F、G、H、I、J、K）。

专项突破12　FIDIC《设计采购施工（EPC）/交钥匙工程合同条件》典型条款分析

项目	内容
合同文件组成及业主要求	合同文件组成及其优先解释顺序：① 合同协议书；② 专用条件；③ 通用条件；④ 业主要求；⑤ 明细表；⑥ 投标书；⑦ 联合体保证（如投标人为联合体）；⑧ 其他组成合同的文件。 作为合同的重要组成文件，“业主要求”包括合同中业主提出的工程目标、范围、设计和技术标准，以及按合同所作的补充和修改
业主代表	业主代表应行使业主方授予的权力，履行职责、完成受托的任务，除非业主方另行通知，业主代表应被认为具有业主方根据合同规定的全部权力（由业主方终止合同的权力除外），如果业主方希望替换已任命的业主代表，应在不少于14天前将替换人员的姓名、地址、职责、权力及任命日期通知给承包商。承包商有权对替换人选提出反对，但要给出合理的理由

续表

项目	内容
承包商代表	承包商代表应在整个工程施工期间常驻现场，专职管理项目实施工作，并代表承包商受理业主发出的有关承包商根据合同履行义务所需的各项书面指示。如承包商代表在施工期间离开现场，应事先征得业主同意，并临时指定适合的替代人员
分包商	根据合同，承包商不得分包： （1）累计总价值大于合同文件中所限定的分包占合同价格比例的工作； （2）合同中规定的不允许分包的工作
不可预见的困难	除专用合同条件另有规定外： （1）承包商应被认为已取得了对工程可能产生影响或作用的有关风险、意外事件和其他情况的全部必要资料； （2）通过签署合同协议书，承包商接受对预见到的为顺利完成工程的所有困难和费用的全部职责； （3）合同价格不应考虑对任何不可预见或未预见到的困难或费用给予调整
预先警示	合同规定，在任何已知晓或未来可能发生的事件或情况之前，每一方应告知另一方以下事项，该事项可能： （1）对承包商人员的工作产生不利影响； （2）对竣工后工程的性能产生不利影响； （3）增加了合同价格； （4）对工程或分项工程的实施造成延误
工期索赔	承包商有权提出延长竣工时间索赔的情形只有下列3种： （1）根据合同变更的规定； （2）根据合同条件承包商有权获得竣工时间的延长； （3）由业主或在现场的业主的其他承包商造成的延误或阻碍（或因流行病或政府行为导致的由业主提供的材料的不可预见的短缺）

重点难点专项突破

1. 合同文件组成及优先解释顺序一般会考核单项选择题。

2. 业主代表和承包商代表的职责应熟悉。

3. “不可预见的困难”不同于FIDIC《施工合同条件》中所规定的承包商遇到不可预见的物质条件时，可以向业主提出的索赔。规定中基本排除了承包商以外界物质条件不可预见为理由向业主提出费用索赔的机会，因此，承包商要清醒认识所承担的不可预见的困难，并采取防范措施。

4. 工期索赔的三种情形要掌握。

5. 本考点可能会这样命题：

根据FIDIC《设计采购施工（EPC）/交钥匙工程合同条件》，合同文件的优先解释顺序是（　　）。

A. 通用合同条件—专用合同条件—投标书—业主要求

B. 专用合同条件—通用合同条件—业主要求—投标书

C. 通用合同条件—专用合同条件—业主要求—投标书

D. 专用合同条件—通用合同条件—投标书—业主要求

【答案】 B

专项突破13　NEC施工合同

例题：NEC系列合同条件中，（　　）用于业主和总承包商之间的主合同，也被用于总包管理的一揽子合同。

A．工程施工合同（ECC）　　B．工程施工分包合同

C．专业服务合同　　D．裁决人合同

【答案】A

重点难点专项突破

本考点还可以考核的题目有：

（1）NEC系列合同条件中，（B）用于总承包商与分包商之间的合同。

（2）NEC系列合同条件中，（C）用于业主与项目管理人、监理人、设计人、测量师、律师、社区关系咨询师等之间的合同。

（3）NEC系列合同条件中，（D）用于业主和承包商共同与裁决人订立的合同，也可用于分包和专业服务合同。

专项突破14　工程施工合同（ECC）

例题：根据英国工程施工合同（ECC）条件，属于核心条款的有（　　）。

A．总则

B．承包商的主要责任

C．工期

D．测试和缺陷

E．付款

F．补偿事件

G．所有权

H．风险和保险

I．争端和合同终止

J．带有分项工程表的标价合同

K．带有工程量清单的标价合同

L．带有分项工程表的目标合同

M．带有工程量清单的目标合同

N．成本补偿合同

O．管理合同

P．履约保证

Q．母公司担保

R．支付承包商预付款

S．多种货币

T．区段竣工

U．承包商对其设计所承担的责任只限运用合理的技术和精心设计

V．通货膨胀引起的价格调整

W．保留金

X．提前竣工奖金和工期延误赔偿费

Y．功能欠佳赔偿费

Z．法律的变化

【答案】A、B、C、D、E、F、G、H、I

重点难点专项突破

1. 本考点还可以考核的题目有：

（1）根据英国工程施工合同（ECC）条件，属于主要选项条款的有（J、K、L、M、N、O）。

（2）根据英国工程施工合同（ECC）条件，属于次要选项条款的有（P、Q、R、S、T、U、V、W、X、Y、Z）。

2. 除了上述采分点，还需要熟悉ECC合同中的争议解决与避免程序合作管理理念。

专项突破15　美国AIA系列合同条件

例题：美国建造师学会（AIA）合同文件中，A系列是关于（　　）之间的标准合同文件。**【2017年考过】**

A．业主与施工承包商、CM承包商、供应商，以及总承包商与分包商

B．业主与建筑师

C．建筑师与专业咨询人员

D．建筑师行业内部

E．合同和办公管理

F．财务管理报表

G．建筑师企业与项目管理

【答案】A

重点难点专项突破

1. 本考点还可以考核的题目有：

（1）美国建造师学会（AIA）合同文件中，B系列是关于（B）之间的标准合同文件。

（2）美国建造师学会（AIA）合同文件中，C系列是关于（C）之间的标准合同文件。

（3）美国建造师学会（AIA）合同文件中，D系列是（D）使用的文件。

（4）美国建造师学会（AIA）合同文件中，E系列是（E）中使用的文件。

（5）美国建造师学会（AIA）合同文件中，F系列是（F）。

（6）美国建造师学会（AIA）合同文件中，G系列是（G）中使用的文件。

2. AIA系列合同条件主要用于私营的房屋建筑工程，该合同条件下确定了传统模式、设计－建造模式、CM模式和集成化管理模式等不同类型的工程管理模式。本考点主要掌握各系列属于什么合同文件就可以了。

专项突破16　IPD合同模式

例题：采用集成项目交付（IPD）模式时，工程参建各方需要在（　　）阶段共同确定项目目标成本。

A．概念　　　　B．标准设计

C．详细设计　　　　D．执行文件

E．机构审查　　　　F．采购分包

G．施工　　　　H．竣工收尾

【答案】B

重点难点专项突破

1. 本考点还可以考核的题目有：

（1）采用集成项目交付（IPD）模式时，在（A）阶段参与各方根据业主要求制定项目标准，并达成共识，对项目成本、可施工性、采购及施工进度等进行初步评估。

（2）采用集成项目交付（IPD）模式时，确定各阶段工作任务，参与各方共同制定项目定义是（B）阶段的工作内容。

（3）采用集成项目交付（IPD）模式时，在（C）阶段参与各方对目标标准修正案进行完善更新，提出达成一致的改进意见及工作计划。

（4）采用集成项目交付（IPD）模式时，在（D）阶段参与各方确定开工日期。

（5）采用集成项目交付（IPD）模式时，在（E）阶段参与各方及时提供各类文件，从相关政府机构取得必要的批准和许可。

（6）采用集成项目交付（IPD）模式时，在（F）阶段根据目标标准修正案的要求选择本项目设计顾问、专业分包商和材料供应商等。

（7）采用集成项目交付（IPD）模式时，在（G）阶段承包商全权负责和控制施工工艺、方法、技术、程序、现场安全；协调目标成本并保证工程质量；向参与各方提交施工进度计划并定期更新。

（8）采用集成项目交付（IPD）模式时，在（H）阶段由参与各方检查确定后编制实质性完工证书。

2. 本考点另外的一个采分点是IPD模式的特点。

（1）在报酬激励方面，参与各方共同商定项目目标实现的报酬金额，若实际成本小于目标成本，则业主应将结余资金按合同约定的比例支付给其他参与方作为激励报酬。若项目实际成本超出目标成本，根据合同约定，业主可选择偿付工程的所有成本，包括设计单位和承包商人员的工资，也可选择不再偿付任何单位的人员成本，只支付材料、设备和分包成本。

（2）在索赔方面，参与各方应放弃任何对其他参与方的索赔（故意违约等情形除外）。

（3）在争端处理方面，该模式下任何一方提出的争议应提交到由业主、设计单位、承包商等参与方的高层代表和项目中立人所组成的争议处理委员会协商解决，项目中立人由参与各方共同指定。

第10章　建设工程项目管理智能化

10.1　建筑信息模型（BIM）及其在工程项目管理中的应用

专项突破1　建筑信息模型（BIM）技术的基本特征

例题：建筑信息模型（BIM）的基本特征包括（　　）。

A．模型操作的可视化　　B．模型信息的完备性

C．模型信息的关联性　　D．模型信息的一致性

E．模型信息的动态性　　F．模型信息的可拓展性

【答案】A、B、C、D、E、F

重点难点专项突破

本考点掌握建筑信息模型（BIM）技术的六个基本特征即可。

专项突破2　BIM技术应用实施模式及相关方职责

例题：BIM技术应用模式中，建设单位的职责有（　　）。

A．组织策划项目BIM实施策略，确定项目的BIM应用目标、应用要求，并落实相关费用

B．委托工程项目BIM总协调方

C．与各参与方签订合同

D．接收通过审查的BIM交付模型和成果档案

E．制定项目BIM应用方案，并组织管理和贯彻实施

F．BIM成果的收集、整合与发布，并对项目各参与方提供BIM技术支持

G．审查各阶段项目参与方提交的BIM成果并提出审查意见

H．协助建设单位进行BIM成果归档

I．根据建设单位BIM应用的实际情况，可协助其开通和辅助管理维护BIM项目协同平台

J．组织开展对各参与方的BIM工作流程的培训

K．监督、协调及管理各分包单位的BIM实施质量及进度，并对项目范围内最终的BIM成果负责

L．配置BIM团队，并根据项目BIM应用方案的要求提供BIM成果，利用BIM技术进行节点组织控制管理

M. 接收设计BIM模型，并基于该模型，完善施工BIM模型，且在施工过程中及时更新，保持适用性

N. 根据项目BIM应用方案编写项目施工BIM实施方案，并完成项目施工BIM实施方案制定的各应用点

O. 负责内外部的总体沟通与协调，组织施工BIM的实施工作，根据合同要求提交BIM工作成果，并保证其正确性和完整性

P. 接受BIM总协调方的监督，对总协调方提出的交付成果审查意见及时整改落实

Q. 统筹协调各分包单位施工BIM模型，将各分包单位的交付模型整合到施工总承包的施工BIM交付模型中

R. 利用BIM技术辅助现场管理施工，安排施工顺序节点，保障施工流水合理

S. 配置BIM团队，并根据项目BIM应用方案和项目施工BIM实施方案的要求，提供BIM成果，并保证其正确性和完整性

T. 接收施工总承包的施工BIM模型，并基于该模型，完善分包施工BIM模型，且在施工过程中及时更新，保持适用性

U. 根据项目BIM应用方案和项目施工BIM实施方案编写分包项目施工BIM实施方案，并完成分包项目施工BIM实施方案制定的各应用点

V. 分包单位项目BIM负责人负责内外部的总体沟通与协调，组织分包施工BIM的实施工作

W. 接受BIM总协调方和施工总承包方的监督，并对其提出的审查意见及时整改落实

X. 利用BIM技术辅助现场管理施工，安排施工顺序节点，保障施工流水合理，按进度计划完成各项工程目标

【答案】 A、B、C、D

重点难点专项突破

本考点还可以考核的题目有：

（1）BIM技术应用模式中，BIM总协调方的职责有（E、F、G、H、I、J、K）。

（2）BIM技术应用模式中，施工总承包单位的职责有（L、M、N、O、P、Q、R）。

（3）BIM技术应用模式中，专业分包单位的职责有（S、T、U、V、W、X）。

专项突破3　BIM技术在工程项目管理中的应用

项目	内容
在进度管理中的应用	施工进度模拟、资金和资源动态分析、实施进度跟踪监控、进度分析和优化
在成本管理中的应用	工程算量、成本控制
在质量管理中的应用	碰撞检测和质量问题管理等
在安全管理中的应用	施工安全教育、施工现场的安全措施布置、施工安全模拟

续表

项目	内容
在合同管理中的应用	（1）依据合同中的BIM要求进行BIM管理。 （2）合同执行和界面管理
在信息管理中的应用	（1）BIM内置信息分类编码、工程量清单或定额。 （2）工程项目信息集成管理

重点难点专项突破

BIM技术的广泛应用，大大推动了建筑业数字化发展，对BIM技术在工程项目管理中的具体应用考生根据考试用书进行学习。我们看一下2024年真题：

为了应用建筑信息模型（BIM）技术，实现对工程项目成本的估算、控制和优化，需要进行的工作是（　　）。**【2024年真题】**

A. 将项目成本管理与2D和3D模型集成，形成4D模型

B. 将项目成本管理与3D和4D模型集成，形成5D模型

C. 将项目成本管理与4D和5D模型集成，形成6D模型

D. 将项目成本管理与5D和6D模型集成，形成7D模型

【答案】B

10.2　智能建造与智慧工地

专项突破1　智能建造

例题：智能建造应以实现（　　）为核心。

A. 新一代信息技术融合应用

B. 数字化集成设计

C. 精益化生产施工

D. 工业化组织管理

E. 数智化管控平台和建筑机器人开发应用

F. 安全建造

G. 提高品质、效率和效益

H. 助力数字交付

【答案】B、C、D

重点难点专项突破

1. 本考点还可以考核的题目有：

（1）智能建造应以（A）为基础。

（2）智能建造应以（E）为着力点。

（3）智能建造应以减少对人的依赖，实现（F、G、H）为目标。

2. 本考点两个采分点，一是智能建造的基本特征；二是智能建造相关重点任务。

《关于推动智能建造与建筑工业化协同发展的指导意见》明确了推动智能建造的相关重点任务：

（1）加快推动新一代信息技术与建筑工业化技术协同发展，在建造全过程加大建筑信息模型（BIM）、互联网、物联网、大数据、云计算、移动通信、人工智能、区块链等新技术的集成与创新应用。

（2）加强技术攻关，推动智能建造和建筑工业化基础共性技术和关键核心技术研发、转移扩散和商业化应用，加快突破部品部件现代工艺制造、智能控制和优化、新型传感感知、工程质量检测监测、数据采集与分析、故障诊断与维护、专用软件等一批核心技术。

（3）推进数字化设计体系建设，统筹建筑结构、机电设备、部品部件、装配施工、装饰装修，推行一体化集成设计。

（4）探索适用于智能建造与建筑工业化协同发展的新型组织方式、流程和管理模式。

（5）加强智能建造及建筑工业化应用场景建设，推动科技成果转化、重大产品集成创新和示范应用。

专项突破2　智慧工地

例题：智慧工地建设目标包括（　　）。

A. 增强安全　　B. 提升效率
C. 降低成本　　D. 保护环境
E. 提升质量　　F. 协同工作和信息共享
G. 满足施工单位管理诉求　　H. 实现全方位监测
I. 满足社会监管需求　　J. 优化管理效率
K. 资源整合与节约　　L. 实现全方位覆盖
M. 全过程覆盖　　N. 人文关怀

【答案】A、B、C、D、E、F、G、H

重点难点专项突破

1. 本考点还可以考核的题目有：

智慧工地建设原则包括（I、J、K、L、M、N）。

2. 本考点主要掌握四个采分点：一是智慧工地基本特点；二是智慧工地总体架构**【2024年考过】**；三是智慧工地建设目标；四是智慧工地建设原则。

智慧工地基本特点主要有：技术驱动、全面感知与数据收集、信息的共享和协作。

智慧工地总体架构主要可分为三个层次，其功能和责任见下表：

层次	功能和责任
感知层	主要包括各种传感器、监控设备、无人机等终端设备
网络层	是智慧工地的数据通道和处理中枢，它起到桥梁和枢纽的作用，连接感知层和应用层，保证数据的高效流动和准确处理。云计算、大数据等技术负责对收集到的大量数据进行存储、处理和分析，为上层应用提供支持**【2024年考过】**
应用层	是智慧工地的核心，主要包括各种基于数据的智能应用。这些应用利用网络层处理和分析的数据，提供各种智能化的管理和服务，包括人员管理、机械设备管理、物资管理、环境与能耗管理、视频监控管理、施工过程检测与监测管理等

智慧工地建设目标和建设原则通过上述题目学习。

3. 智慧工地运行应以施工场景为核心，充分利用从现场实时获取到的“人、机、料、法、环”等数据，主要包含人员管理、机械设备管理、物资管理、环境与能耗管理、视频监控管理、施工过程检测与监测管理等模块的运行。具体内容可根据考试用书学习。